Bernd Klein
Kostenoptimiertes Produkt- und Prozessdesign

In der Praxisreihe Qualitätswissen, herausgegeben von Franz J. Brunner, sind bereits erschienen:

Franz J. Brunner
Qualität im Service
Wege zur besseren Dienstleistung
ISBN 978-3-446-42241-4

Franz J. Brunner, Karl W. Wagner,
unter Mitarbeit von Peter H. Osanna, Kurt Matyas, Peter Kuhlang
Taschenbuch Qualitätsmanagement
Leitfaden für Studium und Praxis
4., überarbeitete Auflage
ISBN 978-3-446-41666-6

Franz J. Brunner
Japanische Erfolgskonzepte
KAIZEN, KVP, Lean Production Management, Total Productive Maintenance,
Shopfloor Management, Toyota Production Management
ISBN 978-3-446-41527-0

Kurt Matyas
Taschenbuch Instandhaltungslogistik
Qualität und Produktivität steigern
3., überarbeitete Auflage
ISBN 978-3-446-41192-0

Arno Meyna, Bernhard Pauli
Taschenbuch der Zuverlässigkeits- und Sicherheitstechnik
Quantitative Bewertungsverfahren
ISBN 978-3-446-21594-8

Wilhelm Kleppmann
Taschenbuch Versuchsplanung
Produkte und Prozesse optimieren
6., überarbeitete Auflage
ISBN 978-3-446-42033-5

Johann Wappis, Berndt Jung
Taschenbuch Null-Fehler-Management
2., überarbeitete Auflage
ISBN 978-3-446-41373-3

Stephan Sommer
Taschenbuch automatisierte Montage- und Prüfsysteme
Qualitätstechniken zur fehlerfreien Produktion
ISBN 978-3-446-41466-2

Bernd Klein

Kostenoptimiertes Produkt- und Prozessdesign

Praxisreihe Qualitätswissen
Herausgegeben von Franz J. Brunner

HANSER

Der Autor:

Dr.-Ing. Bernd Klein (Jahrgang 1947) ist nach 10-jähriger Industrietätigkeit seit 1984 Universitätsprofessor für Leichtbau-Konstruktion an der Universität Kassel. Zu seinen Arbeitsgebieten gehört: Leichtbau, FEM, Betriebsfestigkeit und Konstruktionsmethodik. Das vorliegende Buch ist aus der Zusammenarbeit mit einer Unternehmensberatung eines großen Automobilherstellers und dem MTM-Institut hervorgegangen.

Bibliografische Information Der Deutschen Bibliothek:
Die Deutsche Bibliothek verzeichnet diese Publikation in der Deutschen Nationalbibliografie; detaillierte bibliografische Daten sind im Internet über <http://dnb.ddb.de> abrufbar.

ISBN 978-3-446-42131-8

Die Wiedergabe von Gebrauchsnamen, Handelsnamen, Warenbezeichnungen usw. in diesem Werk berechtigt auch ohne besondere Kennzeichnung nicht zu der Annahme, dass solche Namen im Sinne der Warenzeichen- und Markenschutzgesetzgebung als frei zu betrachten wären und daher von jedermann benutzt werden dürften.

Alle in diesem Buch enthaltenen Verfahren bzw. Daten wurden nach bestem Wissen dargestellt. Dennoch sind Fehler nicht ganz auszuschließen.

Aus diesem Grund sind die in diesem Buch enthaltenen Darstellungen und Daten mit keiner Verpflichtung oder Garantie irgendeiner Art verbunden. Autoren und Verlag übernehmen infolgedessen keine Verantwortung und werden keine daraus folgende oder sonstige Haftung übernehmen, die auf irgendeine Art aus der Benutzung dieser Darstellungen oder Daten oder Teilen davon entsteht.

Dieses Werk ist urheberrechtlich geschützt.

Alle Rechte, auch die der Übersetzung, des Nachdruckes und der Vervielfältigung des Buches oder Teilen daraus, vorbehalten. Kein Teil des Werkes darf ohne schriftliche Einwilligung des Verlages in irgendeiner Form (Fotokopie, Mikrofilm oder einem anderen Verfahren), auch nicht für Zwecke der Unterrichtsgestaltung – mit Ausnahme der in den §§ 53, 54 URG genannten Sonderfälle –, reproduziert oder unter Verwendung elektronischer Systeme verarbeitet, vervielfältigt oder verbreitet werden.

© 2010 Carl Hanser Verlag München Wien
www.hanser.de
Lektorat: Dipl.-Ing. Volker Herzberg
Herstellung: Der Buchmacher, Arthur Lenner, München
Coverconcept: Marc Müller-Bremer, Rebranding, München, Germany
Coverrealisierung: Stefan Roenigk
Druck und Bindung: Druckhaus »Thomas Müntzer« GmbH, Bad Langensalza
Printed in Germany

… für Gabriele

Inhaltsverzeichnis

Motivation 1
Begriffsdefinitionen 2
1   Zielgerichteter Methodeneinsatz 5
2   Bedeutung des Entwicklungsprozesses 10
3   Stellhebel im Entwicklungsprozess Product Design for XXX 13
    3.1   Interdisziplinärer Ansatz 13
    3.2   Informationsverknüpfung 17
    3.3   Ablaufphasen 18
    3.4   Kriterienfokus 19
4   Erzeugnisstrukturen und Montageprozesse 22
    4.1   Erzeugnisbaum 22
    4.2   Montagetechniken 24
    4.3   Einflussgrößen auf die Montage 24
    4.4   Montagegerechtes Konstruieren 25
    4.5   Verbindungen 29
    4.6   Montageablauf 31
5   Tätigkeiten ohne Wertschöpfung 37
    5.1   Primäre NAV-Operationen 37
    5.2   Sekundäre NAV-Operationen 39
6   Product Design for Assembly 40
    6.1   Grundkonzept 40
    6.2   Montagearbeitsplan 42
    6.3   Neukonzeption 48
7   Verbesserung der Montagegerechtheit 51
    7.1   Design-Effizienz 51
    7.2   Maßgebliche Einflüsse 55
    7.3   Montageanalyse 59
    7.4   Montageoptimierung 64
    7.5   Optimierungsprinzipien 66
    7.6   Montage und Montageorganisation 67
    7.7   Parallelen zur Wertanalyse 71
8   Product Design for Manufacture 73
    8.1   Product Design for Manufacture 73

8.2		Kostengünstige Fertigung	74
8.3		Herstellkosten-Abschätzung	77
8.4		Bestimmung der Materialkosten	79
8.5		Bestimmung der reinen Fertigungskosten	80
8.6		Bestimmung der Montagekosten	82
8.7		Fertigungs- und funktionsgerechtes Design	84
	8.7.1	Gestaltungsfunktionalität	84
	8.7.2	Funktionalität der Verbindung	86
8.8		Optimierungspotenziale bei den Herstellkosten	88
9		Product Design for Service	91
9.1		Umfeld der Demontage	91
9.2		Demontagegerechtes Konstruieren	91
9.3		Servicefunktionalität	93
9.4		Design Index Service	96
9.5		Verbindungstechnik	97
10		Product Design for Recycling	99
10.1		Recyclinggerechtes Design	100
10.2		Ökonomie-Kriterien	102
10.3		Ökobilanz	105
11		Produktkomplexität	107
11.1		Variantenbildung	107
11.2		Funktionsgliederung	108
11.3		Abbildung in Konzepte	109
11.4		Systembildung	110
11.5		Relationsprinzip	112
11.6		Baureihenentwicklung	114
12		Toleranzsimulation in der Montage	117
12.1		Worst Case	117
12.2		Maßkettenbeziehung	118
12.3		Prozess-Toleranzen	121
12.4		Wirtschaftliche Toleranzaufteilung	124
13		MTM/ProKon	126
13.1		Methodische Abgrenzung	126
13.2		Bewegungsstudien am Menschen	127
13.3		Produktoptimierung mit ProKon	129
	13.3.1	ProKon1-Prinzip	130
	13.3.2	ProKon2-Prinzip	135

Inhaltsverzeichnis

    13.3.3   Befestigungs- und Verbindungstechnik 142

    13.3.4   Ausschöpfung von Verbesserungspotenzialen 145

  13.4 ProKon-Vergleiche 146

  13.5 ProKon-Perspektive 147

14   Product Design for Poka-Yoke 150

  14.1 Senkung der Fehlerhäufigkeit 150

  14.2 Poka-Yoke-Strukturen 152

  14.3 Null-Fehler-Strategie 153

  14.4 Poka-Yoke in der Produktion 154

  14.5 Design-Poka-Yoke 156

15   Einführung von PDMAS im Unternehmen 158

  15.1 Geplantes Vorgehen 158

  15.2 Begünstigende Voraussetzungen 158

  15.3 Etablierung im Entwicklungsprozess 159

  15.4 Barrieren und Anlaufschwierigkeiten 160

  15.5 Projektmanagement 161

16   Softwareeinblick 163

  16.1 DFMA (BDI) 163

  16.2 DfMAS 2000 (NBU) 163

  16.3 TiCon (MTM) 163

  16.4 ProKon-2 (Universität Kassel) 164

  16.5 DFA (Universität Kassel) 164

17   Beispielanhang 165

18   Fallstudienanhang zur Systemoptimierung 187

19   Methoden- und Tabellenanhang 211

Index 232

Sachwortverzeichnis 235

Ergänzend zum Buch können Sie sich unter der Adresse: http://downloads.hanser.de Arbeitsblätter für die Lösung der Fallstudien runterladen. Im Suchfeld die ISBN-Nummer, den Autor oder den Buchtitel angeben.

Motivation

Die Zeit ist ein ausgezeichneter Lehrer, aber leider tötet sie alle ihre Schüler.

Unser Vorhaben ist die „Quadratur des Kreises": Wir wollen die Herstellkosten systematisch und radikal senken, und zwar bei gleicher Funktionalität und Zuverlässigkeit und möglichst gleichbleibender Qualität. Dazu gilt es, das Konzept mit seiner Teilezahl, die Fertigung und die Montage infrage zu stellen. Ziel ist es, die „Überkomplexität" abzubauen und stattdessen die „Einfachheit" zu kultivieren.

Diese Problemstellung ist mit Beginn der industriellen Produktion von Interesse gewesen und wohl erstmalig 1924 von REFA und etwa um 1948 von der MTM-Vereinigung methodisch aufbereitet worden. In den 60er-Jahren haben FORD/ USA, Hitachi, General-Electric und einige amerikanische Forschungseinrichtungen mit der DFMA®-Philosophie einige bemerkenswerte Denkansätze geschaffen, die auf eine Vereinfachung von Produktstrukturen durch ein fertigungs- und montagegerechtes Design zielen.

Im vorliegenden Manuskript wird eine methodische Symbiose zwischen Funktionalität und Kosten angestrebt, in dem durch den PDMAS-Ansatz (Product Design for Manufacture, Assembly + Service) die wertanalytische Perspektive mit dem System „vorbestimmter Zeiten" (SvZ, insbesondere ProKon) verwoben wird. Damit wird auch eine höhere Akzeptanz in der Industrie verfolgt, da jetzt viele Praktiker einzelne Werkzeuge wieder erkennen. Grundsätzlich lebt die Methode von der Bereitschaft zur Änderung und zur Begehung neuer Wege. Eine Abwehrhaltung gegen Veränderungen führt hingegen zur Festschreibung altbekannter Lösungsprinzipien.

Wo liegt somit der Nutzen? – In der Sensibilisierung für die Verschwendung an zu vielen Teilen, Bearbeitung, Montagezeit, Fügungen/Verbindungen und Investitionen. Was lässt sich einsparen? – Zwischen 10-20 % – an HK! Und im Nachsatz 20 % bei Konzepten und vielleicht nur 10 % oder weniger bei ausgeführten Konstruktionen. Wie lässt sich dies bewerkstelligen? – Durch funktionelle Integration, stringentes Systemdesign, zweckgerechter Fertigung und aufwandsminimierter Montage/Demontage. Damit eröffnet sich ein neues Feld zur Kostensenkung bei robusteren Produkten. Für viele Unternehmen ist dies heute Motivation, erhebliche Anstrengungen zur Einführung von PDMAS zu vollbringen. Insgesamt muss man dies auch in den weiteren Rahmen der SIX-SIGMA-Philosophie einordnen, deren Ziel strikte Kundenorientierung und Nutzenmaximierung bei bester Ausführungsqualität ist.

Calden bei Kassel, im Dezember 2009

B. Klein

Begriffsdefinitionen

Die folgenden Begriffe werden im Text wiederholt gebraucht. Ihre Bedeutung soll daher vorab erläutert werden.

A. Objekte im Montageprozess
- *Modul:* ist eine eigenständige Funktionseinheit mit vielfältiger Kombinierbarkeit, die alle Prozessstufen eines Produktzyklus durchläuft
- *Submodule:* stellen eine Zerlegungsstufe eines (Groß-)Moduls dar
- *Baugruppe:* kann ein Submodul oder eine Funktionsgruppe eines Submoduls sein
- *Teil:* geht in eine Struktur ein und besteht nur aus einem Werkstoff
- *Basisteil:* ist ein größeres Einzelteil, welches als Trägerteil dient, an das andere Teile „an-gefügt" werden

B. Systeme
- *Plattform:* heißt im Automobilbau der gesamte Teileübernahme-Umfang, der die Bodengruppe bildet
- *Hut:* umfasst die Teile (Außenhautteile, Innenausstattung etc.) mit den differenzierenden Merkmalen eines Automobils
- *Übernahmeteile/CoP[*]:* sind Teile in einer Baugruppe/Submoduls/Moduls, die unverändert übernommen oder zugekauft werden

C. Komplexität des Montageprozesses
- *Vormontage:* einzelner Abschnitte, bei der ein Teil mit einer Basiskomponente oder einer Baugruppe zusammengefügt wird
- *Endmontage:* beschreibt den Zusammenbau von Submodulen zu Modulen oder Modulen zu einem Endprodukt

D. Montage
- *Handhaben:* bezeichnet die Vorbereitung (Arbeitsumstände) für das eigentliche Fügen und umfasst Hinlangen zum Teil, Greifen und kurzes Bringen
- *Fügen:* „Ineinanderschieben oder Aneinandersetzen" von zwei Teilen mit dem Ziel, eine Verbindung herzustellen; Fügen erfolgt mit einem hohen Kontrollaufwand und einer Zielgenauigkeit von $\leq$ 10 mm

---

[*] CoP im Automobilbau „Carry-over-Parts"

Begriffsdefinitionen

- *Ein-Fügen:* ein Teil (1. Teil = Basisteil) in eine Aufnahme/Vorrichtung (bzw. bei Entnahme aus einem Behälter) mit einer großen Toleranz einlegen oder einschieben
- *An-Fügen:* ein Teil an ein anderes Teil mit einer engen Toleranz (gegebenenfalls in einer Vorrichtung) zum Zwecke der Verbindung zusammen(anbringen)bringen oder hinschieben
- *Montieren:* Folge aus Handhaben und Fügen mit oder ohne Werkzeugeinsatz mit dem Zweck, eine Baugruppe, einen Submodul oder Modul zu bilden
- *Hinlangen:* Bewegen der *leeren* Hand und Finger zu einem bestimmten oder unbestimmten Ort
- *Greifen:* Bewegen der Finger oder der Hand, um ein Teil/mehrere Teile soweit unter Kontrolle zu bekommen, dass gewollte Bewegungen durchgeführt werden können
- *Bringen:* Bewegen eines/mehrerer Teils(e) mit den Fingern oder der Hand zu einem bestimmten oder unbestimmten Ort
- *Loslassen:* umfasst die mit den Fingern oder der Hand ausgeübte Kontrolle über ein Teil aufzuheben
- *Prüfen:* umfasst die Tätigkeiten, die das Vorhandensein, die Position der Teile und zusätzlich die Qualität des Endproduktes überprüft
- *Justieren:* zusätzliche Handhabungs- oder Fügeoperationen nach dem Prüfen

E. Montageprozesse

- *Handmontage:* Zeitkalkulationen in PDA und MTM beruhen auf manueller Montage; andere Montagearten können näherungsweise in einem proportionalen Verhältnis gesetzt werden.
- *Automatische Montage:* Einsatz von Robotern (DFAA), erfordert eine überwiegend betriebswirtschaftliche Kenngrößenkalkulation

F. Verbindungstechnik

- *Formschluss*: ineinanderschieben, einführen, umwickeln, einlegen, füllen
- *Kraftschluss:* mittels Reibungs- oder Feldkräften (Trägheit, Magnetismus)
- *Stoffschluss:* kleben, schweißen

G. Produktstruktur

- *Baureihe:* Baumuster von Anbauteilen unterschiedlich gestufter Größen der gleichen Funktion
- *Baukasten:* Grundkörper, die zu einem variantenreichen System zusammengebaut werden können. Die Schnittstelle liegt dabei zwischen einem Grundelement und den Anbauteilen.

H. Produktdifferenzierung

- *Differenzialbauweise:* verfolgt die Zerlegung von Funktionsträgern in mehrere Anbauteile (Zweck: Verlegung der Varianz in die Montage, Erhöhung des Gleichteileumfangs)
- *Integralbauweise:* Reduzierung der Teilevielfalt durch Zusammenfassung mehrerer Funktionen in einem größeren Teil; Einstückigkeit wird angestrebt
- *Integrierende Bauweise:* Zusammenfassung vieler Kleinteile zu wenigen Großteilen; lösbare Verbindung der Großteile zum Zwecke des Service, Recyclings etc.

1 Zielgerichteter Methodeneinsatz

Unter den Zwängen des Wettbewerbs rücken die Unternehmensbereiche immer enger zusammen, um bessere Produkte, immer kostengünstiger zu einer höheren Qualität entwickeln zu können. Teamwork und das Einbringen des gesamten Unternehmens-Know-hows ist dazu notwendig. Hieraus hat sich die Philosophie des „Six-Sigma-Engineering" entwickelt, bei dem produktoptimale Lösungen in kurzer Zeit mit geringer Komplexität und einer hohen Qualität [1] zu erschaffen sind.

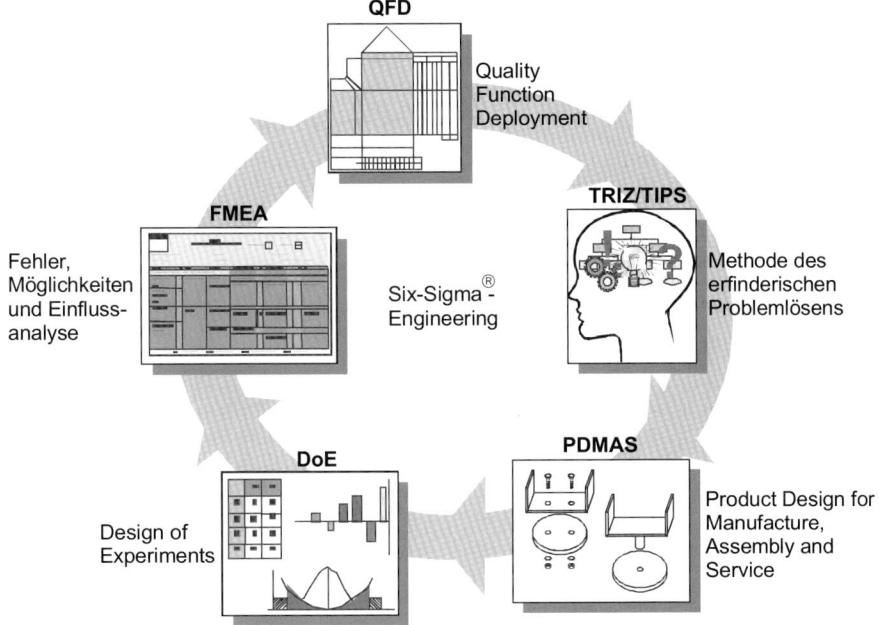

Bild 1–1: Quality-Engineering-Werkzeuge

Bis heute ist die Null-Fehler-Qualität eine Vision geblieben. Selbst führende Unternehmen erreichen zurzeit bestenfalls ±4,3 σ, welches innerhalb von Prozessen[*] einem Fehleranteil von 6.210 FpMM[**] entspricht, dies heißt, 6.210 Teile in einem Los von 1 Mio. erfüllen im Durchschnitt nicht die Anforderungen oder lassen sich nicht montieren. Hiermit sind unnötige Kosten für Nacharbeit oder Austausch verbunden. Six-Sigma verlangt 3,4 FpMM, also eine rund 2.000-fache Verbesserung ([2], [3]). Notwendige Voraussetzung für Six-Sigma ist somit die

---

[*] Nach Untersuchungen von Bender und Gilson verschieben sich alle Prozesse mit der Zeit um ±1,5 σ, d. h. anstatt ±3 σ sollte ±4,5 σ gefordert werden.
[**] FpMM = Fehler pro Million Möglichkeiten

Verfügbarkeit eines wirksamen Methodenbaukastens, der etwa in der folgenden Reihenfolge sinnvoll anzuwenden ist:

- QFD (Quality Function Deployment),
- TRIZ (Theory of Inventive Problem Solving),
- PDMAS (Product Design for Manufacture, Assembly and Services),
- DoE (Design of Experiments)

und

- FMEA (Fehler-Möglichkeits- und Einfluss-Analyse).

Fokus ist die ganzheitliche Entwicklung und die durchgängige Realisierung von hochwertigen Produkten in einer Prozesskette mit den Zielen:

- großer Kundennutzen,
- hoher Innovationsgrad,
- günstiges Kosten-Nutzen-Verhältnis,
- optimiertes Leistungsverhalten und Robustheit

sowie

- weitestgehende Fehler- und Störungsfreiheit (Null Fehler).

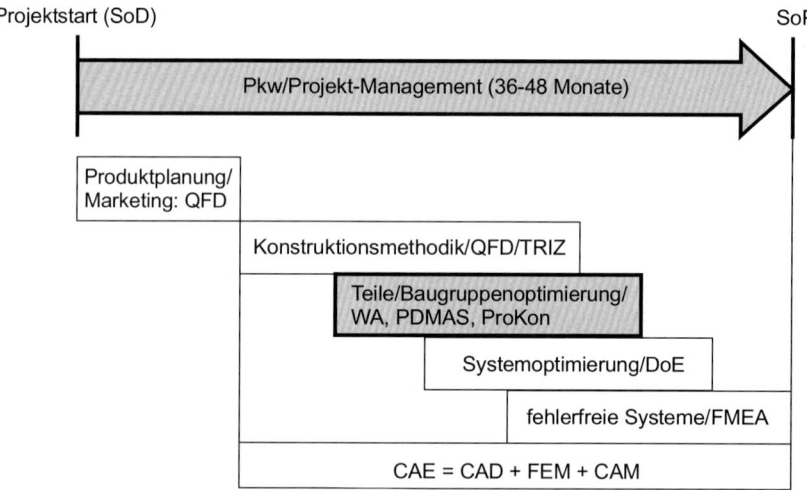

Bild 1–2: Methodenunterstützter Produkt-Entstehungs-Prozess (PEP)

Jedes Projekt wird auf einer „Start-Entscheidung" aufgebaut. Meist liegt zu diesem Zeitpunkt eine mehr oder weniger scharfe Vision über das Endziel vor. Aufgabe des Projektmanagements ist es, diese Vision in einem gesteuerten Ablauf Realität werden zu lassen. Hierzu benutzt man in innovativen Unternehmen QE-Methoden [4] mit der folgenden Zielorientierung:

1 Zielgerichteter Methodeneinsatz

- Mittels *QFD* geht es um die Erfassung von Marktforderungen und Kundenwünschen bzw. deren Einbringung in eine Produktvision, die zu einer Gedankenskizze ausformuliert wird.
- Diese Gedankenskizze muss weiter zu einem realisierbaren Konzept konkretisiert werden. Hierfür bietet sich *TRIZ* an, welches sehr systematisch innovative Konzeptansätze zu erzeugen hilft.
- Danach öffnet sich das Arbeitsfeld für *PDMAS*, wenn in einem frühen Stadium „Produktstrukturen" bzw. „Baugruppen" festzulegen sind. Zielsetzung ist dabei, ideale Strukturen zu generieren, deren Merkmal *minimale Teilzahl* bei höchstmöglicher Integration und kostengünstiger Herstellung ist. Wie nachfolgend noch dargestellt, zerfällt PDMAS in PDA/PDS und PDM, die folgerichtig auf den Montage-/Demontage- und Herstellvorgang auszurichten sind.

PDMAS kann sowohl im Konzeptstadium als auch bei der Überarbeitung eines Seriendesigns eingesetzt werden.

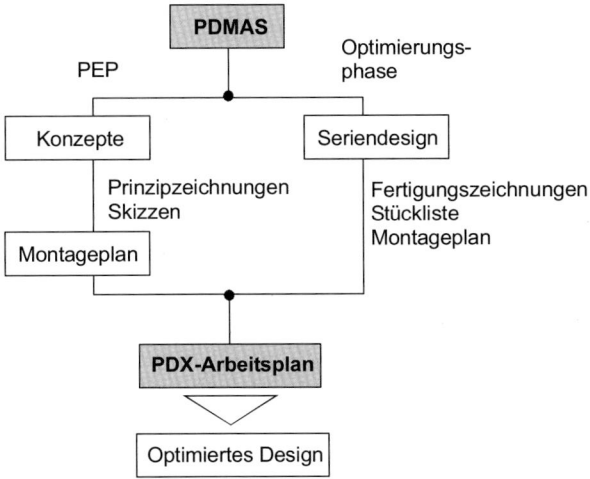

Bild 1–3: Arbeitsfelder von PDMAS

- Sodann gilt es, mit *DoE* die wesentlichen Leistungsparameter eines Sub- oder Gesamtsystems zu optimieren, und zwar entweder durch Simulation und/oder durch begleitende Experimente. Zielsetzung ist es hierbei, robuste Produkte zu schaffen, deren Leistungsfähigkeit unempfindlich auf Parameterabweichungen reagiert.
- Nahtlos schließt sich hieran *FMEA* an. Mittels FMEA werden versteckte Fehlerquellen offen gelegt, um diese mit geeigneten Maßnahmen eliminieren zu können.

Das strategische Ziel der Methodenanwendung ist insofern einen Kundennutzen zu schaffen und gleichzeitig auch den wirtschaftlichen Erfolg für ein Unternehmen zu sichern. Im Bild 1–4 ist die Verzahnung der notwendigen Erfolgsfaktoren am Markt [5] zusammengestellt.

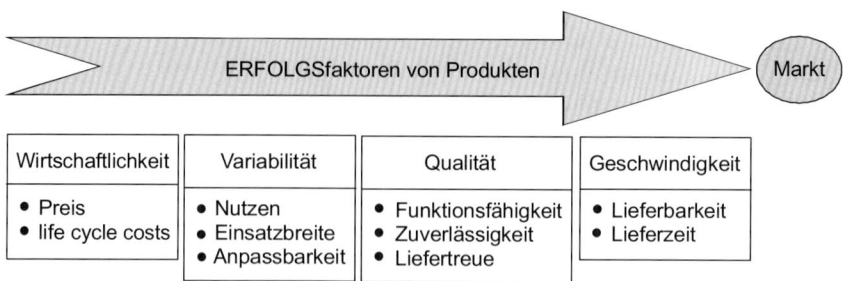

Bild 1–4: Strategische Erfolgsfaktoren von Produkten

In den USA hängt die Messlatte für Six-Sigma bei

- 12–18 % Kapazitätszuwachs,
- 20 % Verbesserung der Gewinnspanne

und

- 10–30 % Reduzierung des Umlaufvermögens.

Beispielsweise ist der große Erfolg von General Electric (Zunahme des Unternehmenswertes in 20 Jahren um 3.800 %) maßgeblich durch die Six-Sigma-Initiative ihres ehemaligen CEO Jack Welch [6] getragen worden. Weitere Unternehmen, wie Motorola, ABB, Digital, Texas Instruments, Allied-Signal usw., weisen ebenfalls beeindruckende Erfolge aus.

Die Basis dieser Entwicklung ist der Abbau von Komplexität im *Denken*, alles sollte einfach sein, um letztlich fehlerfrei ausgeführt werden zu können. Als Zukunftsaufgabe [7] besteht daher, jede Form von Komplexität in der Planung, Organisation und Ausführung abzubauen. Im übertragenen Sinne gehorcht Komplexitätsabbau dem frühen Gedankengang von Henry Ford:

> *Der Kunde kann bei uns sein Auto in jeder gewünschten Farbe bestellen, solange sie schwarz ist.*

Diese Vereinfachungsstrategie ermöglichte ihm schon 1923 eine automatisierte Produktion und Montage mit 1,8 Mio. Fahrzeugen/Jahr aufzubauen. Damit hat Ford seinen Ruf gefestigt, Schrittmacher des industriellen Automobilbaus [8] zu sein.

Literatur

[1] Konert, T.: Design for SIX-Sigma – Systematischer Ansatz zur robusten und innovativen Entwicklung neuer Produkte und Prozesse. PTK, Internat. Produktionstechnisches Kolloquium, Berlin 2004

[2] Harry, M.; Schroeder, R.: SIX-SIGMA. Campus-Verlag, Frankfurt - New York 2000

[3] Magnusson, K.; Kroslid, D.; Bergman, B.: SIX SIGMA umsetzen. Hanser-Verlag, München - Wien 2001

[4] Rehbehn, R.; Zafer, B. Y.: Mit Sigma-Six zu Business Excellence. Publics Kommunikations Agentur, Erlangen 2003

[5] Warnecke, H.-J.: Aufbruch zum fraktalen Unternehmen. Springer-Verlag, Berlin – Heidelberg 1995

[6] Krames, J. A.: Jack Welch – über 250 Innovationen und Strategien des legendären Managers. Verlag Moderne Industrie, München 2002

[7] Cooper, R.: Schlank zur Spitze. Verlag Vahlen, München 1998

[8] Treacy, M.; Wiersema, F.: Marktführerschaft – Wege zur Spitze. Campus-Verlag, Frankfurt – New York 1998

2 Bedeutung des Entwicklungsprozesses

Das Ziel allen unternehmerischen Handelns ist es, Gewinn [1] zu erwirtschaften. Dazu kann an drei Stellschrauben gedreht werden:

1. *Erlös der Produkte* erhöhen, was regelmäßig auf den Widerstand der Kunden stoßen wird
2. *Rationalisierung des Produktentstehungsprozesses* durch breiten Hilfsmittel- und Methodeneinsatz

oder

3. *Entwicklung kostenoptimierter Produkte* durch den Abbau von Überkomplexität, d. h. kostengünstigere Produktkonzepte.

Die unter Punkt 3 aufgeführte Zielrichtung hat sich in den letzten Jahren als beständiger Arbeitsschwerpunkt in der Industrie erwiesen. Hierbei kommt der Konstruktionstätigkeit eine besondere Bedeutung zu. Vielfach wird herausgestellt, dass die Konstruktion 70 % der Produktkosten festlegt, was die Schnittmenge in Bild 2-1 exemplarisch unterlegt. In der Praxis verlangt dies jedoch ein abgestimmtes Vorgehen mit den weiteren Fachabteilungen Vertrieb, Einkauf/ Materialwirtschaft sowie Fertigung.

Zielsetzung muss es sein, genial „einfache Produkte" in „einfachen und beherrschten Prozessen" herzustellen und diese dem Markt schnell und fehlerfrei anzubieten. Abweichungen von diesem Ideal resultieren gewöhnlich aus:

- der Aufgabenstellung (d. h. der Vielfalt und Härte der Anforderungen),
- dem Konzept (d. h. das Funktionsprinzip mit der Teileanzahl),
- der Baugröße (d. h. dem Materialeinsatz),
- der Stückzahl (d. h. dem Werkzeug- und Maschineneinsatz),
- der Logistik (d. h. den Varianten)

und

- der Herstell- und Montagetechnologie (d. h. den Fertigungsverfahren, einer Hand- oder Robotermontage).

Dies bedingt einer intensiven Auseinandersetzung mit den Vorgaben und Randbedingungen, um ein zweckgerechtes Konzept zu finden. Schlechte Konzepte können später nur mit großem Aufwand verbessert und angepasst werden. Eine grundsätzliche Konzeptüberarbeitung ist letztlich mit einer Neukonstruktion gleichzusetzen oder es ist die Prämisse zu verfolgen: *Gleich von Anfang an richtig.*

2 Bedeutung des Entwicklungsprozesses

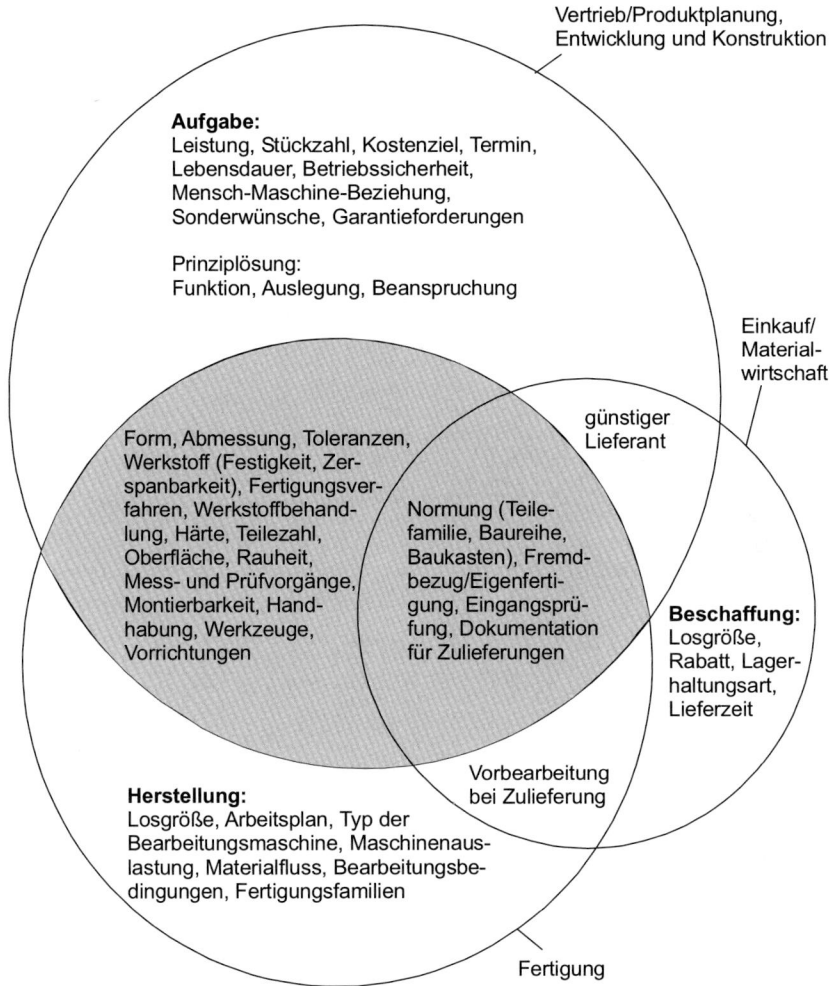

Bild 2-1: Kostenbeeinflussungspotenziale nach [2]

Überarbeitungen von Konstruktionen sind regelmäßig durch einen breiten Methodeneinsatz gegeben. Insbesondere soll PDMAS hierbei helfen, Produktstrukturen systematisch zu vereinfachen, Konzepte mit minimaler Teilezahl zu realisieren, Justagen zu vermeiden, die Verbindungstechnik zu optimieren, alle Teile einfach, selbstzentrierend und zweckgerecht auszulegen.

Hiermit ist ein erhebliches Kostenpotenzial verbunden, welches mit interdisziplinärer Fachkompetenz aktiviert werden kann. Dass dies eine bleibende Aufgabe ist, zeigt eindrucksvoll die Methodenkaskade im umseitigen Bild 2-2, welche die Historie von der Verbesserung der Arbeitsorganisation (off-line) bis zur Designoptimierung (on-line) beleuchtet.

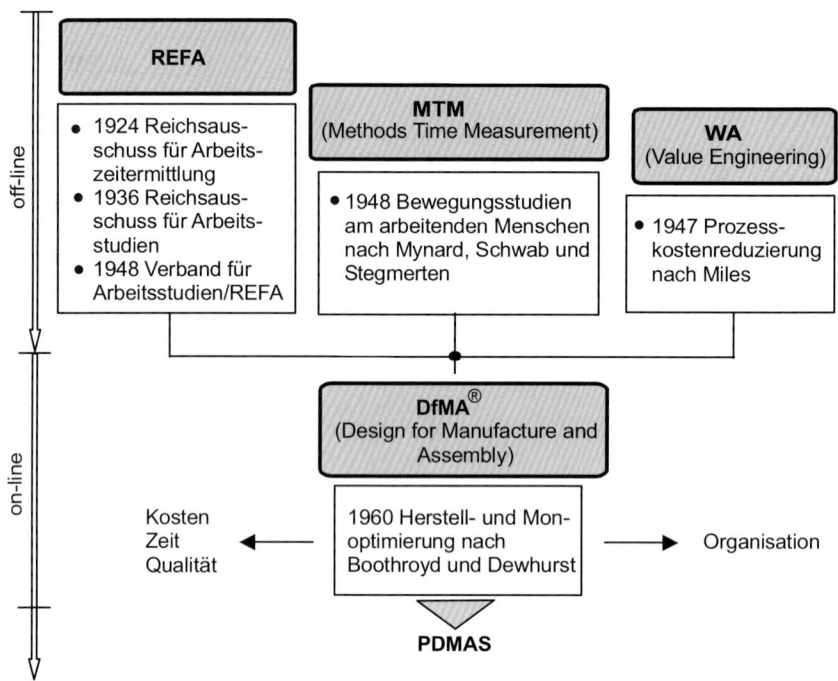

Bild 2-2: Methodeneinsatz in E & K, FP und im SE

Die Entwicklung weist danach zur holistischen PDMAS-Methodik [3], die alle wesentlichen Kernelemente aus REFA, MTM® und Wertanalyse zu einem neuen gestrafften Ablauf vereinigt. In den angehängten Fallstudien kann die Wirksamkeit dieser Vorgehensweise belegt werden.

Literatur

[1] Wiendahl, H.-P.: Betriebsorganisation für Ingenieure. Hanser-Verlag, München – Wien 1989

[2] Ehrlenspiel, K.; Kiewert, A.; Lindemann, U.: Kostengünstiges Entwickeln und Konstruieren. Springer-Verlag, Berlin 2000

[3] Klein, B.; Sanzenbacher, G.: Kostenreserven ausschöpfen durch produktionsgerechte Konstruktion (ProKon). In: Konstruktion, 4 (2008) 4, S. 83–93

3 Stellhebel im Entwicklungsprozess- Product Design for XXX

3.1 Interdisziplinärer Ansatz

Unter dem Leitbegriff *Product Design for Manufacture, Assembly, Services and Recycling*[*)] werden heute vier Methoden zur kompromisslosen Perfektionierung des Produktdesigns zusammengefasst.

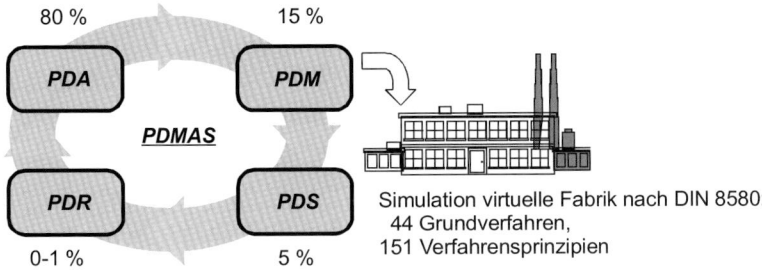

Bild 3–1: Das Gesamtkonzept PDMAS (% = Anwendungshäufigkeit)

Diese Methoden sind in unterschiedlichen Stadien eines Entwicklungsprozesses effektiv einsetzbar. Den größten Erfolg erzielt man jedoch im Konzeptstadium:

- PDA (Product Design for Assembly) = Montagegerechte Produktgestaltung
  - Ziel: Montageoptimierung durch Minimierung der Teilezahl, Vereinfachung der Produktstruktur und Verbindungstechnik, Eliminierung von nicht wertschöpfenden Tätigkeiten
- PDM (Product Design for Manufacture) = Fertigungsgerechte Produktgestaltung
  - Ziel: Auswahl geeigneter Materialien und Prozesse für kostengünstige Herstellung; Optimierung der Werkzeugkosten und des Investitionsaufwandes
- PDS (Product Design for Service) = Servicegerechte Produktgestaltung
  - Ziel: Funktionalität eines Produktes und einer Produktstruktur auf Servicefreundlichkeit ausrichten; durch Robustheit die Kundenfreundlichkeit steigern

---

[*)] Die PDMAS-Grundidee ist mit dem McKinsey-Konzept „Design to Market" (DTM) weitestgehend identisch.

- PDR (Product Design for Recycling) = Recyclinggerechte Produktgestaltung
  Ziel: Bewertung der Wirtschaftlichkeit und ökologischen Konsequenzen bei Wieder- oder Weiterverwendung oder Wiederverwertung eines Produktes am Ende der Nutzungszeit; recyclinggerechte Produktkonzeption

In der Praxis wird man gewöhnlich mit PDA beginnen, was eine sinnvolle Konzeptskizze voraussetzt. PDA hat seinen Fokus auf „Montagefreundlichkeit" unter Werkbankbedingungen (also Handmontage) gerichtet. Aufgabenstellung ist es, ein Produktdesign zu finden, welches die geringste Montagezeit benötigt. Dies bedingt eine minimale Teilezahl und eine einfache Montage (Handhaben, Fügen und Werkzeug- bzw. Vorrichtungseinsatz), also geringe Komplexität. Erreicht wird dies durch eine zielbezogene Systematik mit logischer Funktionsbündelung.

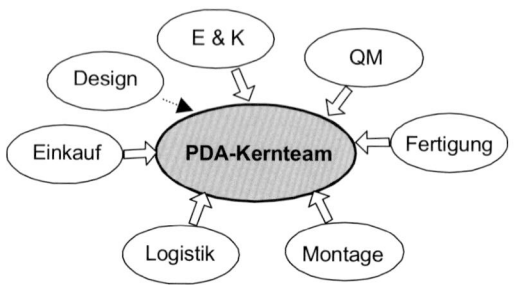

Bild 3–2: Im PDA-Team zu bündelnde Kompetenzen

Oberstes Prinzip ist hierbei die konsequente (Teile-)Integration[*], welche erfahrungsgemäß zu einer höheren Funktionsdichte mit aufwändigeren Werkzeugen führt, weshalb unbedingt ein Wirtschaftlichkeitsnachweis geführt werden sollte. (In den meisten Fällen ist eine Amortisation über größere Stückzahlen möglich.)

Nachdem ein Konzept ausgewählt wurde, ermöglicht PDM eine Herstellkostenabschätzung in Verbindung mit einem Gestaltungsprinzip (Break-Even-Point = Gewinnschwellenanalyse), dem Werkzeugeinsatz und der Stückzahl. Parallel dazu können auch Herstellalternativen betrachtet werden, um eine wirtschaftlich abgesicherte Entscheidung über die Realisierung treffen zu können.

Geläufige PDM-Software kalkuliert hierbei die Kosten EDV-unterstützt, in dem über ein Programm auf eine virtuelle Fabrik (beispielsweise mit verfahrens- oder prozessorientierter Simulation) zurückgegriffen wird. Diese Fabrik (siehe auch DIN 8580) stellt die üblichen Herstellverfahren und Prozesse zur Verfügung. Der

---

[*] Der Umbau von ausgeführten Konstruktionen zur totalen Integration kann in der Praxis problematisch sein, da Konstruktionen immer eine Vorgeschichte haben. Hier ist dann vorab zu klären: *Aus welchem Grunde ist eine differenzielle Bauweise gewählt worden? Liegt in der Integration ein versteckter Nachteil? Sind mit der Integration irgendwelche Qualitätsprobleme verbunden?*

3.1 Interdisziplinärer Ansatz

Anwender kann insofern gut Tendenzen (z. B. Kostenbestandteile, Kostenentwicklung über Stückzahl) erkennen und hierauf seine Maßnahmen abstützen.

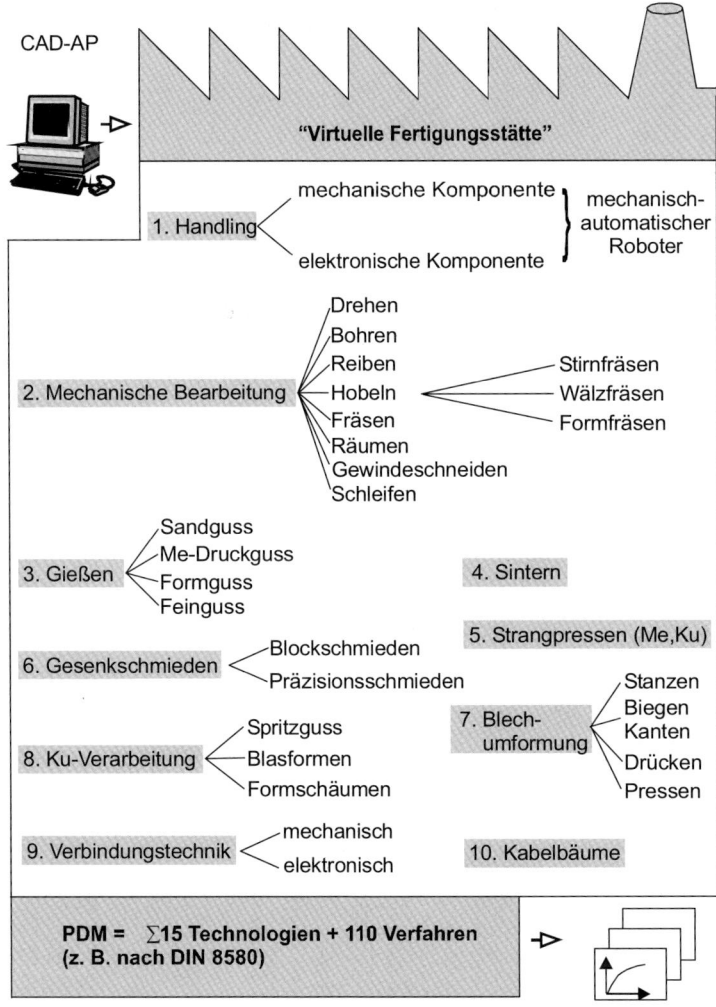

Bild 3–3: Die „virtuelle Fabrik" mit Standard-Herstellverfahren [1]

Ein vielfach bestehendes Missverständnis ist, dass die kommerzielle PDM-Software eben nicht die „eigene Fabrik" simuliert, sondern eine standardisierte Fabrik mit einer Vielzahl von Herstelloptionen, die es ermöglicht, flexible Arbeitspläne abzuarbeiten, um konstruktionsbegleitend optimieren zu können. Bei einem entsprechenden Customizing-Aufwand (d. h. Anpassung an das eigene Unternehmen mit dessen Kostengefüge) besteht eine hohe Übereinstimmung zu einer individuellen Kalkulation.

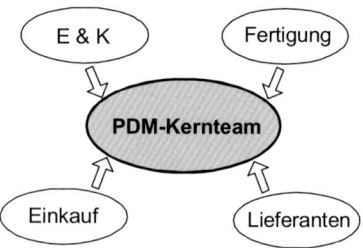

Bild 3–4: Im PDM-Team zu bündelnde Kompetenzen

Mit PDS wird der Schwerpunkt auf die Servicefreundlichkeit (Verringerung an Wartung, Verlängerung der Lebensdauer, Senkung der Lifecyclecosts) der Produkte gelegt. Hierbei spielen Aspekte der Demontage, Produktstruktur/Teilezahl, Werkstoffauswahl und Reparaturfreundlichkeit eine entscheidende Rolle. Damit unterstützt PDS den immer wichtiger werdenden After-Sale-Service.

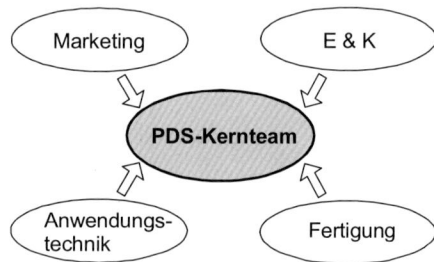

Bild 3–5: Im PDS-Team zu bündelnde Kompetenzen

Die Zwecksetzung von PDR ist es, Produkte umweltgerecht zu gestalten, wobei das Zeitfenster die Phasen von der Gestaltung bis zur Entsorgung umfasst. Durch die Simulation der Demontage, des Recyclings und der Entsorgung können kostentreibende Negativparameter ermittelt und Designalternativen geprüft werden.

Bild 3–6: Im PDR-Team zu bündelnde Kompetenzen

3.2 Informationsverknüpfung

Zusammengefasst ist PDMAS eine der wirksamsten Methoden, Produktkosten radikal zu senken, Realisierungsprozesse (maximale Zeiteinsparung um 45 %) effektiver zu machen und Innovationen auszulösen.

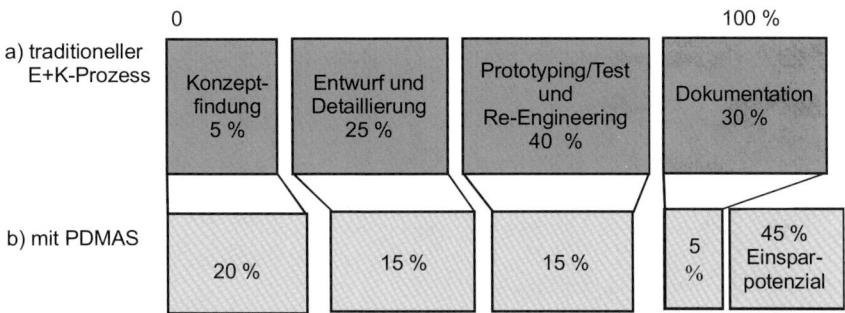

Bild 3–7: Einsparungspotenzial durch Konzeptoptimierung nach [2]

Damit ist eine neue Sicht auf den Produkt-Entstehungs-Prozess (PEP) verbunden:

- Gewöhnlich wird zu wenig Zeit für die Konzeptphase aufgewandt, dadurch verlängert sich die Re-Engineeringphase (Überarbeitung, Änderungen). Der erste Entwurf muss nicht der „beste" sein.
- Ein gutes Konzept mit den Merkmalen einfache Funktionserfüllung, weitestgehende Funktionsintegration und einfache Geometrie wirkt insgesamt Zeit und Kosten sparend.

Viele große und kleine Unternehmen setzen daher weltweit auf PDMAS, weil hiermit ungeahnte Wettbewerbsvorteile verbunden sind, die langfristig wirken. Die Automobilindustrie ist derzeit dabei, ihre „Lieferanten-Richtlinien" um den Nachweis der *Montagefreudigkeit* zu erweitern. Damit sind die Zulieferanten besonders gefordert, sich mit neuen Methoden auseinanderzusetzen.

3.2 Informationsverknüpfung

Ein häufiges Anwendungsproblem von PDMAS ist, dass viele miteinander verwobene Produktinformationen zu verarbeiten sind. Hierfür existiert kein systematisierter Ablauf, da die Grundphilosophie der DFX-Methoden eher auf eine sequenzielle Anwendung zugeschnitten ist. Trotzdem muss natürlich ein Weg gefunden werden, notwendige Demontage- und Fertigungsrestriktionen zu berücksichtigen.

Auf einfachste Weise kann dies erfolgen, dass vor einem Methodenworkshop eine Anzahl unabdingbarer Kernforderungen definiert werden, die erfahrungsgemäß aber nicht über 5–6 Bedingungen hinausgehen sollten. Mehr Bedingungen engen oft die Kreativphase der Neukonzeption zu sehr ein, sodass man sich mehr mit Beschränkungen als mit neuen Wegen auseinandersetzt.

3 Stellhebel im Entwicklungsprozess Product Design for XXX

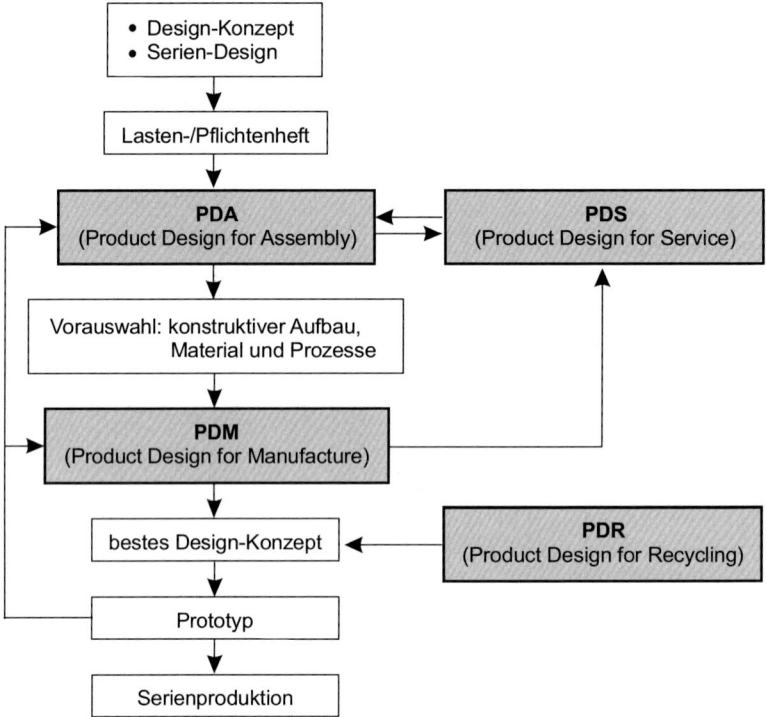

Bild 3–8: Schritte einer PDMAS

Im gezeigten Ablauf von Bild 3–8 sind die drei Einzelmethoden PDA, PDM und PDS miteinander verknüpft worden. Eingangsinformationen für diesen Ablauf sind Zeichnungen (Explosionsdarstellungen) und ein Lasten-/Pflichtenheft eines Produktes. Hieraus können gewöhnlich alle Montage- und Servicerestriktionen abgeleitet werden.

Die primäre Zielrichtung der ersten Schleife ist die Komplexitätsreduzierung durch Vereinfachen der Produktstruktur. Das Ergebnis dieser Schleife ist ein montage- und demontagegerechtes Design, welches hinsichtlich Konstruktionsprinzip, Material und Herstellprozess vorausgelegt ist. Die endgültige Festlegung erfolgt in der PDM-Schleife, womit letztlich ein „bestes Design-Konzept" entstanden ist. Gewöhnlich wird hiermit ein Prototyp gebaut, der manchmal Impulse für eine weitere Überarbeitung des Designs gibt.

3.3 Ablaufphasen

Die Arbeitsweise der PDMAS-Methode kann in die drei Phasen Ist, Ideal und Real zerlegt werden.

Bild 3–9: Die drei PDMAS-Phasen der Produktoptimierung

In der *ersten Phase* geht es darum, ein bestehendes Konzept im Team zu analysieren. Um keine Barrieren aufzubauen, darf die Analyse nicht zu einer „Schuldzuweisung" an den/die Entwickler führen, d. h., im Mittelpunkt stehen nicht alte Probleme, sondern neue Ziele[*]:

Wie können wir das Produkt noch besser machen?
Wie können wir die Herstellkosten reduzieren?
⋮

Gegenüber *Was-Fragen* lösen *Wie-Fragen* einen kreativen Prozess aus, d. h., das Ist-Konzept ist abzuwandeln und als neues Ideal-Konzept zu erfinden. Vorgabe hierzu ist die aus PDA gewonnene minimale Teilezahl, die gewöhnlich nur durch Funktions- und Teileintegration zu erreichen ist. Dieses Resultat stellt einen Ideal-Zustand dar, welcher im ersten Anlauf meist nicht umgesetzt werden kann. Praktikabel ist jedoch oft ein Konzept mit einigen Teilen mehr, welches insofern als *reale* Lösung gute Erfolgsaussichten verspricht.

3.4 Kriterienfokus

In der Praxis stellt sich oft die Frage, in welchen Fällen PDMAS eingesetzt werden sollte. Da der Aufwand gegenüber vergleichbaren Methoden (Ratio, DTM etc.) meist geringer ist, braucht auch die Messlatte nicht ganz so hoch gehängt zu werden. Als typische Anwendungsfelder haben sich herauskristallisiert:

- Concurrent-Engineering-Projekte,
- Benchmarking-Studien

und

- Zielerreichungsprobleme (Gewicht, Kosten).

Während man sich im Maschinenbau nur auf die Hauptgruppen konzentrieren sollte, kann es im Automobilbau Sinn machen, selbst kleinere Umfänge (Tür-

---

[*] In der Psychologie spricht man hier von Verhaltensrahmen.
1. Prinzip: Orientierung auf *Ziele* anstatt auf *Probleme*. Problemorientierung führt zu Schuldzuweisungen, ohne Nützliches zu generieren.
2. Prinzip: *WIE* anstatt *WAS* zu fragen. WAS-Fragen sind rückwärts orientiert – WIE-Fragen vorwärts orientiert.
3. Prinzip: *Feedback versus Versagen*. Es gibt kein Versagen nur Ergebnisse, diese können als Feedback für Korrekturen und neue Möglichkeiten genutzt werden.
4. Prinzip: Beschäftigung mit *Möglichkeiten* und nicht mit *Notwendigkeiten*. Nicht die Begrenzungen sind entscheidend, sondern die Alternativen.

schloss, Türverkleidung etc.) zu analysieren. Was aus der Sicht des Automobilherstellers vielleicht „klein" ist, kann für einen Zulieferanten schon ein "großes" lohnendes Projekt sein.

Ein Automobilhersteller wird heute aus Kostenzwängen heraus daran interessiert sein, PDMAS bei der Neuentwicklung eines Fahrzeuges anwenden zu wollen. Aus Kapazitätsgründen wird man sich aber nur auf ausgewählte Module oder Submodule konzentrieren können, weshalb eine systematisierte Vorauswahl von lohnenden Projekten durchgeführt werden sollte. Diese Auswahl muss auf der Ebene Projektleiter oder Abteilungsleiter durchgeführt werden, weshalb der Kriterienkatalog nur verallgemeinernden Charakter hat. Im Bild 3–10 ist ein Vorschlag für eine Vorauswahlliste wiedergegeben. Falls hierin eine Frage mit „JA" beantwortet wird, ist bereits ein ausreichendes Potenzial für PDMAS gegeben.

PDMAS-Vorauswahlliste	nein	ja, weil	Begründung
1. Ist eine Überschreitung des Kostenziels zu befürchten?			
2. Ist eine Überschreitung des Gewichtsziels zu befürchten?			
3. Handelt es sich um einen neu entwickelten Modul? (neu: gegenüber Vorgängermodul)			
4. Handelt es sich um einen sehr komplexen Modul? (komplex: viele Teile)			
5. Sind Montage-/Demontageprobleme zu erwarten? (Problem: Zugänglichkeit, Werkzeuge, Zeitaufwand)			
6. Können die Recyclinganforderungen erfüllt werden? (Anforderungen: Werkstofftrennung, Verbindungen)			

Bild 3–10: Vorauswahlliste auf obere Hierarchieebene

Nach dieser ersten Selektion gilt es, eine Methode auf einen Modul/Baugruppe anzuwenden. Entsprechend der Zielsetzung werden dann unterschiedliche Schwerpunkte zu bearbeiten sein. Im umseitigen Bild 3–11 sind exemplarisch einige Ausrichtungen auf Schwerpunkte in Form einer Aktivitäten-Liste zusammengestellt. Diese Problemkonkretisierung wird gewöhnlich auf der Ebene der eigentlichen Projektbearbeitung durch die Projektgruppe (SE-Team) durchgeführt werden. Nach dieser Problemanalyse und Methodenstrukturierung werden dann Handlungen erforderlich sein. Es hat sich hierbei bewährt, die Probleme in interdisziplinären Teams anzugehen und möglichst durchgängig zu bearbeiten.

Im Durchschnitt kann mit PDA eine Teilereduzierung von mehr als 30 % und 50 % weniger Montageaufwand erreicht werden. Meist erfolgt dies durch funktio-

3.4 Kriterienfokus

nelle Integration, der einen entsprechenden Invest-Aufwand gegenübersteht. Bei den hohen Stückzahlen im Automobilbau wird dies auf den Stückpreis aber nur unwesentlich durchschlagen.

PDMAS -Aktivitäten-Liste	PDA	PDM	PDS	PDR
1. Muss Kostenziel erreicht werden?	x	x		
2. Soll Gewicht gesenkt werden?	x	x		
3. Soll Komplexität reduziert werden?	x	x	x	
4. Soll die Teilezahl verringert werden?	x		x	
5. Ist eine günstigere Herstellung zu suchen?			x	x
⋮				
10. Ist vorgesehenes Montage-/Demontagekonzept zu aufwändig?	x	x	x	
⋮				
15. Soll Servicegerechtheit verbessert werden?			x	
⋮				
20. Muss Recyclingfähigkeit verbessert werden?				x

Bild 3-11: Aktivitätenplan auf Modulebene

Ein weiterer Faktor ist der relativ zum Nutzen geringe Arbeitsaufwand. Aus Erfahrung weiß man in etwa, dass

- bei Modulen aus 20-30 Einzelteilen der PDA-Aufwand etwa 1 bis 1,5 Tage umfasst;
- bei 30-40 Einzelteilen müssen etwa 2 Tage

und

- bei 40-80 Einzelteilen 2 bis 3 Tage angesetzt werden.

Mit zunehmender Methodenroutine lassen sich diese Aufwandszeiten noch etwas verkürzen, sodass im Allgemeinen von einer sehr guten Nutzen-Aufwands-Relation (Hebelwirkung 100 : 1) ausgegangen werden kann. Wenn die Methoden beherrscht werden und etabliert sind, sollte auch über einen Softwareeinssatz (z. B. DFMAS-2000 oder Ticon) nachgedacht werden.

Literatur

[1] N. N.: Fertigungsverfahren – Begriffe, Einteilung. DIN 8580, Beuth-Verlag, Berlin, September 2003

[2] Bakerjian, R.; Mitchell, P.: Tool and Manufacture Engineers Handbook. Society of Manufacturing Engineers, Vol. IV, Dearborn/Michigan 1992

4 Erzeugnisstrukturen und Montageprozesse

4.1 Erzeugnisbaum

Die Erzeugnis- oder Produktstruktur (siehe DIN 6789 T. 2) hat dominanten Einfluss auf die spätere Montage. Eine Erzeugnisstruktur ist wiederum stark restringiert von der Stückzahl (Klein-/Großserie) und der Variantenvielfalt. Auf beide Aspekte wird in den folgenden Kapiteln noch näher eingegangen.

Weiter wird man feststellen, dass im Automobilsektor andere Praktiken vorherrschen als im Maschinenbau. Meist sind die Erzeugnisstrukturen im Maschinenbau einfacher, weil die Variabilität geringer ist. Im Bild 4–1 ist eine typische Maschinenbaustruktur gezeigt, die oft von der Anlage (z. B. Extruder, Drehautomat) aus entwickelt wird. Als nachteilig gilt im Allgemeinen auch die Vielfalt in den Schnittstellen bzw. den Verbindungen, da meist eine geringe Standardisierung vorliegt. Ein moderner Ansatz ist daher die Bildung von Modulen, wodurch eine hohe Wiederverwendbarkeit von Einzelteilen ermöglicht wird. Damit öffnet sich gleichzeitig ein großes Einsparpotenzial.

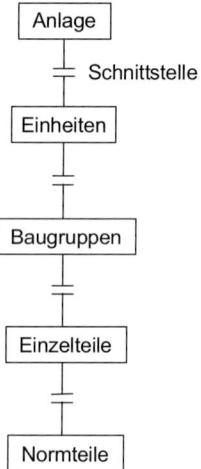

Bild 4–1: Typische Erzeugnisstruktur im Maschinenbau

Im Gegensatz hierzu ist der Automobilbau durch eine extrem hohe Variabilität (individuelle Kundenwünsche) geprägt, die sich in einer hohen *Austauschbarkeit* niederschlägt. Ein dementsprechender typischer Strukturbaum zeigt umseitig Bild 4–2.

4.1 Erzeugnisbaum

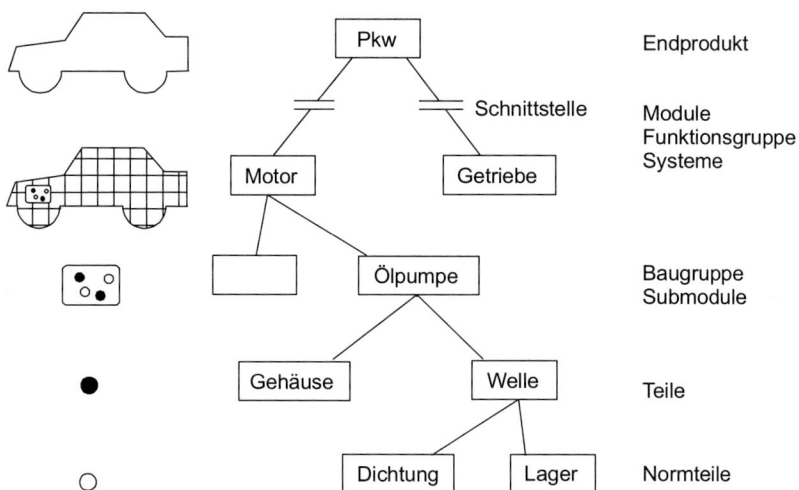

Bild 4–2: Erzeugnisstrukturbaum eines Pkws

Die Variabilität versucht man durch eine konsequente Modularisierung auf der System- und Subsystemebene einzudämmen. Module sind zusammengefasste Funktionsgruppen mit gleicher Funktion und vielfältiger Kombinierbarkeit. Bestreben ist es, einen Kompromiss zwischen geringen Herstellkosten und Befriedigung individueller Kundenbedürfnisse zu erzielen. Mit der Plattformstrategie ist die Modulbauweise perfektioniert worden.

Im Automobilbau versteht man unter einer Plattform eine standardisierte Bodengruppe, auf die ein Hut (Außenhautteile, Innenausstattung, jedoch ohne Anbauteile) mit differenzierenden Merkmalen aufgesetzt wird.

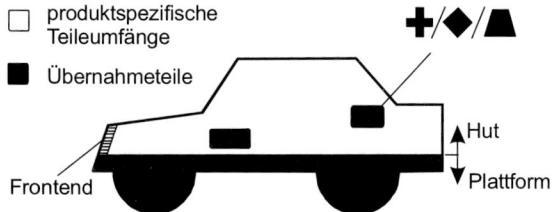

Bild 4–3: Plattformkonzept mit CoP-Teilen (Carry over Parts)

Zu einem Plattformumfang können wie dargestellt auch Übernahmeteile erklärt werden. Der große Vorteil einer Plattform bei Pkws ist, dass der Produktlebenszyklus von den Modullebenszyklen entkoppelt wird. Hierin liegen vielfältige wirtschaftliche Vorteile.

4.2 Montagetechniken

Die Montage orientiert sich am Erzeugnisbaum, ist ein wichtiger Teilabschnitt der Herstellung und steht am Ende der Produktrealisierung [1]. Nach der DIN 8593 umfasst die *Montage* alle Füge- und Verbindungsvorgänge sowie zusätzlich alle Tätigkeiten, die das Erkennen, Ergreifen, Bewegen, Positionieren, Einstellen, Sichern, Kontrollieren und Speichern der jeweiligen Komponenten betreffen. Alle Verbesserungen von Tätigkeiten in der Montage [2] hinsichtlich des benötigten Aufwandes werden als Verbesserung der *Montagegerechtheit* bezeichnet. Dies umfasst daher mehr als das Berücksichtigen von Positionier- und Fügehilfen oder die Realisierung einer automatischen Montage, sondern schließt den ganzen Produktaufbau ein. In dieses konstruktionsmethodische Thema strahlt natürlich die Montagetechnik hinein. In der industriellen Praxis differenziert man in

- *manuelle Montage*: wird von einem Werker mit einfachen passiven Hilfseinrichtungen durchgeführt;
- *halbautomatische Montage*: automatisierte Montage, bei der einige Operationen manuell durchgeführt werden müssen;
- *automatische Montage*: autonom ablaufende (programmierte) Montage mit Hilfseinrichtungen;
- *flexible Montage*: autonome Montage, die Veränderungen im Ablauf ermöglicht;
- *adaptiv geregelte Montage*: Montagesystem, welches sich selbst an Veränderungen anpasst.

Die bekannten Methoden zur Verbesserung der Montagegerechtheit, wie MTM[*], MTM-ProKon oder HGF, beziehen sich schwerpunktmäßig auf die manuelle Montage. Aussage ist allgemein: *Ein Produkt, welches sich optimal manuell montieren lässt, wird sich auch mit jeder anderen Technik sehr gut montieren lassen* (Ausnahmen: Handling von schweren Teilen mit extremen Temperaturen).

Damit tut sich als neues Arbeitsfeld die Montagesimulation auf. Eingeführt ist im Automobilbau seit längerer Zeit DMU in Verbindung mit CAD. DMU ermöglicht allerdings nur die Montierbarkeit (Zugänglichkeit, Überschneidungen etc.) zu überprüfen. Das fehlende Glied in der Kette ist PDA, welches quantifizierbar die Montagegerechtigkeit bewerten kann und Hinweise zur Systemoptimierung gibt.

4.3 Einflussgrößen auf die Montage

Je nach Produkt können die gesamten Montagekosten bis zu 50 % der Fertigungskosten ausmachen. Es besteht somit der Zwang, die Montagekosten möglichst gering zu halten. Die Weichen dazu sollten schon in der Konzeptphase ge-

---

[*] MTM = Methods-Time Measurement (Methode zur Optimierung der Montagezeiten, DMU = Digital Mock Up (virtuelle Montage), HGF = Hochschul-Gruppe-Fertigung

stellt werden, weshalb bei der Gestaltung bereits Rücksicht auf die Montageart (bzw. das Montagesystem) zu nehmen ist. Manchmal muss ein Kompromiss zwischen Teilefertigungskosten, Montage- und Demontagekosten eingegangen werden.

Leitregeln für die Produktentwicklung sollten daher sein:

- Montagevorgänge vermeiden oder reduzieren durch Verringerung der Teilezahl. Selbst eine noch so kostengünstige Fertigung kann ein ungünstiges Auslegungskonzept nicht kompensieren.
- Montagevorgänge vereinfachen durch
    - montagegünstigere Merkmale hinsichtlich Geometrie und Werkstoff,
    - ergonomisch günstigere Gestaltung, d. h. den menschlichen Fähigkeiten entsprechend,
    - hilfsmittelgerechtere Gestaltung, um Möglichkeiten für einen Werkzeugeinsatz zu schaffen.
- Montagevorgänge automatisieren, d. h., anstatt Handmontage sollte eine überwiegend teil- oder ganz automatisierte Montage angestrebt werden.

Bei einer Montage werden Einzelteile zu Baugruppen (Teilsysteme) und diese wiederum zur Maschine (Gesamtsystem) zusammengefügt. Problempunkte sind dabei immer wieder

- die Bauteilgeometrie (Handling),
- die Oberflächenanforderungen,
- die Fügeeigenschaften (Geometrie, Toleranzen)

und

- das Verbindungsverfahren.

Konzeptionell existieren einige Möglichkeiten, diese Einflussgrößen zu optimieren, weshalb „montagegerecht" ein zentrales Auslegungsziel sein sollte.

4.4 Montagegerechtes Konstruieren

Die folgenden Beispiele[*] stellen einen Wissensspeicher dar mit insbesondere in der Handmontage gewonnen Erfahrungen. Mit den hieraus abgeleiteten Erkenntnissen lassen sich aber auch mechanisierte und automatisierte Montagen sowohl konstruktiv wie auch herstellungsgemäßer optimieren. Zu den wirksamsten Regeln sind einige Piktogramme zusammengetragen worden, die Assoziationen für ein spezielles Problem und dessen mögliche Lösung geben sollen. Hauptansatzpunkte für das montagegünstige Konstruieren bleiben demnach

---

[*] Siehe hierzu auch die VDI-R 3237, Blatt 1: Fertigungsgerechte Werkstückgestaltung im Hinblick auf automatisches Zubringen, Fertigen und Montieren

- Montageoperationen verringern oder vermeiden,
- Teile möglichst zusammenfassen,
- kostengünstige Verbindungstechnik realisieren,
- Teile für ein leichtes Speichern vorbereiten,
- Handhabung der Teile erleichtern,
- leichtes Positionieren der Teile ermöglichen,
- Fügen vereinfachen,
- möglichst leichtes Einstellen und Justieren ermöglichen,
- weite Funktionstoleranzen zulassen,
- eventuell Anpassbausteine konzipieren,
- eindeutige und leichte Sicherungen vorsehen,
- Messen und Kontrollieren erleichtern

sowie

- kostengünstigen Service anstreben,
- Demontage erleichtern,
- leichtes Recycling ermöglichen.

Diese Regeln sollten ergänzt werden durch Standardisierungsbestrebungen bzw. der Erstellung zweckgerechter Werknormen. Zur Normung bieten sich an: Passungen, Lager, Verbindungen, Geometrien, Halbzeuge sowie die entsprechenden Vorrichtungen und Werkzeuge.

Man kann dies auch ausdehnen auf die eingesetzten Betriebsmittel, für die Normalienkataloge geschaffen werden können. Weiter ist es oft sinnvoll, auch Kaufteile (z. B. E-Motoren, Kupplungen, Getriebe) zu vereinheitlichen. Gegebenenfalls ist dabei auch die Verfügbarkeit mit einzubeziehen.

Die Praxis zeigt jedoch, dass vielfach noch zu wenig Aufwand für die Verbesserung der Servicefunktionalität und die Demontage getrieben wird. So kommt beispielsweise durch die Kostenanalyse bei einem großen Nutzfahrzeughersteller zutage, dass für die Montage und Demontage gleicher Funktionsteile (Zahnräder, Lager, Nabenverbindungen) über 20 verschiedene Vorrichtungen verwendet werden. Im Allgemeinen lässt sich dies durch eine bessere Kommunikation (Vorrichtungs- und Normalienstandards) zwischen E + K und der Fertigungsplanung verhindern.

4.4 Montagegerechtes Konstruieren

1. Verringern der Anzahl an Montageoperationen			
Maßnahmen	schlecht	besser	Bemerkung
− durch Weglassen von Teilen, − durch Zusammenfassen von Teilen, − durch Verwendung vormontierter und getrennt prüfbarer Teile/Baugruppen, − durch Teilevereinheitlichung, − durch einheitliche Richtungen			wenige oder keine Schrauben, Integralbauweise anstreben, Teilesymmetrien, prüfbare Einheiten schaffen, kurze Wege realisieren
2. Leicht handhabbare Teile			
− durch leichte Lageerkennung, − durch leichtes Ergreifen, − durch leichtes Ausrichten, − durch ausreichende Steifigkeit			Verwechseln verhindern, bewusst symmetrisch oder unsymmetrisch konstruieren, Teile mit Formerkennung
3. Leicht speicherbare Teile			
− durch stapelbare Form, − durch lageorientierbare Form			sichere Ausrichtung, bestimmte Ordnung halten, leicht greifbar
4. Gut positionierbare Teile			
− durch selbsttätiges Ausrichten			leicht einfügen, selbstzentrierend gehalten

Bild 4-4a: Konstruktive Regeln für eine funktionssichere und kostengünstige Montage (nach [3])

5. Leicht zu fügende Teile			
Maßnahmen	schlecht	besser	Bemerkung
– durch einfache Verbindungstechnik, – durch gute Zugänglichkeit, – durch leichtes Einführen, – durch weite Passungen, – durch formschlüssiges Einlegen			Steckverbindungen (Kerbstifte) oder Klemmen vorsehen, Einlegen anstatt Anschrauben, Passteile anfasen, lange Passflächen unterbrechen bzw. nicht gleichzeitig anschnäbeln lassen
6. Leichtes Einstellen, Justieren ermöglichen			
– durch Vermeiden von Doppelpassungen, – durch gestufte Passteile, – durch weite Toleranzen, – durch elastisch/plastisch verformbare Teile			zwei Zentrierpassungen fixieren nicht gleichzeitig, gestufte Passteile verwenden
7. Eindeutige und leichte Sicherungselemente			
– durch Passstift, – durch besondere Formschlusssicherungen, z. B. am Schraubenkopf, – durch Sichern ohne Zusatzaufwand			Kraftabstützung verwenden, weite Stützabstände, einfach kontrollierbare Kraftaufteilung
8. Leichtes Kontrollieren ermöglichen			
– durch einfache Überwachung, – durch visuelles Kontrollieren, – durch prüfbare Funktionen			Festigkeit sollte überprüfbar sein, Maschinenparameter überwachen, Funktion gewährleisten

Bild 4–4b: Konstruktive Regeln für eine funktionssichere und kostengünstige Montage (nach [3])

4.5 Verbindungen 29

Ein exemplarisches Beispiel für die Regel „geringe Montagekosten durch minimale Teilezahl" zeigt Bild 4–5. Hier geht es um die Konstruktion einer Schlauchklemme, die einmal mit geringer Variabilität in Maschinenbauausführung und ein anderes Mal als einstückiges Kunststoffteil ausgeführt worden ist. Dabei konnten 5 Teile eingespart werden.

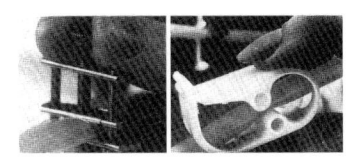

Bild 4–5: Schlauchklemme in Metallausführung (= 6 Teile) und als einteilige Kunststoffkonstruktion nach [3]

Weiterhin ist in Bild 4–6 eine Befestigungssituation gezeigt, die so bei Pkws für Brems- und Kraftstoffleitungen vorkommt. In der alten Ausführung waren dazu 3 Teile erforderlich. Unter der Prämisse „Teilezahlreduzierung" und „einfache (geradlinige) Fügebewegung" konnte eine funktional integrierte Lösung aus einem Teil entwickelt werden.

"früher" Handmontage	"heute" automatisierte Montage
Leitungen; Blechstreifen; Blechschraube; punktgeschweißte Lasche; Karosserieblech	Anschweißbolzen; Leitungen; Kunststoff-Clipse
3 Teile	1 Teil
Blechlasche an die Karosserie anpunkten; Leitungen in Blechstreifen legen; Blechstreifen und Schraube positionieren; verschrauben	Loch in Karosserie vorsehen oder Anschweißbolzen aufpunkten; Leitungen in Clipse legen; positionieren; einclipsen

Bild 4–6: Vereinfachte Befestigung von Brems- und Kraftstoffleitungen beim VW-Golf nach [4]

4.5 Verbindungen

Ein für die Montage ebenfalls sehr wichtiger Problemkreis ist die Verbindungstechnik, da hierüber verschiedene Bauteile zu einem System verbunden werden. In der industriellen Anwendung wird heute eine Vielzahl von stoff-, kraft- und formschlüssigen Verbindungen eingesetzt.

Bei den *stoffschlüssigen Verbindungen* werden Teile mit oder ohne Zuhilfenahme von Zusatzwerkstoffen an den Stoßstellen zu einer unlösbaren Einheit vereinigt. Geläufige Verfahren sind Schweißen, Löten und Kleben. Technologisch und prozesstechnisch ist hierbei die Einbringung von teils erheblicher Wärme nachteilig. Kostenmäßig sind diese Verbindungen sehr schwer vergleichbar, da neben dem Herstellaufwand auch die „mechanische oder dynamische Leistungsfähigkeit" in Bezug gesetzt werden müsste, was aber allgemein gültig kaum möglich ist.

Für einzelne Anwendungsfälle sind hingegen vereinfachte Vergleiche angestellt worden, wie z. B. in Bild 4–7 ausgewertet. Es handelt sich hierbei um jeweils 1 mm dicke Aluminium- und Stahlbleche 100 x 100 mm (Losgröße 200 Stück), für die die reinen Fertigungskosten (also ohne Werkstoff- und Werkzeugkosten) in Relation zueinander gesetzt wurden.

Verbindung	Relativkostenfaktor St	Al	∅ Montagezeit = MZ [Sek.]
Punktschweißen	1,0	2,9	3,0
Stanznieten	1,33	1,2	4,0
Schrauben	3,5	3,6	5,4
Kleben	1,7	1,7	6,0
Laserschweißen	2,0	2,5	6,5
Nieten	2,5	2,5	7,0
Schweißen	3,4	5,8	10,0
Löten	3,7	-	12,0

Bild 4–7: Normierte Montagerelativkosten von Blechverbindungen (nach Fa. Siemens), wobei MZ exakt t_g nach REFA entspricht

Da Punktschweißen zunehmend verdrängt wird, ist beim Blechleichtbau der Fokus vermehrt auf Kleben, Stanznieten und Laserschweißen gerichtet. Kleben erweist sich beispielsweise im Automobilbau bei der Verbindung dünner Bleche immer öfter als vorteilhaft, da unterschiedliche Werkstoffe verzugsfrei flüssigkeits- und gasdicht miteinander verbunden werden können. Mittlerweile sind automatische Dosiergeräte im Einsatz (beispielsweise im Karosseriebau), sodass sehr rationell mit konstanter Qualität gearbeitet werden kann.

Die bei der Montage wohl am häufigsten vorkommende Verbindung dürfte die Verschraubung von Teilen sein. Obwohl die Schraube selbst als kostengünstiges Normteil anzusehen ist, ist bei Zusammenbauten doch die Menge und Vielzahl an Schraubverbindungen nicht zu vernachlässigen. Meist betragen die Kosten der Schraube nur 20–30 % der Verbindungskosten. Ein Großteil entfällt somit auf die Einbringung der Bohrung und das eventuelle Schneiden des Gewindes. Im umseitigen Bild 4–8 ist eine vergleichende Kostengegenüberstellung von Schraubverbindungen wiedergegeben. Entscheidende Parameter sind hierbei die Dimensionalität und die Art der Verbindung. Wie ersichtlich wird, ist jeweils die Sechskant-Durchsteckschraube in der Qualität 8.8 am kostengünstigsten und hiergegen die Einschraubschraube etwa 2,2-mal so teuer.

Oberste Regel bei PDA ist: *So wenig Schrauben wie möglich; dies bedingt, Alternativen ohne separate Verbindungselemente einzusetzen.*

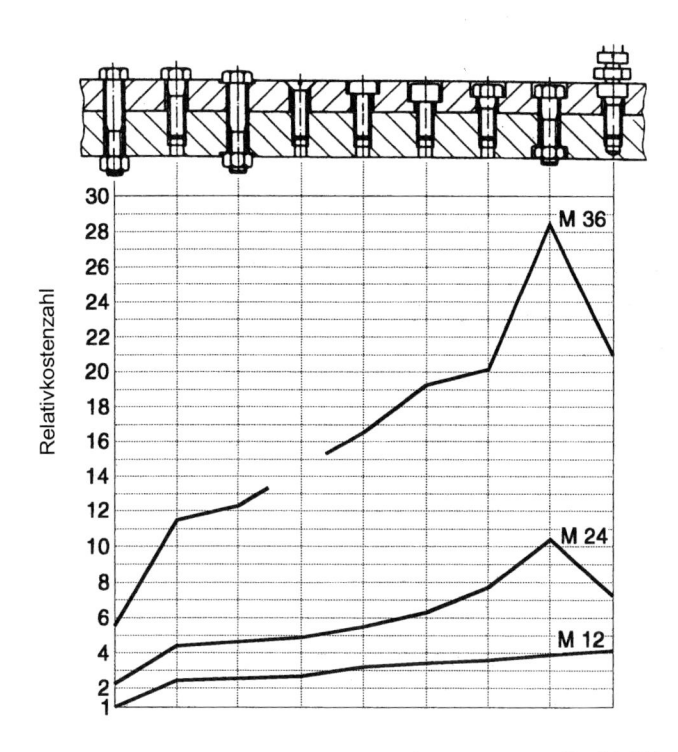

Bild 4–8: Relativkosten von Schraubverbindungen (Angaben von Fa. Voith)

4.6 Montageablauf

Ein wichtiges Hilfsmittel zur Planung und Gestaltung der Montage sowie zum Produkt-Benchmarking stellen *Montageablaufdiagramme* [5] dar. In der Praxis stößt man dabei auf verschiedene Darstellungsprinzipien, deren sinnvollste Ausprägungen kurz skizziert werden sollen. Als Beispiel soll die Montage einer *Tankklappe* für einen Pkw herangezogen werden, die von einem Zulieferanten hergestellt wird und der diese als einbaufertige Einheit an die Pkw-Hersteller anliefert.

Die „*Tankklappe komplett*" besteht somit als Baugruppe aus der Unterbaugruppe Rahmen mit zwei angeschlagenen Scharnieraugen und der Untergruppe KLAPPE. Die Einheit KLAPPE wird aus dem eigentlichen Deckel mit angesetztem Scharnierteil, eingepresster Achse und aufgesetzter Spreizfeder gebildet. Aufgabe eines Montageablaufdiagramms ist es, eine Gesamtsicht über die Einzelteile zu geben, die Montagereihenfolge festzulegen und die Kompliziertheit der Montage sichtbar zu machen.

Ein seit vielen Jahren in der Montageplanung gebräuchliches Werkzeug ist der so genannte „Montage-Vorranggraph" nach Bild 4–9. Zwecksetzung ist, die Montagereihenfolge anhand von Tätigkeiten transparent zu machen und die (früheste) Zustellung der Einzelteile festzulegen. Für das Beispiel „Tankklappe" zeigen weiter auch Bild 4–10 und Bild 4–11 den prinzipiellen Montageablauf.

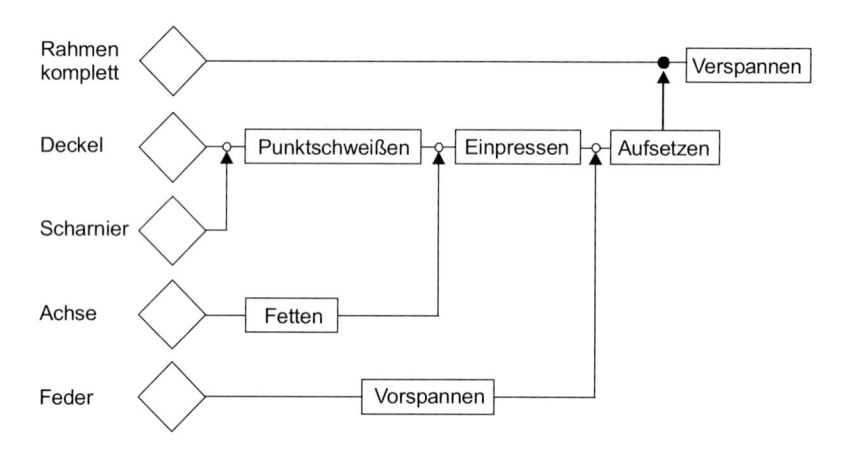

Bild 4–9: Exemplarischer „Montage-Vorranggraph" (zeitorientiert)

Eine andere Darstellung wird bei PDA benutzt. Ansatz ist es, hierbei die Produktstruktur mit allen ihren Teilen in der Tiefe sichtbar zu machen, um diese gegebenenfalls durch Teileintegration vereinfachen zu können. Dieser Vorteil kann bei dem Beispiel „Tankklappe" nicht genutzt werden, weil die Produktstruktur zu einfach ist. Weitere Erkenntnisse sind vom „Strukturbaum" kaum abzuleiten.

Bild 4–10: Exemplarischer „Produkt-Strukturbaum" (teileorientiert)

4.6 Montageablauf

Eine sehr verbreitete und in der Anwendung recht aussagekräftige Darstellung ist das „Montagediagramm" (nach MTM), welches nicht nur die Montagereihenfolge und die Produktstruktur zeigt, sondern auch zur ganzheitlichen Optimierung der Montage und der Unterbaugruppe herangezogen werden kann. Ebenfalls am Beispiele der Tankklappe zeigt Bild 4–11 einen möglichen Montageablauf, der die notwendigen Operationen bis zum ZUS-Bau bzw. ZSB zeigt.

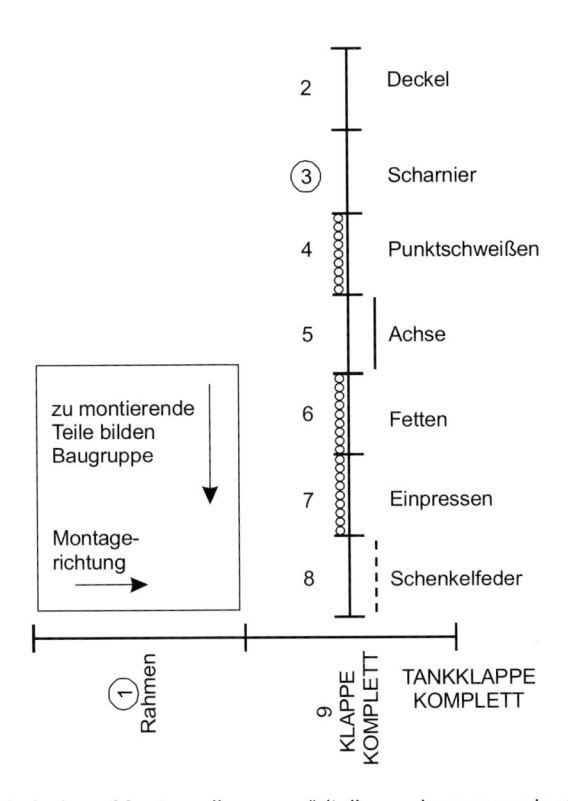

Bild 4–11: Exemplarisches „Montagediagramm" (teile- und prozessorientiert)

Bei dem gewählten Prinzip werden in der horizontalen Kette die eingehenden Hauptteile und in mehreren vertikalen Ketten die zu bildenden Unterbaugruppen dargestellt. Mittels einer im Prinzip frei gestaltbaren Symbolik kann das Montagediagramm auch zur Diskussion des Produktaufbaus und der erforderlichen Prozessstufen herangezogen werden. Im Beispiel sind exemplarisch Prozesse, Handhaben und Fügen angezogen.

Die im vorstehenden Bild 4–11 benutzte Symbolik wurde im Wesentlichen für MTM kreiert und wird heute auch von vielen PDA-Anwendern (z. B. im DfMAS 2000) herangezogen. Um die Handhabung der Symbole zu erleichtern, soll deren Bedeutung im umseitigen Bild 4–12 kurz zusammengefasst werden.

Symbol	Benennung	Problemfelder
1 ⊥	Einzelteil bzw. vormontierte Baugruppe	
2 ⌇	besondere Prozesse (nieten, schrauben, fetten/ölen etc.)	erhöhen *meist* nicht den Produktwert
③ ⊥	Einzelteil bzw. Baugruppe	③ voraussichtlich integrierbar oder eliminierbar
4 ⊥	Einzelteil bzw. Baugruppe	Probleme bei der Handhabung
5 ⊥⊥	Einzelteil bzw. Baugruppe	Probleme beim Fügen
6 ⌇	Einzelteil bzw. Baugruppe	Probleme bei der Demontage

Bild 4–12: Symbole des Montagediagramms mit Sonderkennzeichnung nach MTM

Des Weiteren sind in dem Montagediagramm für die Tankklappe *kleine* Buchstaben für *Einzelteile* bzw. *Prozessschritte* und *GROSSE* Buchstaben für vormontierte *Baugruppen* benutzt worden. Zusätzlich kann durch Sonderkennzeichen auf besondere Schwierigkeiten (wie nicht wertschöpfende Tätigkeit, Teil kann entfallen, Zeitlimit überschritten etc.) hingewiesen werden.

Der analysierte Ablauf beruht auf einer Handmontage, wobei sich alle Teile im Greifraum eines Werkers befinden. Liegen die Teile weit entfernt, so ist dies im Allgemeinen kein produktspezifisches Problem, sondern dies lässt sich durch eine bessere Fertigungsorganisation lösen.

Eine ergänzende Anwendung des Montagediagramms zeigt Bild 4–13. Es handelt sich hierbei um einen Zusammenbau einer Schweiß-/Schraubbaugruppe über 18 Operationen, die als Unterbau für einen Lkw-Sitz vorgesehen ist. Die Besonderheit ist, dass der Zusammenbau mittels einzelner Schweißgruppen (SGR) entsteht, die aus einer Vormontage an anderen Arbeitsplätzen stammen. Das Montagediagramm macht diese Logik transparent und hilft auch die Bewertung (in Zeit/Kosten) entsprechend zu strukturieren. Hier spielt jetzt auch der Organisationsaspekt eine große Rolle, weil Schweißgruppen letztlich wie ein Einzelteil zu behandeln sind und möglicherweise die Teileakquisition maßgebend wird.

4.6 Montageablauf

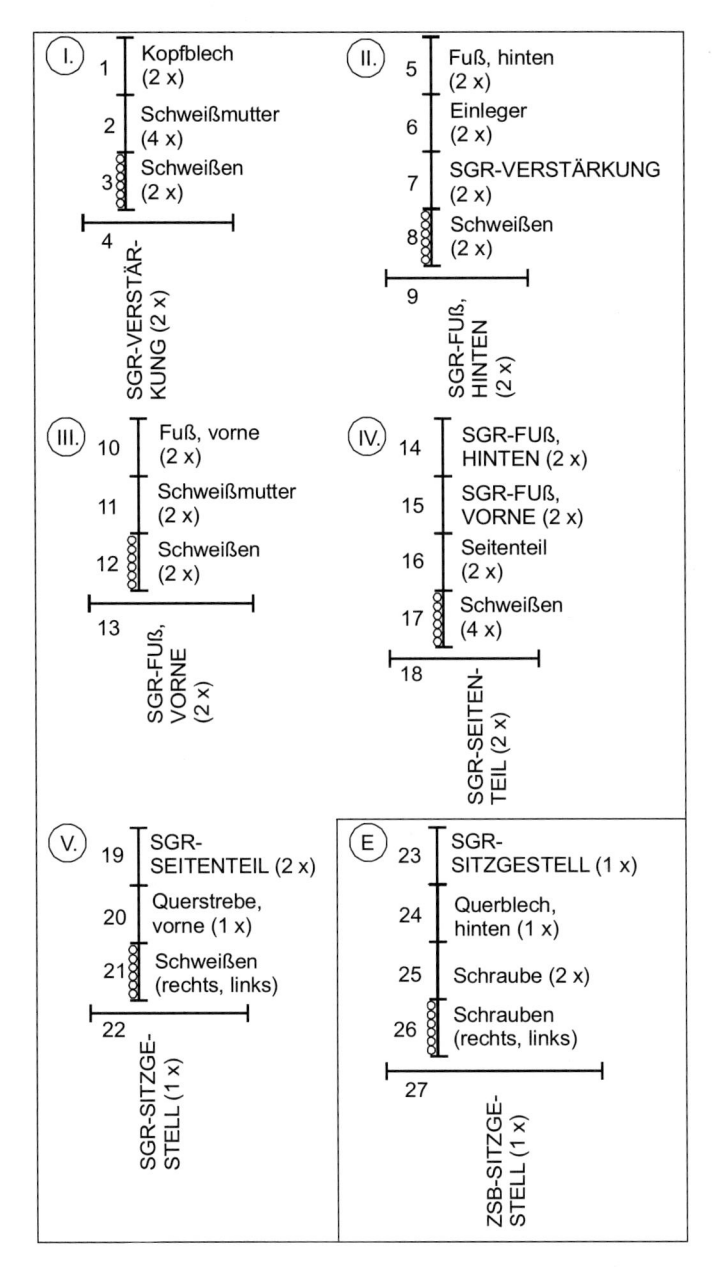

I.
1. Kopfblech (2 x)
2. Schweißmutter (4 x)
3. Schweißen (2 x)
4. → SGR-VERSTÄRKUNG (2 x)

II.
5. Fuß, hinten (2 x)
6. Einleger (2 x)
7. SGR-VERSTÄRKUNG (2 x)
8. Schweißen (2 x)
9. → SGR-FUß, HINTEN (2 x)

III.
10. Fuß, vorne (2 x)
11. Schweißmutter (2 x)
12. Schweißen (2 x)
13. → SGR-FUß, VORNE (2 x)

IV.
14. SGR-FUß, HINTEN (2 x)
15. SGR-FUß, VORNE (2 x)
16. Seitenteil (2 x)
17. Schweißen (4 x)
18. → SGR-SEITENTEIL (2 x)

V.
19. SGR-SEITENTEIL (2 x)
20. Querstrebe, vorne (1 x)
21. Schweißen (rechts, links)
22. → SGR-SITZGESTELL (1 x)

E
23. SGR-SITZGESTELL (1 x)
24. Querblech, hinten (1 x)
25. Schraube (2 x)
26. Schrauben (rechts, links)
27. → ZSB-SITZGESTELL (1 x)

Bild 4–13: Montagediagramm für Schweiß-/Schraubbaugruppe bzw. Unterbau eines Lkw-Sitzes

Weitere Anwendungen zum Montagediagramm befinden sich im Anhang (beispielsweise Fallstudie 3). Angemerkt sei hier, dass sich der Ablauf des Montagediagramms in der Regel als Ablauffolge in der PDA-Zeitkalkulation (bzw. negiert auch bei PDS) wiederfindet. Insofern ist die Vorkonfigurierung ein wichtiger Arbeitsschritt bei PDMA.

Literatur

[1] Andreasen, M. M.; Kähler, S.; Lund, T.: Montagegerechtes Konstruieren. Springer-Verlag, Berlin – Heidelberg 1985

[2] Spies, J.: Montagegerechte Produktgestaltung am Beispiel des komplexen Großserienproduktes Automobil. Dissertation, ETH-Zürich, 1997

[3] Pahl, G.; Beitz, W. (Hrsg.): Konstruktionslehre – Grundlagen. 7. Auflage, Springer-Verlag, Berlin – Heidelberg – New York 2007, insbesondere S. 471–477

[4] Ehrlenspiel, K.; Kiewert, A.; Lindemann, U.: Kostengünstiges Entwickeln und Konstruieren Springer-Verlag, Berlin 2000

[5] Meins, W. (Hrsg.): Handbuch der Fertigungs- und Betriebstechnik. Vieweg-Verlag, Wiesbaden 1989

5 Tätigkeiten ohne Wertschöpfung

In einem Montageprozess werden Einzelteile durch aufeinander folgende Tätigkeiten (Handhaben, Fügen) und eventuell durchgeführte besondere Prozessschritte zu Baugruppen, Modulen oder Endprodukten *montiert*. Das Prozessmodell (= Montagediagramm) stellt hierbei die Wertschöpfungskette dar, die wiederum aus wertschöpfenden und wertneutralen Tätigkeiten besteht. Wie im Bild 5–1 hervorgehoben, erzeugen alle direkt mit den Handlings- oder Fügeoperationen *am Teil* verbundenen Tätigkeiten einen Mehrwert. Hiervon können Hilfstätigkeiten ohne „eigentlichen" Wertzuwachs abgegrenzt werden.

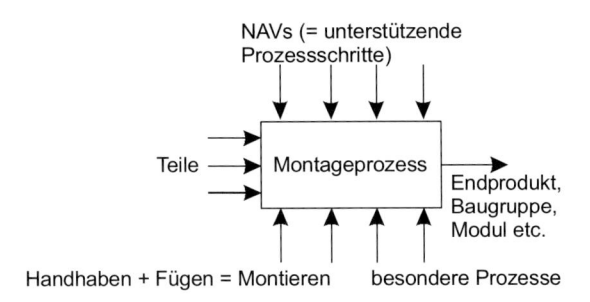

Bild 5–1: Symbolisches Prozessmodell der Montage

Zu allen Tätigkeiten sind mittlerweile Zeit- und Bewegungsstudien (z. B. REFA, MTM) durchgeführt worden, welche in den nachfolgenden Kapiteln zur Optimierung des Produktdesigns bzw. der Montage benutzt werden. Die zusätzlich noch auftretenden Hilfstätigkeiten lassen sich noch in „primäre" und „sekundäre" untergliedern.

5.1 Primäre NAV-Operationen

NAV-Operationen (so genannte unterstützende Not-Added-Value-Operations) sind *nicht wertschöpfende Prozessschritte* in einer Montage [1], die es insofern zu eliminieren gilt. Mögliche Ersatzlösungen sollten kostenneutral (d. h. „umsonst") realisiert werden.

Zu den in der Praxis häufig vorkommenden *„primären NAV-Operationen mit zusätzlichem Materialeinsatz"* zählen insbesondere:

- Beschichtungen (fest/flüssig) zum Zweck des Korrosionsschutzes, der Verbesserung haptischer Eigenschaften, einer dekorativen Oberflächengestaltung oder lebensdauerbeeinflussende Verschleißhartschichten, Überzüge über Laufflächen, Ölbenetzungen als Montagehilfen

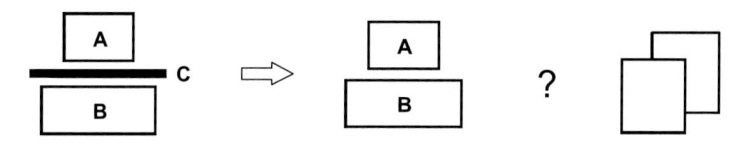

Bild 5–2: Oberflächeneigenschaften direkt über Material erreichen

- Verlegen von Rohrleitungen zum Transport von flüssigen oder gasförmigen Medien

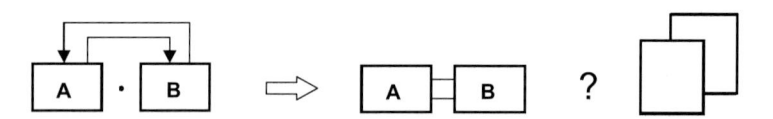

Bild 5–3: Transport mittels Kanälen realisieren

- Verlegen von Kabel als Strom führende Verbindungen

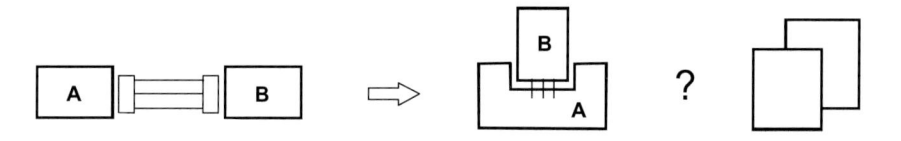

Bild 5–4: Stromleitung über Steckkontakte oder Induktion gewährleisten

- Verbinden durch Ein- bzw. Durchschrauben

  Die Verbindung mit Schrauben ist die am häufigsten angewandte Verbindungstechnik. Es ist somit immer zu prüfen: Kann eine Verschraubung ersetzt werden oder können Schrauben reduziert werden.

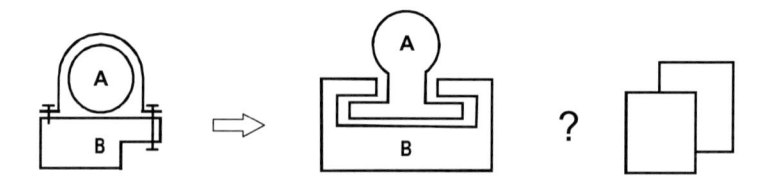

Bild 5–5: Kraftschlüssige Verbindungselemente durch direkten Formschluss ersetzen

In vielen Fällen lassen sich durch Variation des Werkstoffs, maßliche oder geometrische Änderungen, Integration von Funktionen in ein Teil, Direktankopplung

5.2 Sekundäre NAV-Operationen

von Bauteilen etc. kostengünstigere Alternativen finden. Prämisse sollte immer sein, mit einfachen Maßnahmen die gewünschten Effekte zu erreichen.

5.2 Sekundäre NAV-Operationen

Oftmals müssen bei Montagen noch *„einfache Prozessschritte ohne Materialeinsatz"* durchgeführt werden. Diese benötigen ebenfalls Zeitanteile, ohne einen eigentlichen Mehrwert zu erzeugen. Der Fokus muss daher darauf gerichtet werden, ob diese als *Ersatzlösung* für NAV-Operationen mit Materialeinsatz herangezogen werden können. Insofern charakterisieren die „sekundären NAV-Operationen" alle *„unnötigen Montageoperationen mit Teilen"*, die gegebenenfalls aber noch zu akzeptieren sind. Im Sinne der Vereinheitlichung dieser Tätigkeit in Montageplänen sollen möglichst die nachfolgenden Begriffe benutzt werden:

	Prozesse	Beschreibung
sekundäre NAV-Operationen	Wenden, Drehen, Umorientieren	Im Verlauf der Montage muss ein Teil anders orientiert werden.
	Biegen, Falzen	Ein Teil kann nur befestigt werden, wenn am Teil oder am Gegenteil Verformungen vorgenommen werden.
	Clipsen, Rasten	Zwei Teile werden durch Zusammendrücken mit Kraftaufwand verbunden.
	Einstecken, Durchstecken	Ein Teil wird mit einem anderen Teil lose gefügt.
primäre NAV-Operationen	Kleben	Zwei Teile werden durch einen aufwändigen Klebeprozess miteinander verbunden.
	Ver- bzw. Durchschrauben	Zwei Teile werden mit einer Durchsteckschraube und gegebenenfalls Mutter miteinander verbunden.
	Einschrauben	Zwei Teile werden mit einer Schraube im Gewindesackloch miteinander verbunden.
	Schweißen, Löten	Zwei Teile werden mit oder ohne Zusatzwerkstoff miteinander unlösbar verbunden.

Bild 5–6: Nicht wertschöpfende Operationen

Diese Aufzählung kann fallweise um neue Prozessschritte bei speziellen Montagen erweitert werden. Es ist auch anzunehmen, dass mit der Fortentwicklung der Technik andere Prozesse entstehen, die dann ebenfalls der vorstehenden Systematik zu unterwerfen sind.

Literatur

[1] Schuh, G.; Schwenk, U.: Produktkomplexität managen. Hanser-Verlag, München 2001

6 Product Design for Assembly

6.1 Grundkonzept

Eine „kostengünstige Montage ist keine Montage". Dies ist zwar eine Binsenweisheit, lässt sich aber oft durch Einstückigkeit oder Integration erreichen. Forderung an ein Konzept soll daher stets „minimale Teilezahl" bei gleicher Funktionalität sein. Zielsetzung von PDA ist daher die Suche nach den nur *notwendigen* Teilen, um die *verzichtbaren* Teile eliminieren zu können. Zunächst ist PDA ein Analysetool, d. h., von einem Produkt muss eine „Konzeptskizze, eine Fertigungszeichnung oder ein Prototyp" vorliegen. Ein Teil dieses Produktes ist als Basisteil zu deklarieren, welches insofern Träger aller übrigen Teile ist. Dieses Teil ist unverzichtbar[*]. Die weiteren Teile sind dann mittels den folgenden Kernfacts (oder vielfach auch PDA-Leitfragen [1] genannt) zu hinterfragen:

Vorklärungsdialog:

VKD1: Dient das Teil *nur* zur *Befestigung* anderer Teile?
  JA: Teil eliminieren / NEIN: Teil bleibt zunächst erhalten

VKD2: Dient das Teil *nur* zur *Verbindung* anderer Teile?
  JA: Teile direkt verbinden / NEIN: Teil bleibt zunächst erhalten

Wenn ein Teil bisher erhalten bleibt, so muss es einen anderen Zweck erfüllen, dann ...

Leitfragendialog:

LFD1: Müssen sich zwei miteinander in Beziehung stehende Teile bei der Wahrnehmung ihrer Funktion *relativ zueinander bewegen* können? (Kleine Bewegungen, die durch eine elastische oder plastische Materialverformung aufgenommen werden können, genügen nicht für eine JA-Antwort.)

LFD2: Müssen zwei miteinander in Beziehung stehende Teile aus einem *anderen Material* sein als das bereits montierte? (Nur fundamentale Gründe, die sich auf Materialeigenschaften beziehen, sollen als Ausschlusskriterium akzeptiert werden.)

LFD3: Muss ein Teil von bereits montierten Teilen *getrennt sein*, weil sonst die Montage oder Demontage anderer Teile unmöglich wird?

Ergebnis: 3 x NEIN = Kandidat / 1 x JA = notwendiges Teil

---

[*] Ein Basisteil kann in einer optimierten Version auch entfallen, nur dann wird ein *anderes Teil* zum Basisteil mit Trägerfunktionalität.

6.1 Grundkonzept

Ist auch nur eine Antwort des Leitfragendialogs ein *JA*, so handelt es sich um ein *unverzichtbares Bauteil* (A- oder B-Teil). Die weiteren Fragen brauchen dann nicht mehr gestellt zu werden. Sind hingegen die Antworten auf alle drei Leitfragen *NEIN*, so handelt es sich um ein *verdächtiges Teil* („Wegfall-Kandidat oder C-Teil"), welches normalerweise eliminiert bzw. integriert werden kann. Das Ergebnis ist die *minimale Teilezahl* eines Systems, womit gewöhnlich auch eine radikale Kostenreduzierung verbunden ist. Jedes Teil, das nicht vorhanden ist, braucht auch nicht produziert, gelagert und montiert werden.

Bild 6–1: Paralleles Arbeiten im PDA-Team. Problem lösen und Ideen speichern

Obwohl der PDA-Ansatz (nach Bild 6–1) interessante Perspektiven aufzeigt, gibt es auch einige Problempunkte, die die Methodik einschränken, wie:

- In einem sehr frühen Konzeptstadium kann die systematische JA/NEIN-Abstimmung auf Widerstand bei den Konstrukteuren stoßen, weil vielfach noch Modifikationen nicht durchdacht sind. So könnte beispielsweise noch offen sein, wie eine Verbindung auszuführen ist, weshalb eine Reduzierung von Schrauben o. Ä. noch gar nicht diskutiert werden braucht.

  Ein Einstieg in PDA kann dann sein, ein System radikal bis auf die Hauptkomponenten abzustrippen und als neue Anforderung zu definieren: *Realisierung einer hochintegrativen Konzeption unter ausschließlicher Verwendung von Hauptkomponenten*. Diese Zuspitzung der Aufgabe stellt meist eine besondere Herausforderung für die Kreation einer absolut innovativen Lösung dar.

- Bei der Neukonzeption von Produktlösungen sollte die „totale" Integration immer noch einmal kritisch hinterfragt werden. So gibt es im Automobilbau vielfach Fälle, wo für das Auswechseln eines einfachen Teils ein ganzes Großmodul ausgebaut werden muss. Dies ist natürlich nicht servicefreundlich und in diesen Fällen ist PDA zu einseitig angewandt worden.

- Im Automobilbau spielt heute bereits die EU-Altautoverordnung eine große Rolle. Diese verlangt die Aufbereitung von Teilen und die sortenreine Trennung der unterschiedlichen Werkstoffe. Eine totale Integration kann sich hier gegebenenfalls als nachteilig erweisen, weshalb vielleicht eine teilintegrierte Lösung zweckgerechter ist.

In diesem Licht erhält der System- bzw. Modulaufbau eine andere Wertigkeit. Auf alle Fälle müssen PDA-Lösungen so durchdacht werden, dass mit einer späteren PDS-Analyse nicht alle Kosten sparenden Ansätze wieder zurückgedreht werden müssen.

6.2 Montagearbeitsplan

Die PDA-Vorgehensweise besteht immer aus der „Analysephase" des vorgegebenen Ist-Systems, einer Visionsphase mit verringerter Komplexität und einer anschließenden „Re-Designphase", d. h. Optimierung hin zu einem weitestgehend akzeptablen Realzustand. Erfahrungsgemäß sollte dies in einem methodisch abgestimmten Ablauf erfolgen, da hiermit eine hohe Erfolgswahrscheinlichkeit verbunden ist, tatsächlich zu einer gewünschten Verbesserung zu kommen.

Nachfolgend werden hierzu 7 *Grundschritte* und 3 *Erweiterungsschritte* benutzt. Mit den Erweiterungsschritten sollen PDM- und PDS-Aspekte bei der Neukonzeption gleichwertig berücksichtigt werden.

1. Schritt: Projektvorbereitung

Aufgabenstellung, Zielsetzung, Einschränkungen
Bilden eines interdisziplinären Teams
(Kernteam; temporär erweitert)
Beschäftigung mit dem Problem
Informationsbeschaffung

Achtung: Teil/Komponente/System sollte demontierbar vorliegen.

2. Schritt: Analyse des Produkt-„Ist-Konzeptes"

Diskussion des *Montageablaufs* der Bauversion „alt" (siehe umseitige Zeichnung: Pneumatischer Steuerzylinder[*]).

Bei größeren Teileumfängen kann es zweckmäßig sein, einen „Strukturbaum bzw. ein Montagediagramm" (dann entfällt Schritt 3) zu erstellen. Hingegen wird bei kleineren Teileumfängen meist eine verbale Beschreibung gewählt.

Achtung: Der Montageablauf erfolgt aus der Sicht der Konstruktion; ein Fertigungsplaner wird dies oft anders sehen, weil er gewisse Hilfsmittel im Kopf hat. Zunächst sollen Hilfsmittel aber ausgeklammert sein.

---

[*] Das Beispiel hat symbolischen Charakter; der Steuerzylinder ist in der Teilezahl stark reduziert.

6.2 Montagearbeitsplan

Montageplan:

2.1 Definition des Basisteils = Al-Grundkörper
2.2 Inserts in Al-Grundkörper einsetzen
2.2 Anschlussrohre in Al-Grundkörper einsetzen
2.3 Grundkörper neu orientieren (NAV)
2.5 Schmierfett in Zylinderbohrung auftragen (NAV!)
2.6 Feder in Al-Grundkörper einführen
2.7 Unterbaugruppe Kolben (besteht aus Kolben und Schaft) einführen
2.8 Dichtung auf Flansch aufbringen
2.9 Al-Grundkörper auf die Flanschplatte aufsetzen und niederhalten
2.10 Al-Grundkörper mit zwei Schrauben befestigen
2.11 Grundkörper neu orientieren (NAV)
2.12 Kolbenanschlag in Gehäuse einsetzen

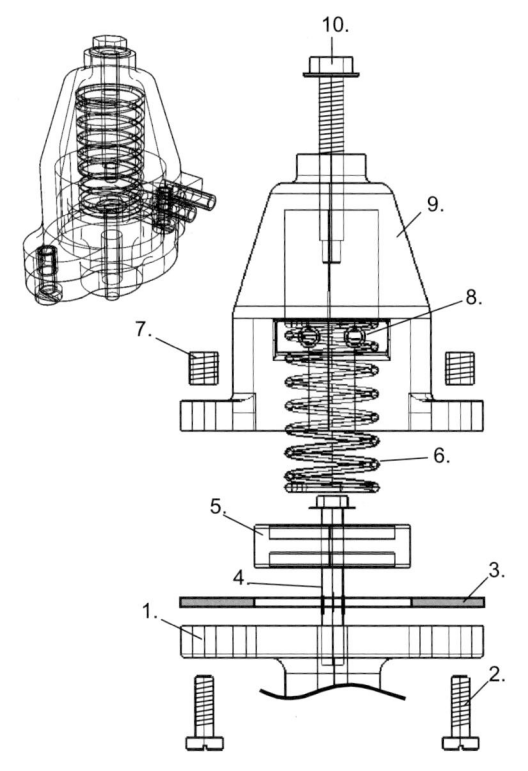

1. Flansch (Alu) mit Anschluss an das Leitungssystem (∅ 180 x 12 mm)
2. Schrauben (Stahl), Anzahl 2, es werden zwei Hände benötigt (M 10 x 40 mm)
3. Dichtung (∅ 180 x 3 mm)
4. Kolbenschaft (Alu) mit Kolben verschraubt (∅ 20 x 100 mm)
5. Kolben (Alu), um die Reibung zu reduzieren, wird Fett auf Laufbahn aufgetragen (∅ 100 x 28 mm)
6. Feder (Stahl), dauernde wechselseitige Beanspruchung, Federstahl notwendig (∅ 55 x 100 mm)
7. Inserts (Stahl), Anzahl 2, können mit zwei Händen eingepresst werden (M10 x 20 mm)
8. Anschlussrohr (Cu), Anzahl 2, wegen Luftfeuchtigkeit ist Cu notwendig (∅ 14 x 40 mm)
9. Basiskörper (Alu) ist mit einer Hand leicht vorzurichten (∅ 160 x 180 mm)
10. Anschlag (St), Endanschlag für Kolben (∅ 20 x 130 mm)

Bild 6–2: Montagebaugruppe „pneumatischer Steuerzylinder"

3. Schritt: Montagediagramm des Ist-Konzeptes

Hilfreich ist die Erstellung eines Montagediagramms, welches nicht nur den Ablauf visualisiert, sondern auch die Ordnung für die Tabellenkalkulation vorgibt. Für die Aufstellung des Montagediagramms gibt es zwei Betrachtungsweisen:

a) demontierendes Prinzip = Teile werden aus dem ZSB schrittweise weggenommen

b) montierendes Prinzip = Teile werden zu einem ZSB schrittweise zusammengefügt

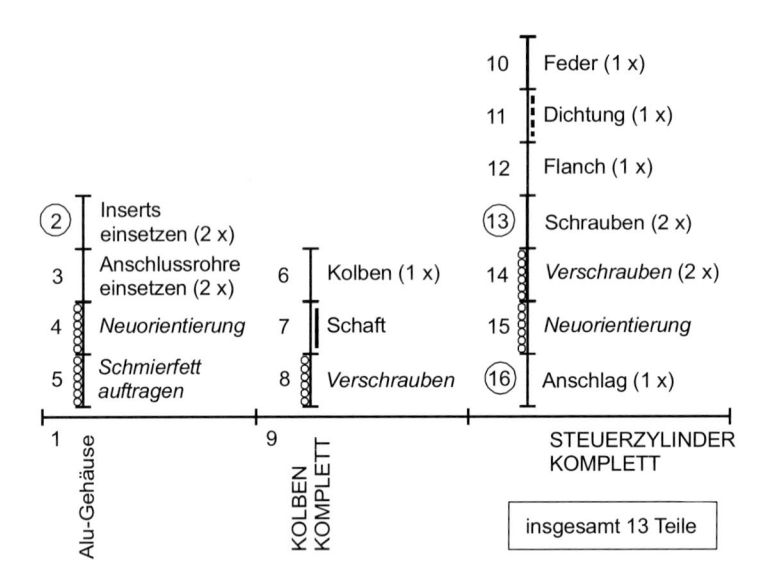

```
                                              10 │ Feder (1 x)
                                              11 ▓ Dichtung (1 x)
                                              12 │ Flanch (1 x)
  ② │ Inserts einsetzen (2 x)                ⑬ │ Schrauben (2 x)
  3 │ Anschlussrohre einsetzen (2 x)   6 │ Kolben (1 x)    14 ▓ Verschrauben (2 x)
  4 ▓ Neuorientierung                   7 ║ Schaft          15 ▓ Neuorientierung
  5 ▓ Schmierfett auftragen             8 ▓ Verschrauben   ⑯ │ Anschlag (1 x)
  ├──────────────────────┼──────────────────────────┼─────────────────────────
  1                      9                                  STEUERZYLINDER
  Alu-Gehäuse            KOLBEN                             KOMPLETT
                         KOMPLETT
                                                     insgesamt 13 Teile
```

Im Montagediagramm (siehe Kapitel 4.6) sollten die NAV-Tätigkeiten besonders markiert werden, da es diese nach Möglichkeit zu eliminieren gilt, weil ein Kunde hierfür nichts bezahlen wird.

Der herausgearbeitete Montageablauf wird mittels Zeitkalkulationstabellen (Handhaben + Fügen = Montieren eventuell zuzüglich Teileakquisition) bewertet und erfasst. Zeittreiber sind zu markieren und Kostenpotenziale sind zu schätzen.

Nr.	Teile/ Prozesse	Anz. N	Wkz. Zeit	Handhabungscode	Handhabungszeit	Fügecode	Fügezeit	Montagezeit	Min. Teilezahl

Handhaben = Hinlangen zu einem Teil; Greifen des ungeordneten Teils (gegebenenfalls mit Werkzeug); Bringen des Teils vor dem Körper,

6.2 Montagearbeitsplan

um es der Symmetrie entsprechend in Einbaulage *vorrichten* zu können; alle hiermit verbundenen Ausgleichs- und Hilfstätigkeiten

(EIN-/AN-)
Fügen*) = Bringen des Teils zur Fügestelle; Fügen des Teils in richtiger Einbaulage und loslassen; alle notwendigen Ausgleichs- und Hilfstätigkeiten; Bewegungen zur Verbindung des Teils; gegebenenfalls Benutzung von Werkzeugen inkl. Aufnehmen und Ablegen des Werkzeugs

Die Ausführungsqualität der Baustruktur wird über den PDA-Index ausgedrückt:

$$DIA = \frac{\text{min. Teilezahl} \times \text{Basismontagezeit}}{\text{geschätzte Montagezeit}}.$$

4. Schritt: Suche nach Ideal-Zustand mit „minimaler Teilezahl"

Die funktionale Notwendigkeit eines Teils, welches nicht ausschließlich zur Befestigung oder Verbindung dient, wird mittels *Kernfacts-Dialog* (LF-Dialog) festgestellt:

Muss Teil relativ beweglich sein, um Funktion zu erfüllen?	Muss Teil aus anderem Material sein?	Muss Teil von vorherigen Teilen getrennt sein?

1 x JA! = notwendiges Teil, 3 x NEIN = Kandidat, kann integriert oder entfallen

Regel: Ein Teil muss stets mit dem vorhergehenden in funktionaler Beziehung stehenden Teil in Bezug gesetzt werden. War das vorhergehende Teil aber ein Kandidat, so muss sich auf das vorvorhergehende Teile bezogen werden (im Sinne von: Wenn der Kandidat nicht vorhanden wäre, was wäre dann?).

LF-Dialog zum Beispiel:
4.1 LF-Dialog unnötig für Basisteil, da es immer notwendig ist
4.2 VK-Dialog auf Inserts: JA → Kandidat
4.3 LF-Dialog auf Anschlussrohre: NEIN, JA, NEIN; notwendig
4.4 NAV-Tätigkeit „Schmierfett auftragen" sollte möglichst entfallen
4.5 LF-Dialog auf Kolben: JA, NEIN, JA; also notwendig
4.5.1 LF-Dialog auf Schaft/Kolben: NEIN, NEIN, NEIN → Kandidat
4.6 LF-Dialog auf Feder: JA, JA, JA; also notwendig
4.7 LF-Dialog auf Dichtung: NEIN, NEIN, NEIN → Kandidat
4.8 LF-Dialog auf Flansch: JA, NEIN, JA; notwendig
4.9 VK-Dialog auf Schraube: JA → Kandidat
4.10 LF-Dialog auf Anschlag: NEIN, NEIN, NEIN → Kandidat

---

*) 1. Teil = Basisteil „EIN-Fügen" in Vorrichtung mit *großer Toleranz*, 2. Teil = „AN-Fügen" an ein Teil, gegebenenfalls in Vorrichtung mit *enger Toleranz*

5. Schritt: Systemredesign bzw. Neukonzeption

In einer ersten Überarbeitung ist „das Ideal" meist nicht zu realisieren. Man muss dann die Anforderungen etwas zurückschrauben und nach einer „realen Lösung" suchen. Hierbei werden zunächst einige Teile mehr akzeptiert.

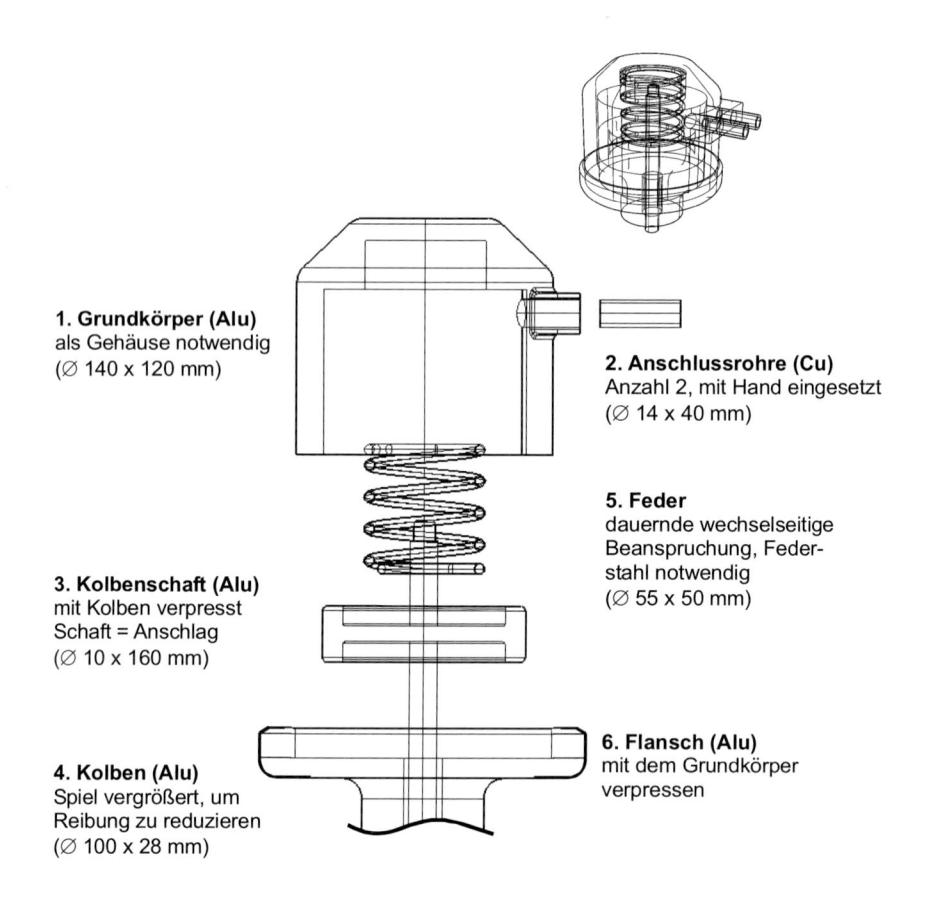

1. Grundkörper (Alu)
als Gehäuse notwendig
($\varnothing$ 140 x 120 mm)

2. Anschlussrohre (Cu)
Anzahl 2, mit Hand eingesetzt
($\varnothing$ 14 x 40 mm)

3. Kolbenschaft (Alu)
mit Kolben verpresst
Schaft = Anschlag
($\varnothing$ 10 x 160 mm)

5. Feder
dauernde wechselseitige
Beanspruchung, Federstahl notwendig
($\varnothing$ 55 x 50 mm)

4. Kolben (Alu)
Spiel vergrößert, um
Reibung zu reduzieren
($\varnothing$ 100 x 28 mm)

6. Flansch (Alu)
mit dem Grundkörper
verpressen

Bild 6–3: Optimierte Baustruktur des „Steuerzylinders"

An der visualisierten Baustruktur ist dann der Montageablauf erneut zu simulieren und in einem Ablaufdiagramm darzustellen. Wenn für eine Bewertung die optimale Ausführung notwendig wird, sollten wieder die Montagezeiten ermittelt werden. Basis sollte aber immer die Handmontage[*] (durch einen Werker an einer Werkbank mit einfachen Mitteln und Werkzeugen sein) bleiben.

---

[*] Erfahrungsgemäß unterscheiden sich andere Montagetechniken nur durch proportionale Relationen zur Handmontage, wenn nicht erschwerend hohe Temperaturen auftreten.

6.2 Montagearbeitsplan

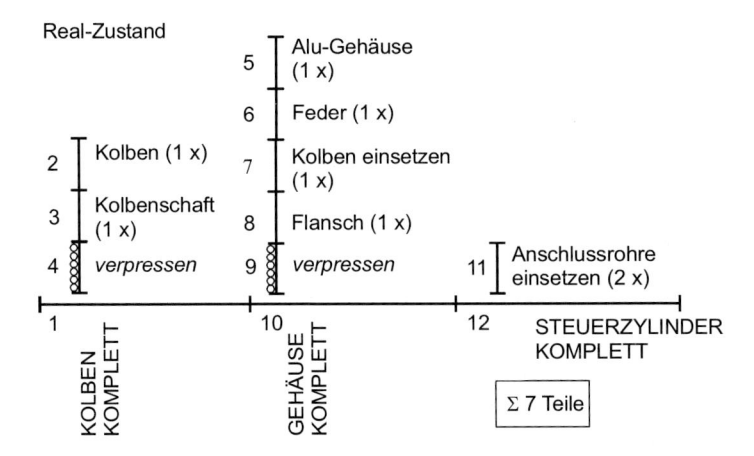

```
Real-Zustand
                        5  ⊤ Alu-Gehäuse
                           ⊥ (1 x)
                        6    Feder (1 x)
    2 ⊤ Kolben (1 x)    7  ⊤ Kolben einsetzen
      ⊥                    ⊥ (1 x)
    3 ⊤ Kolbenschaft
      ⊥ (1 x)           8    Flansch (1 x)
    4 ▓ verpressen      9 ▓ verpressen      11 ⊤ Anschlussrohre
                                               ⊥ einsetzen (2 x)
    ├──────────────────┼──────────────────────┼─────────────────→
    1                  10                    12   STEUERZYLINDER
    KOLBEN             GEHÄUSE                    KOMPLETT
    KOMPLETT           KOMPLETT
                                                 Σ 7 Teile
```

Falls weitere Strukturalternativen entwickelt werden sollen, kann man sich an bewährte Variationsprinzipien orientieren. Bewährt hat sich hierbei das Durchdenken der folgenden Variationen:

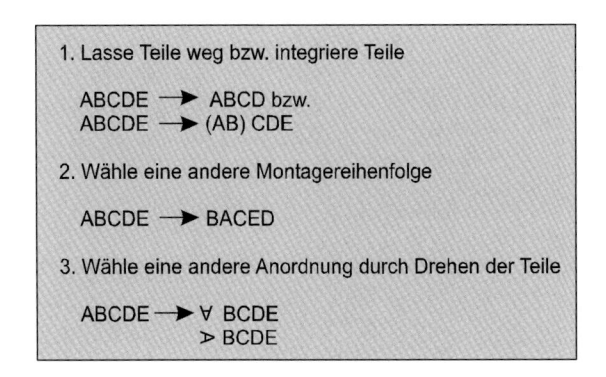

> 1. Lasse Teile weg bzw. integriere Teile
>
>   ABCDE ⟶ ABCD bzw.
>   ABCDE ⟶ (AB) CDE
>
> 2. Wähle eine andere Montagereihenfolge
>
>   ABCDE ⟶ BACED
>
> 3. Wähle eine andere Anordnung durch Drehen der Teile
>
>   ABCDE ⟶ ∀ BCDE
>   ⋗ BCDE

Erfahrungsgemäß basieren hierauf einfache neue Lösungen.

6. Schritt: Konzept-Controlling

Prüfen Sie, ob *alle* Zielvorgaben mit dem neuen Konzept erreicht worden sind!

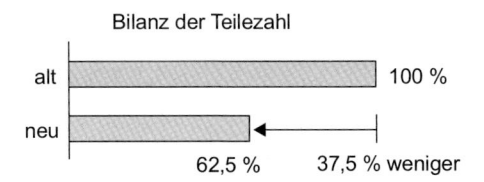

```
              Bilanz der Teilezahl
    alt  ████████████████████████  100 %
    neu  ███████████████ ◄
              62,5 %    37,5 % weniger
```

durchschnittliches HK-Potenzial: 20 %
direkt realisierbar: 10 %
Restpotenzial für Folgekonzepte: 10 %

7. Schritt: Realisierungskonzept

Zur Absicherung der Aussage ist wieder eine gedankliche Montage durchzuführen. Die eventuell auftretenden Problempunkte sind zu sammeln und zu diskutieren. Gegebenenfalls sind Teile abzuändern.

Bezüglich des Integrationsgesichtspunktes sind Nachteile bei einer notwendigen Demontage/Recycling zu hinterfragen.

8. Schritt: Prüfung der Servicefunktionalität/Kundengerechtheit

PDS-Kriterien sollten stets auf das Realisierungskonzept angewendet werden. Ziel ist es, die Austauschteile zu bestimmen und deren Demontage und Austausch zu bewerten.

9. Schritt: Günstigste Herstellung

Innerhalb von PDM geht es unter Berücksichtigung aller Randbedingungen um das zweckgerechteste Herstellverfahren. Gegebenenfalls sind alternative Kostenbetrachtungen anzustellen.

Bezüglich der Auswahl eines technologie- und stückzahlgeeigneten Herstellverfahrens gibt die DIN 8580 eine gute Übersicht. Die Kosten hierzu können mit der VDI 2225, T1/T2 [2], recht gut abgeschätzt werden.

10. Schritt: Prüfung der Umweltverträglichkeit

Ein wichtiger Aspekt ist Recycling, welches im Mittelpunkt von PDR steht. Ziel ist es, „materialkreislaufgerecht" auszulegen und präventiv „schädliche" Werkstoffe zu vermeiden. Richtlinie hierzu können die Regeln und Kenngrößen der VDI 2243 [3] sein.

6.3 Neukonzeption

PDA führt letztlich dazu, ein Ur-Konzept infrage zu stellen und weitestgehend „neu zu definieren". Wenn dies hinsichtlich Kosten und Funktionalität erfolgreich sein soll, muss das PDA-Team phasenweise einen sehr kreativen Prozess durchlaufen. Oberste Einschränkung ist hierbei, *die Vision der minimalen Teilezahl* nicht allzu sehr wieder zurückzudrehen.

Kreativität kann hierbei in zwei Richtungen entwickelt werden, und zwar ohne oder mit Restriktionen für die Ressourcen (Modulgrenzen, d. h. Anbauteile). Eine Neukreation eines Moduls ohne Restriktionen (beispielsweise mit TRIZ, wo beliebig Teile zugefügt werden können) ist regelmäßig einfacher, als sich innerhalb von Beschränkungen zu bewegen. Im Automobilbau sind die Freiheitsgrade, etwas beliebig verändern zu können, meist nicht gegeben. Die Firma Ford/USA hat für die Einschränkung, der ein Team auferlegt wird, den Begriff der „geschlossenen Welt" definiert und die Methode ASIT [4] kreiert. Hierhinter steht die Idee, dass Kreativität mit Beschränkungen koexistieren kann und nicht nur im Loslösen

6.3 Neukonzeption

von Grenzen besteht. Die Suche nach Optimierungspotenzialen in engen Grenzen erfordert geradezu eine hohe Kreativität.

Im folgenden Bild 6–4 ist das Prinzip der geschlossenen (Problem)-Welt visualisiert. Die Objekte im Inneren symbolisieren eine teilbezogene Funktionserfüllung, die unter allen Gegebenheiten erhalten werden muss, ohne dass von außen weitere Teile zugefügt werden dürfen.

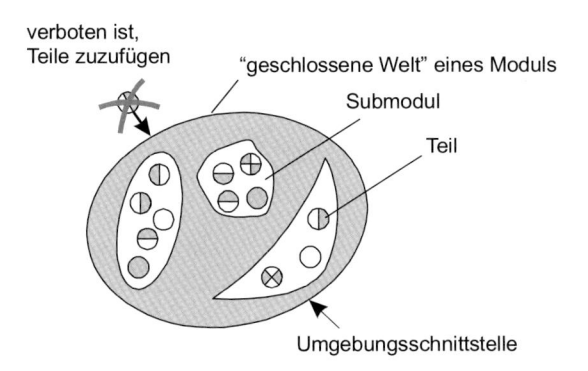

Bild 6–4: Definition der geschlossenen Problemwelt in ASIT (Advanced Structurized Inventive Thinking)

Viele geniale Lösungen in der Technik sind nur deshalb einfach, weil bei ihnen nur die vorhandenen Ressourcen genutzt werden. Wenn man sich also innerhalb festgelegter Grenzen bewegen muss, kann nur eine endliche Anzahl von Variationen zum Ziel führen. Demzufolge ist zu überprüfen:

- Können Submodule verschmolzen werden?
- Können Teile verschmolzen oder anders angeordnet werden?
- Können Submodule oder Teile in einem anderen Zustand benutzt werden?
- Können Teile vertauscht werden?
- Kann eine Funktion aus anderen Funktionen generiert werden?

Diese Assoziationen auslösenden Fragen können auch in zuspitzende Ansätze überführt werden. Bekannt geworden sind die folgenden vier Denktechniken, deren Grundprinzipien auf die funktionale bzw. teileorientierte Integration [5] zurückgehen und jeweils auf ein Modul anzuwenden sind:

- *Vereinheitlichungstechnik*: Es ist danach zu suchen, ob ein Problem mit den vorhandenen Objekten gelöst werden kann. Ein oder mehrere Objekte müssen dann weitere Funktionen erfüllen.
- *Vervielfältigungstechnik*: Es ist danach zu suchen, ob ein Problem gelöst werden kann, wenn ein Objekt dupliziert wird, und zwar mit oder ohne Veränderung.

- *Teilungstechnik*: Es ist danach zu suchen, ob ein Problem gelöst werden kann, wenn das als Einheit erscheinende Objekt aufgebrochen und seine Komponenten neu arrangiert werden.

- *Aufbrechungstechnik*: Es ist danach zu suche, ob ein Problem gelöst werden kann, wenn bestehende Situationen der Einheit und Symmetrie aufgebrochen werden. Aufbrechung verlangt, dass bei identischen Komponenten jede „für sich" betrachtet wird und nicht automatisch als unveränderlich anzusehen ist.

Wenn unter den gegebenen Bedingungen keine neue Lösung entsteht, so müssen im nächsten Schritt die Systemgrenzen aufgeweitet oder einige zusätzliche Teile akzeptiert werden. Bei den bekannten Kreativitätstechniken (z. B. Brainstorming) ist dies auch regelmäßig zu überdenken.

Literatur

[1] Boothrody, G.; Dewhurst, P.; Knight, W.: Product Design for Manufacture and Assembly. 2. Edition, Dekker, New York 2002

[2] N.N.: VDI 2225 – Konstruktionsmethodik. Technisch-wirtschaftliches Konstruieren. Vereinfachte Kostenermittlung. Beuth-Verlag, Berlin 1997

[3] N.N.: VDI 2243 – Recyclingorientierte Produktenwicklung. Beuth-Verlag, Berlin 2002

[4] Craig, S.; Schmierer, R.: Strukturiertes Erfinden – Was ist Structured Inventive Thinking?
www.triz-online-magazin.de/ausgabe03_01/artikel_2.htm,2005

[5] N.N.: Invention Highway – Erfolg durch kreatives Denken. Hrsg.: Xtend new media, Essen 2000

7 Verbesserung der Montagegerechtheit

7.1 Design-Effizienz

Im Zusammenhang mit der Konzeption von Baugruppen und deren Überarbeitung versucht man, beim PDA außer dem Iststand auch alle Erfolgsstufen der Überarbeitung zu quantifizieren. Ziel ist es, Einfluss auf die Kostentreiber wie Anzahl der Teile sowie Schwierigkeiten des Handlings, der Fügung und des erforderlichen Werkzeugeinsatzes zu nehmen.

Als Bewertungsmaßstab der Design-Effizienz bzw. geringer Komplexität hat sich bei Montageprozessen der *PDA-Index* durchgesetzt. Dieser ist definiert zu

$$DIA = \frac{MT \cdot BMZ}{MZ} \cdot 100 \; [\%] . \qquad (7.1)$$

Hierin bezeichnet:

DIA = Design Index Assembly
MT = heoretisch minimale Funktionsteilezahl einer Systemlösung
MZ = geschätzte Montagezeit für eine Systemlösung
BMZ = Basismontagezeit für ein Teil; für eine problemfreie Montage wird als idealer Durchschnittswert 3 Sekunden (Handling + Fügung) angenommen. MTM nimmt als Idealwert für die Montage einer Kugel 2,5 Sek. an.

Je größer der PDA-Index*$^{)}$ relativ wird, umso besser ist ein Design bezüglich einer idealen Montage. Für eine Einordnung gilt erfahrungsgemäß:

- Schlechte Konstruktionen haben einen DIA kleiner 20 %.
- Gute Konstruktionen weisen einen DIA zwischen 20–50 % auf, d. h., es ist noch ein großes Potenzial vorhanden.

und

- Sehr gute Konstruktionen liegen im DIA größer 50 %, können trotzdem aber noch verbessert werden, obwohl 100 % nie erreicht werden.

Da der PDA-Prozess mehrstufig abläuft, wird jede Konzeptschiene durch eine entsprechende Design-Effizienz charakterisiert. Entscheidend ist hierbei die gesamte Montagezeit MZ**$^{)}$ bzw. GMZ (in Sek.), die sich über alle eingehenden Einzelteile summiert. Die theoretisch minimale Teilezahl MT reagiert bei der Konzeptvariation meist überhaupt nicht, da sie immer nur die absolut notwendi-

---

*$^{)}$ Die DIA-Definition gilt für reine Einzelteilmontage (einzeln nacheinander). Werden z. B. in Mehrfachaufnahmen zwei Einzelteile simultan montiert, so reduziert sich die Montagezeit je Teil um ca. 33 %. Entsprechend muss auch die Basismontagezeit um 33 % auf 1,7 Sek. korrigiert werden.

**$^{)}$ Die Montagezeiten können aus den Tabellen in Kap. 19 bestimmt werden.

gen Komponenten (Basisteil und Hauptkomponenten) umfasst und in diesem Sinne ein Ideal abbildet. Gemäß den vorstehenden Darlegungen ermittelt man das Ideal durch Konzentration auf die Hauptkomponenten unter Entfall aller übrigen Teile. Meist wird dies aber so gar nicht realisierbar sein, da oftmals weitere Teile notwendig sein werden. Eine gute Problemlösung wird sich jedoch mit der Teilezahl in der Nähe des Ideals bewegen.

Das folgende Beispiel eines elektrischen Stellantriebes soll exemplarisch die Aussage der Design-Effizienz (mit vorhandenem DIA = 11,6 %) untermauern. In der Ausgangsversion (siehe umseitiges Bild 7–1) besteht das System aus insgesamt 17 Einzelteilen, wobei jeweils der Motor und der Sensor als eine separate Baugruppe (Kaufteile) betrachtet wurden. Bei der Festlegung der theoretisch minimalen Teilezahl ist immer zu unterstellen, dass mindestens ein Basisteil vorhanden sein muss, welches als Teileträger wirkt. Mit diesem Teileträger müssen dann die übrigen Hauptkomponenten *zusammengebracht* werden. Wie die Tabelle ausweist, ist ein ideales System mit nur 5 Bauteilen prinzipiell denkbar.

Eine *Handmontage* des Stellantriebs könnte etwa nach der Reihenfolge ablaufen:

- Als Basisteil wird die Grundplatte definiert, die in eine Vorrichtung *ein*gefügt wird.
- Hierin wird die komplette Motorbaugruppe *an*gefügt und mit 2 Schrauben verbunden.
- Danach wird der Sensor gefügt und mit einer Stellschraube befestigt.
- In die Endplatte wird die Kunststoffbuchse eingesetzt, durch die das Sensorkabel durchgeführt wird.
- Jetzt muss die vormontierte Grundplatte um mindestens 90° neuorientiert werden.
- Die Abdeckung wird nun über die Grundplatte geschoben und mit 2 Schrauben verbunden.
- Danach wird die Endplatte aufgesetzt und ebenfalls mit 2 Schrauben befestigt.

Damit ist die Montage zu dem kompletten Stellantrieb abgeschlossen, d. h., es liegt eine funktionsfähige Einheit vor.

Der Zeitaufwand für die Montage weist die umseitige Tabelle aus. Die Montagezeit bestimmt sich entsprechend nach S. 60.

7.1 Design-Effizienz

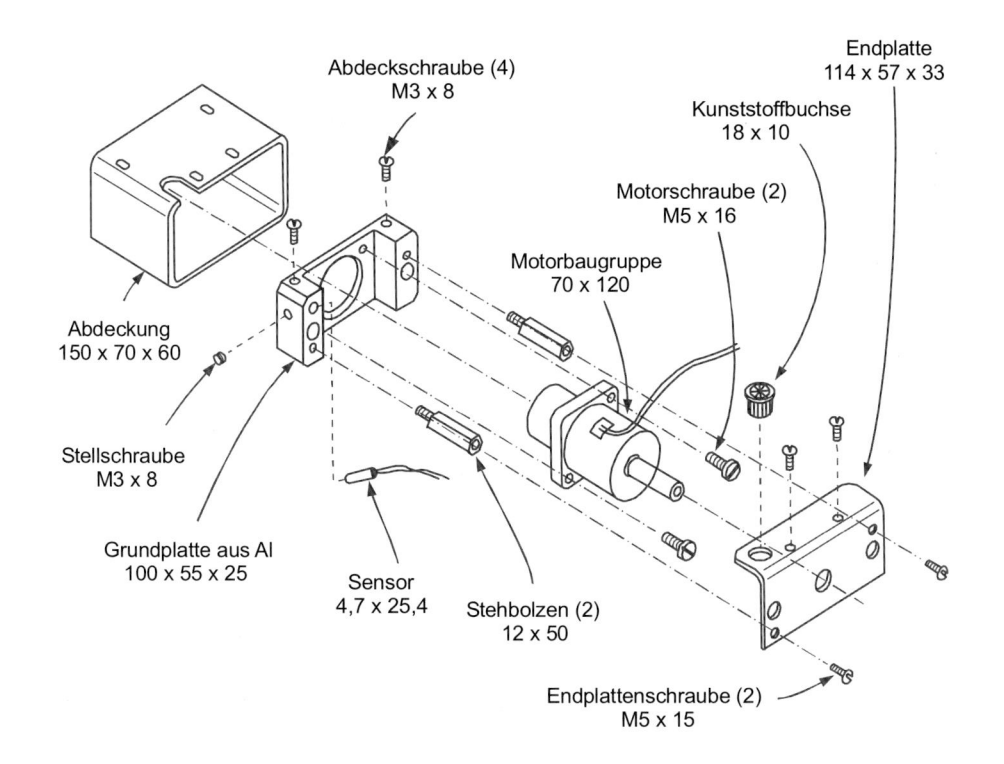

Endplatte
114 x 57 x 33

Abdeckschraube (4)
M3 x 8

Kunststoffbuchse
18 x 10

Motorschraube (2)
M5 x 16

Motorbaugruppe
70 x 120

Abdeckung
150 x 70 x 60

Stellschraube
M3 x 8

Grundplatte aus Al
100 x 55 x 25

Sensor
4,7 x 25,4

Stehbolzen (2)
12 x 50

Endplattenschraube (2)
M5 x 15

Nr.	Teile/Prozesse	Anz. N	WAZ_i	Handha-bungs-code	HZ_i	Füge-code	FZ_i	MZ_i	Min. Teile-anzahl
1	Grundplatte	1	-	30	2,0	00	1,5	3,5	1
2	Motorbaugruppe	1	-	30	2,0	00	1,5	3,5	1
3	Motorschrauben	2	3,0	10	1,5	62	5,7	17,4	0
4	Sensor	1	-	10	1,5	00	1,5	3,0	1
5	Stellschraube	1	3,0	11	1,8	38	6,0	10,8	0
6	Stehbolzen	2	3,0	10	1,5	62	5,7	17,4	0
7	Endplatte	1	-	30	2,0	00	1,5	3,5	1
8	Endplattenschraube	2	3,0	11	1,8	62	5,7	18,0	0
9	Kunststoffbuchse	1	-	10	1,5	01	2,5	4,0	0
10	Kabel durchführen	-	-	-	-	630	-	5,0	-
11	Neuorientierung	-	-	-	-	610	-	4,5	-
12	Abdeckung	1	-	30	2,0	03	3,5	5,5	1
13	Abdeckschrauben	4	3,0	11	1,8	62	5,7	33,0	0
		17	15,0					129,1	5

Bild 7–1: Seriendesign eines elektrischen Stellantriebes nach [1]

Demgemäß zeigt Bild 7–2 ein überarbeitetes Konzept mit nur noch 7 Teilen. Dies ist immerhin eine Einsparquote von 74 % an Teilen und 62 % an Montagezeit. Hiermit ist natürlich auch eine proportionale Senkung der Montagekosten verbunden.

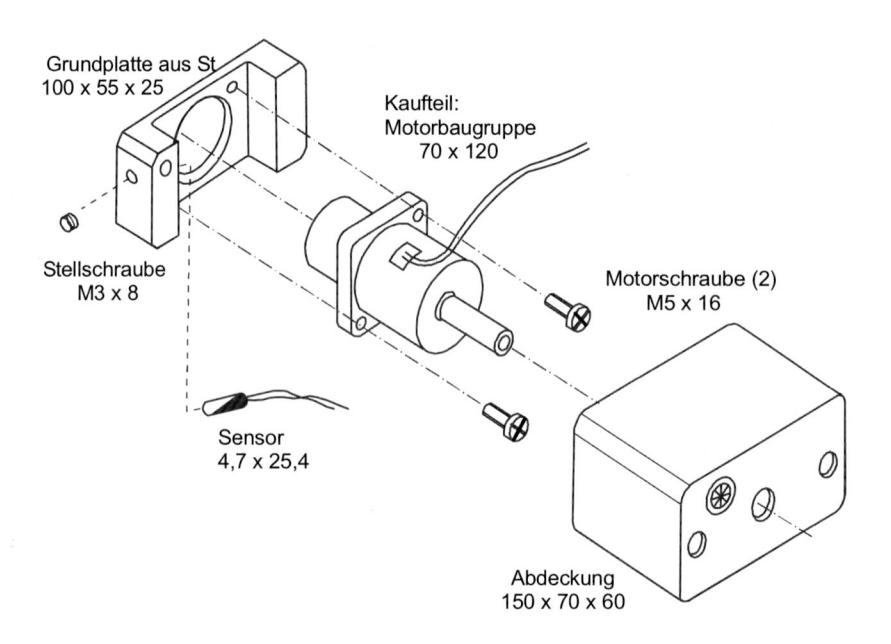

Nr.	Teile/Prozesse	Anz. N	WAZ_i	Handha-bungs-code	HZ_i	Füge-code	FZ_i	MZ_i	Min. Teile-anzahl
1	Grundplatte	1	-	30	2,0	00	1,5	3,5	1
2	Motorbaugruppe	1	-	30	2,0	00	1,5	3,5	1
3	Motorschrauben	2	3,0	10	1,5	62	5,7	17,4	0
4	Sensor	1	-	10	1,5	00	1,5	3,0	1
5	Stellschraube	1	3,0	11	1,8	38	6,0	10,8	0
6	*Kabel durchführen*	-	-	-	-	630	-	5,0	0
7	Abdeckung	1	-	30	2,0	03	3,5	5,5	1
		7	6,0					48,7	4

Bild 7–2: Konzeptalternative des elektrischen Stellantriebes nach [1]

Über den bestimmten PDA-Index wird diese Tendenz deutlich. Insofern kann die gefundene Lösung mit einem DIA = 24,6 % als ein schon gutes Konzept angesehen werden. Ein sehr gutes Konzept läge bei einer Design-Effizienz größer 50 % und nur 4 erforderlichen Teilen (Ideal-Design).

7.2 Maßgebliche Einflüsse

Wie im Kapitel 4 schon dargestellt, hängt eine kostengünstige Montage von vielfältigen Gestaltungsmerkmalen der Teile ab. In diesem Kapitel soll der Fokus auf die Zeitfaktoren gelegt und weitere Abhängigkeiten [2] erläutert werden.

a) Symmetrie-Eigenschaften

Zeitverursachend ist das Greifen und Vorrichten eines Teiles während des Handlings. Innerhalb von PDA und MTM unterscheidet man ALPHA- und BETA-Rotationen mit der Charakterisierung:

- α *(Ausrichte) Symmetrie*: Ist die erforderliche Rotation eines Teiles um eine senkrecht zur Montagerichtung stehende Achse.

- β *(Einbau) Symmetrie*: Ist die erforderliche Rotation um die Teileachse, und zwar in Montagerichtung.

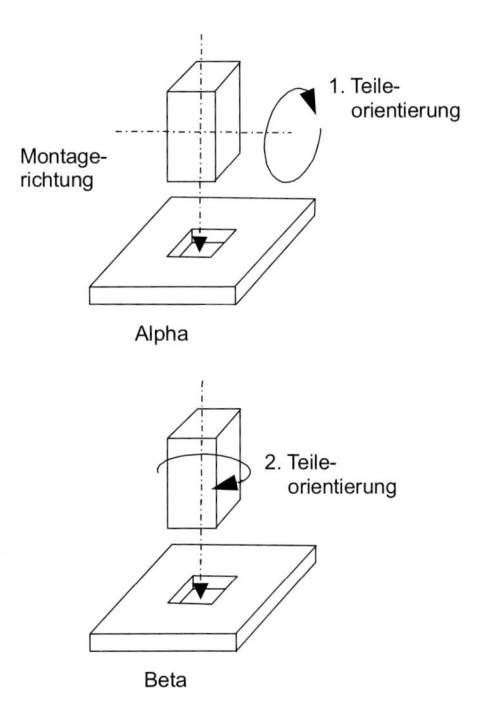

Bild 7–3: Herstellung der Zweckorientierung zur Montage

Die Winkelangaben geben somit an, bei welcher durch Rotationen im Uhrzeigersinn durchführbaren Neuorientierung das Teil wieder montierbar ist, wenn es zuvor ungünstig gegriffen worden ist.

b) Für die Handlingszeit $\left(HZ_i \stackrel{\wedge}{=} t_{H_i}\right)$ eines Teiles ist der Orientierungsfall $(\alpha + \beta)$ ein maßgebender Zeitparameter. Es ist in der Regel ausreichend, die folgenden Grundfälle zu betrachten.

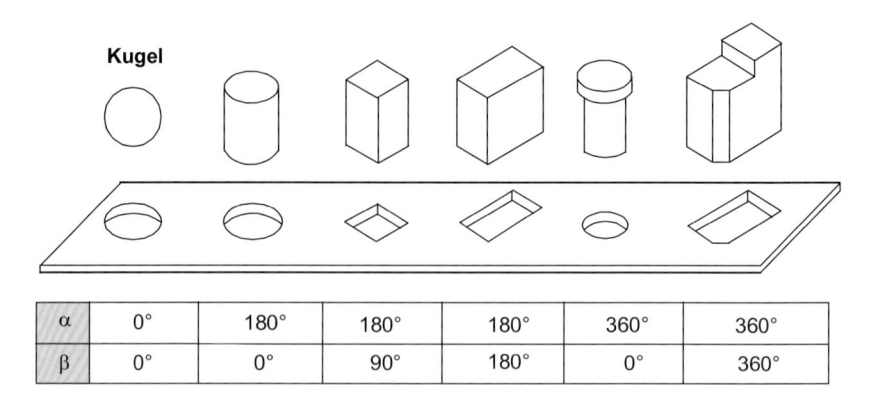

α	0°	180°	180°	180°	360°	360°
β	0°	0°	90°	180°	0°	360°

Bild 7–4: α- und β-Rotationswinkel an einigen Grundgeometrien (Hüllkörpern) nach [1]

Die Winkel identifizieren hierbei eindeutig die Teilegeometrie. Hierfür sind die Umhüllungskörper charakteristisch. Es ist dann vom Anwendungsfall abhängig, ob Symmetrie oder Unsymmetrie angestrebt wird.

α bzw. β	Teil:
360°	Teil liegt nur einmal richtig!
180°	Teil liegt zweimal richtig!
0-90°	Teil liegt immer richtig!

Bild 7–5: Manipulationsbereiche

c) Zeitkorrelationen

Die PDA-Methode war ursprünglich dazu gedacht, nur Vorteilhaftigkeitsvergleiche zwischen verschiedenen Entwicklungs- und Montageständen anstellen zu können. Insofern war und ist es auch heute noch ausreichend, mit Durchschnittswerten bei den Zeitkonten zu rechnen. In verschiedenen Ansätzen wurden zu diesem Zweck „Handlingsversuche" mit Standardgeometrien durchgeführt und diese statistisch ausgewertet. Im folgenden Bild 7–6 ist eine derartige Auswertung wiedergegeben.

7.2 Maßgebliche Einflüsse 57

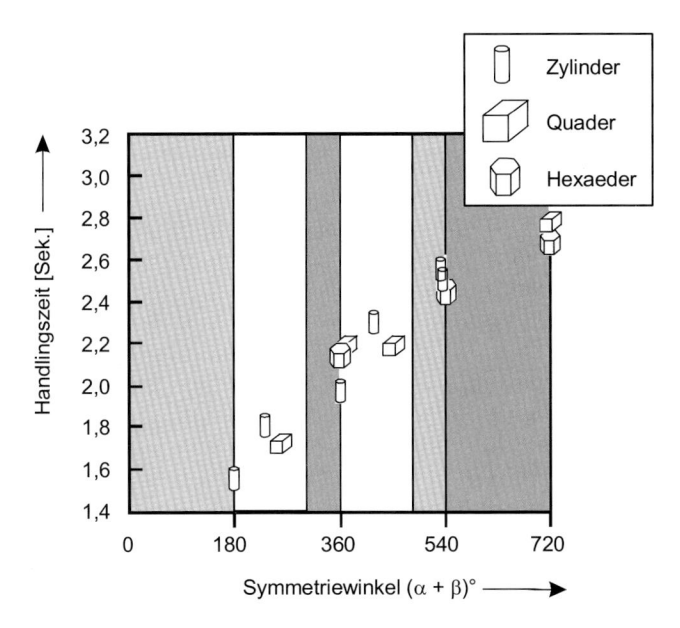

Bild 7–6: Cluster von Handlingszeiten von drei Grundgeometrien nach [1]

Die ermittelte Handlingszeit ist hierbei eine zusammengefasste Zeit aus „Hinlangen" zum Teil, „Greifen" und ein „kurzes Bringen" und „Loslassen" des Teils.

d) Dimensionseinfluss bzw. Umhüllungskörper

Ein weiterer wesentlicher Haupteinfluss auf die Handlingszeit (HZ) resultiert aus den Abmessungen Länge, Breite und Dicke eines Teils. Diese drei Maße bilden die Dimensionen des *Umhüllungskörpers* (ideale Hülle, die ein Teil umschließt), so wie in dem folgenden Bild 7–7 für geläufige Dimensionen angedeutet ist.

Die skizzierten Kurven geben eine Tendenz vor, welche bei feinwerktechnischen Montagen in der elektrotechnischen Industrie aufgenommen wurden und in ihrem Trend übertragbar sind auf Teile, die ohne Schwierigkeiten mit einer Hand beherrscht werden können. Dies wird somit für viele Teile des Maschinen- und Fahrzeugbaus gelten.

Zu beachten ist, dass die Maße des Umhüllungskörpers als *Maximummaße abgegriffen* werden sollen. Eine Besonderheit ergibt sich jedoch bei zylindrischen Körpern, hier wird die Dicke als Radius definiert. Falls der Radius eines Teils größer als die Länge ist, wird das Teil als nicht zylindrisch betrachtet.

a) Einfluss der Teiledicke

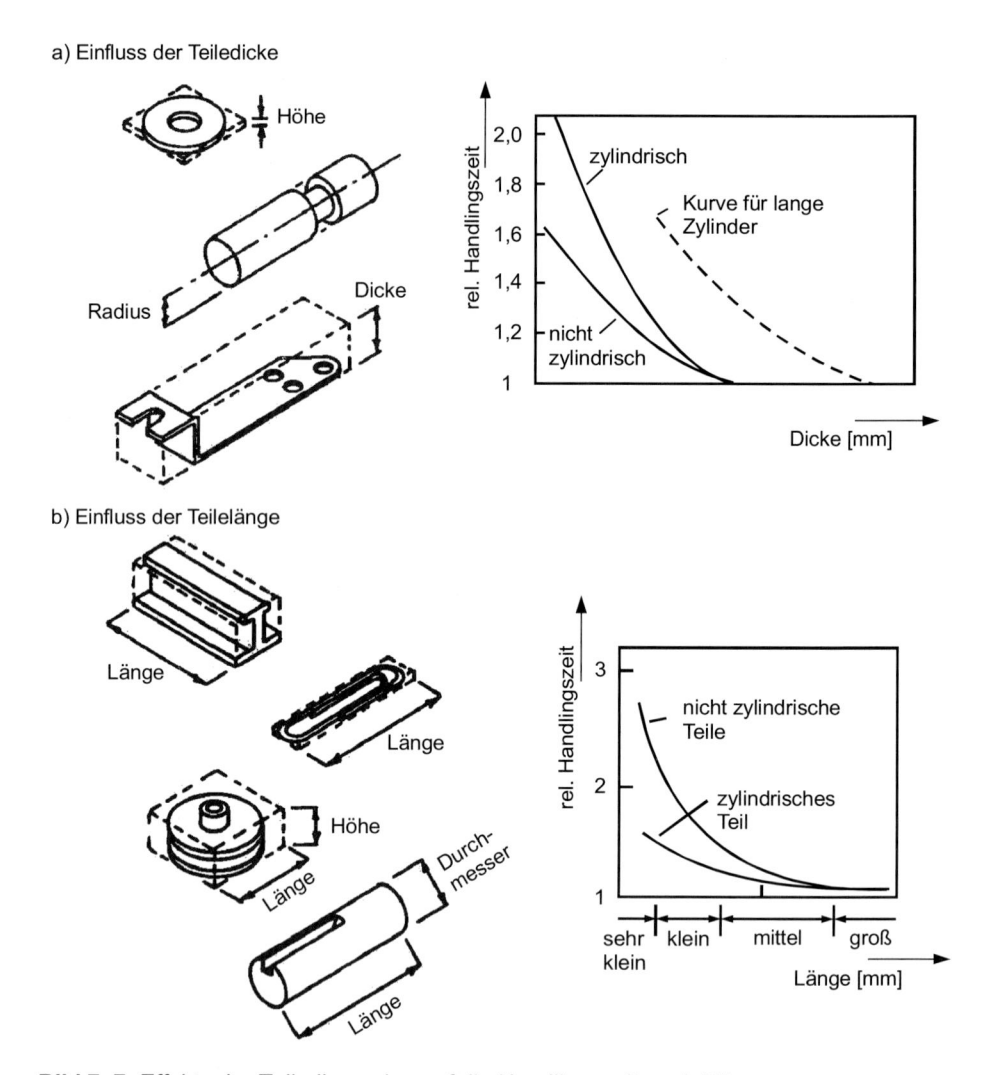

b) Einfluss der Teilelänge

Bild 7–7: Effekte der Teiledimension auf die Handlingszeit nach [1]

e) Einfluss des Teilegewichts

Natürlich hat auch das Teilegewicht einen Einfluss auf die Montagezeit. Für Teile, die noch mit einer Hand gehändelt werden können, hat man in der US-Industrie die Korrelation

$$MZ_i \approx 0{,}0125 \cdot G_i + 0{,}011 \cdot G_i \cdot HZ_i, \quad (G_i \text{ in lb}) \tag{7.2}$$

gefunden. In SI-Einheiten[*)] lautet die Gleichung

[*)] 1 lb = 0,4536 kg

… 7.3 Montageanalyse

$$MZ_i \approx 0,0057 \cdot G_i + 0,005 \cdot G_i \cdot HZ_i \quad [s]. \qquad (7.3)$$

Voraussetzung für die Zeitaufnahme waren: relativ einfache Teile, keine Orientierungsschwierigkeit und kurze Wege. Die Beziehung kann in etwa auf Teile mit $G_i \approx$ max. 8 kg angewandt werden.

Eine Zwei-Hand-Montage ist gewöhnlich erforderlich, wenn

- das Teil schwerer als 8 kg ist,
- das Teil sehr präzise gehändelt werden muss,
- das Teil sehr groß oder flexibel ist

oder

- das Teil nicht eindeutig greifbar ist.

In den aufgeführten Fällen wird dann die Handlingszeit größer, weshalb der vorherige Zahlwert für MZ_i mit 1,5 zu multiplizieren ist.

7.3 Montageanalyse

Als Ergänzung zu den vorstehenden Darlegungen soll nachfolgend an einem Beispiel die Vorgehensweise der PDA-Analyse dargestellt werden. Bemühung soll es zunächst sein, eine ausgeführte Konstruktion hinsichtlich der Montagezeit zu analysieren. In dieser Analyse soll die notwendige Werkzeugzeit, Handlingszeit und Fügezeit bestimmt werden, um die Kostenschwerpunkte zu erkennen. Diese Technik eignet sich auch sehr gut zum Benchmarking von Wettbewerbsprodukten, um über den absolut notwendigen Aufwand zu einer verbesserten Lösung mit geringerer Komplexität zu finden.

Als Demonstrationsbeispiel soll hier ein Druckregler (siehe umseitiges Bild 7–8) gewählt werden, der seit vielen Jahren von einer Firma in Großserie hergestellt wird. Infolge Wettbewerbsdruck soll dieser von seinem Aufbau her vereinfacht werden.

Unter Nutzung der PDA-Methode kann tatsächlich eine verbesserte Ausführung mit 72 % weniger Teilen konzipiert werden. Wenn man sich nun in den Aufbau des Druckreglers hineindenkt, wird die Montage recht schnell transparent.

Das Basis- bzw. Trägerteil ist der so genannte Metallbügel, der als Aufnahme für alle Anbauten dient. Wesentliche Anbauelemente sind das Druckminderventil, der Sensor und die Leiterplatte. Als NAV-Element ist die Rohrverbindung mit den Tätigkeiten der Überbrückung und Befestigung anzusehen. Ansonsten fallen noch weitere Verbindungen von Teilen mittels Schrauben an. Insgesamt ist festzustellen, dass man es mit einer exemplarisch ungünstigen Konstruktion aus 21 Teilen zu tun hat.

Die umseitige Explosionszeichnung lässt schon vermuten, dass ein erhebliches Vereinfachungspotenzial vorhanden ist.

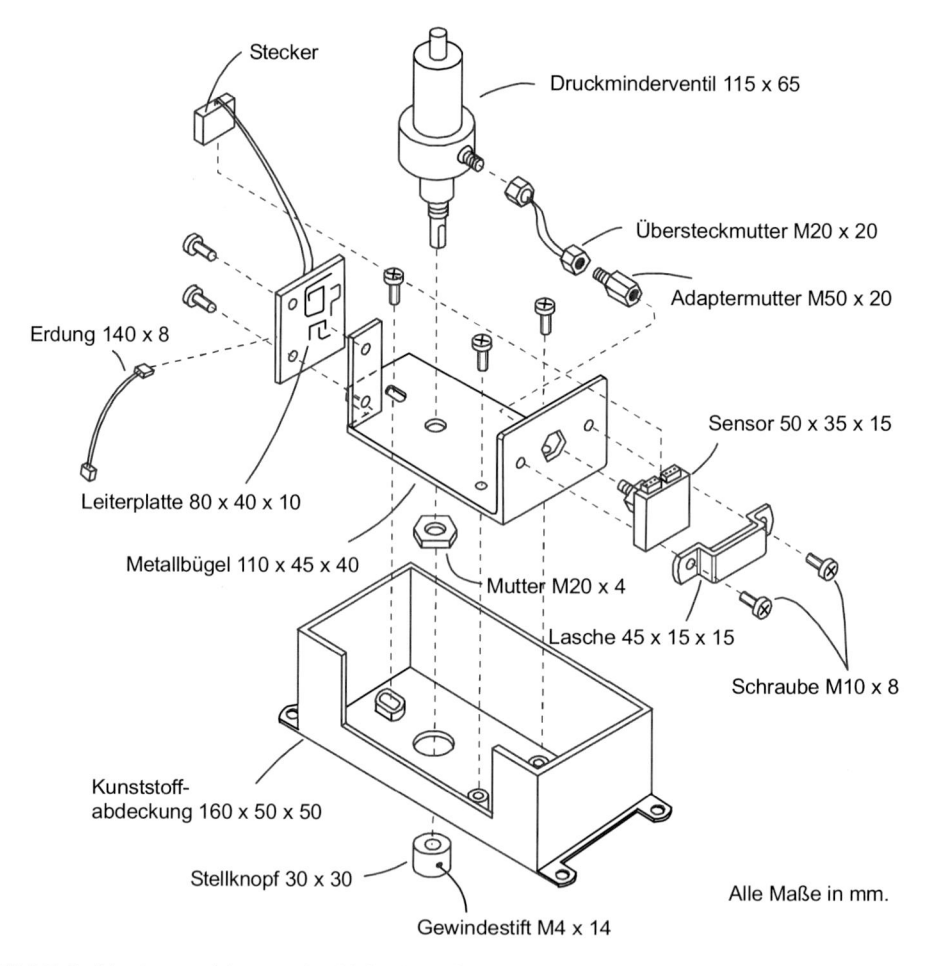

Bild 7–8: Montagezeichnung der bisherigen Serienausführung des Druckreglers nach [1]

Zum Kern der PDA-Analyse gehört die Erfassung der Montagezeit. Diese wird über alle N_i-Teile wie folgt gebildet:

$$MZ_i = WAZ_i + N_i \cdot (HZ_i + FZ_i) + (NOZ_i). \qquad (7.4)$$

Hierin bezeichnet: WAZ_i = Werkzeugakquisitionszeit
HZ_i = Handlingszeit
FZ_i = Fügezeit
N_i = Anzahl der zu montierenden Teile
NOZ_i = Zeitanteil für Neuorientierung

7.3 Montageanalyse

Jede Operation und jeder Prozess mit Teilen kann somit näherungsweise abgeschätzt werden. Eine übertriebene Genauigkeit ist bei den Zeitansätzen jedoch nicht nötig.

Nr.	Teile/ Prozesse	Anz. N	WAZ_i	Handhabungscode	HZ_i	Fügecode	FZ_i	MZ_i	LFD-Ideal	MT
1	**Metallbügel**	1	-	30	2,0	00	1,5	3,5	-	1
2	Druckminderventil	1	-	30	2,0	00	1,5	3,5	-	1
3	*Neuorientierung*	-	-	-	-	610	-	4,5	-	-
4	Mutter	1	3,0	00	1,1	39	8,0	12,1	NNN	0
5	Sensor	1	-	30	2,0	01	2,5	4,5	NJJ	1
6	**Lasche**	1	-	20	1,8	06	5,5	7,3	NNN	0
7	Schraube	2	3,0	11	1,8	62	5,7	18,0	-	0
8	Adaptermutter	1	3,0	00	1,1	38	6,0	10,1	NNN	0
9	Rohr	1	-	10	1,5	09	7,5	9,0	NNN	0
10	Übersteckmutter	2	3,0	-	-	38	6,0	15,0	-	0
11	Leiterplatte	1	-	30	2,0	00	1,5	3,5	-	1
12	Schraube	2	3,0	11	1,8	62	5,7	18,0	NNN	0
13	Erdung	1	-	30	2,0	30	2,0	4,0	-	0
14	*Neuorientierung*	-	-	-	-	610	-	4,5	-	-
15	Stellknopf	1	-	00	1,1	01	2,5	3,6	NNJ	1
16	Gewindestift	1	3,0	12	2,25	38	6,0	11,25	NNN	0
17	Abdeckung	1	-	30	2,0	00	1,5	3,5	NNN	0
18	*Neuorientierung*	-	-	-	-	610	-	4,5	-	-
19	Schraube	3	3,0	11	1,8	39	8,0	32,4	NNN	0
		21	21,0					172,75		5

Bild 7–9: Montageplan und Zeitkalkulation[*] der Serienausführung des Druckreglers nach [1]

---

[*] Bei PDA-Design-Analysen wird die Teileakquisition normalerweise nicht betrachtet (siehe Kapitel 7.6); die Werkzeugakquisition (Schraubendreher, Schraubenschlüssel etc.) wird hingegen berücksichtigt.

Zum vorstehenden Druckregler gibt Bild 7–9 den Montageablauf wieder, in dem alle Teile nach der Montagereihenfolge aufgelistet sind. Um jetzt die Teile richtig montieren zu können, müssen sie „gehandhabt" und „gefügt" werden und dies gegebenenfalls mit einfachem „Werkzeugeinsatz".

Um den hierfür erforderlichen Zeitaufwand abschätzen zu können, wurden in den USA Bewegungsstudien mit Standardgeometrien gemacht und die beschreibenden Teilemerkmale klassifiziert. Das Ergebnis sind Kalkulationstabellen für die konventionelle Handmontage (siehe Anhang Kap. 19). Deshalb auch wieder der Hinweis: Es sind *Durchschnittswerte* erfasst. Diese geben nicht die Zeiten für ein spezielles Teil in einer speziellen Situation wieder. Nach MTM-Vergleich können die Tabellenwerte jedoch gut als „Daumenwerte" herangezogen werden, um Kostenschätzungen zu machen oder Varianten zu bewerten. In der relativen Bewertung von Alternativen liegen auch die eigentlichen Stärken dieser Zeitkalkulationstabellen.

Die Grundplatte und das Druckminderventil sind wahrscheinlich notwendig, während die anderen Teile disponibel sind. Am Beispiel der „Lasche" soll der Leitfragendialog exemplarisch durchgeführt werden.

Teil:	Lasche[*)]	Anzahl: $N_6 = 1$

Handhabungs-
code: Das Teil liegt ungeordnet als Schüttgut mit zufälliger Ausrichtung vor. Die Fügeachse ist horizontal, d. h., die Lasche kann nur auf eine Art entlang dieser Achse gefügt werden → ALPHA-Symmetry = 360° und BETA-Symmetry = 180°. Damit ergibt sich die Summe des Orientierungswinkels zu 540°.

Weiterhin kann die Lasche mit *einer Hand gehandhabt* werden, es wird kein Werkzeug benötigt. Es liegt auch keine Teilverschachtelung oder Verwicklung während des Greifens vor → maßgebend ist somit **Tabelle A2** im Anhang.

Die Maße des Umhüllungskörpers sind 50 x 20 x 16, insofern ergibt sich als

Handhabungscode 20 → 1,8 s

Fügecode: Das Teil wird gefügt, ist aber nicht selbst gesichert. Es ist nicht leicht auszurichten. Hände können den Ort leicht erreichen. Die Befestigung erfolgt mit Schrauben. Damit ergibt sich nach **Tabelle A6**

Fügecode 06 → 5,5 s.

Montagezeit: Die Addition aus Handhabung und Fügung ergibt die Montagezeit

---

[*)] Man kann die „Lasche" auch direkt als Befestigungselement einordnen, VKD → JA, d. h. soll entfallen!

7.3 Montageanalyse

$$MZ_6 = N_6 \cdot (HZ_6 + FZ_6) = 7{,}3 \text{ s}. \tag{7.5}$$

Damit ist die Montage der Lasche in Zeiteinheiten bestimmt, bzw. eine weitere Quantifizierung in Geld ist natürlich auch über die Beziehung

$$MK_6 = L_M \cdot MZ_6 = \frac{65 \text{ EU/h}}{3.600 \text{ s}} \cdot 7{,}3 \text{ s} \approx 0{,}13 \text{ EU} \tag{7.6}$$

(mit $L_M \approx 65$ Euro/h als Lohnansatz mit allen Nebenkosten)

möglich. Es ist im Weiteren einsichtig, dass die Montage aller Teile so bewertet werden kann.

Minimale Teilezahl: Das Ziel der PDA-Analyse besteht aber darin, die minimal erforderliche Teilezahl zu finden. Zuvor wurde im Kap. 6.1 dargestellt, dass jedes Teil (außer Basisteil) infrage gestellt werden muss. Hierzu sind die so genannten *PDA-Leitfragen* auf jedes Teil anzuwenden. Beispielsweise auf die „Lasche".

1. Die Lasche braucht sich *nicht relativ* zu dem Metallbügel (direkte funktionale Beziehung) *bewegen*, d. h., die Laschenfunktion könnte kompensiert werden.

2. Die Lasche muss *nicht aus einem anderen Material sein*, d. h., sie könnte funktionell in den Metallbügel integriert werden. (Hinweis: Wenn die Integration der Befestigungsfunktion in den Sensor möglich wäre, sollte sie theoretisch ebenfalls in Betracht gezogen werden, vielleicht sind Änderungen am Sensor möglich.)

3. Die Lasche muss *nicht* unbedingt vom Metallbügel oder gegebenenfalls Sensor *getrennt sein*. Eine Funktionsintegration würde keine Nachteile für den Sensor bedeuten.

Resümee: 3-mal NEIN! Das heißt, die „Lasche" ist ein Kandidat zur möglichen Elimination. In einem anderen Fokus würde es als Befestigungselement auch entfallen.

Nach Anwendung der Leitfragen auf alle 21 Teile wird man feststellen, dass eigentlich nur 5 Teile unbedingt Design-notwendig sind.

Design-Effizienz: Der Abschluss der PDA-Analyse bildet die Feststellung der Design-Effizienz durch den PDA-Index. Dieser hat für die vorliegende konstruktive Ausführung den Wert

$$DIA = \frac{5 \cdot 3}{172{,}75} \cdot 100 \approx 8{,}7 \text{ \%}, \tag{7.7}$$

Kostentreiber: woraus rückgeschlossen werden kann, dass eine im Sinn der Montage sehr ungünstige Konstruktion vorliegt.

Die im Bild 7–9 zusammengetragenen Montagezeiten ermöglichen jetzt auch eine Identifizierung der Kostentreiber. Gemäß der folgenden Auflistung werden alle Montagen mit in ihrer Summe zweistelligen Zeiten weiter analysiert. Die fett markierten Zeiten sollten auf alle Fälle reduziert werden.

Nr.	Teile bzw. Prozesse	Montagezeiten $[MZ_i]$	Gew.	Maßnahmen
1	4	**12,1 s**	4,9 %	Befestigungsalternative suchen
2	6 + 7	7,3 + **18,0** = **25,3 s**	14,6 %	Lasche mit Schrauben sollte eliminiert werden
3	8	**10,1 s**	5,8 %	Muss es eine Adaptermutter geben? Zusammen mit Maßnahme 2 überdenken.
4	9 + 10	9,0 + **15,0** = **24,0 s**	13,9 %	Rohr sollte entfallen
5	11 + 12	3,5 + **18,0** = **21,5 s**	12,5 %	Für die Befestigung der Leiterplatte muss eine andere Lösung gefunden werden.
6	15 + 16	3,6 + **11,25** = **14,85 s**	8,6 %	Gewindestift sollte entfallen
7	17 + 18 + 19	3,5 + 4,5 + **32,4** = **40,4 s**	23,4 %	Befestigung der Abdeckung mit 3 Schrauben ist äußerst ungünstig.
		Potenzial = $\sum$ 148,25 s $\hat{=}$ 85,8 %		

Bild 7–10: Festmachen der Kostentreiber

Bei den meisten Designanalysen wird man feststellen, dass vielfach noch Potenzial in der Handhabung und bei speziellen Fügeprozessen (Vernieten, Verschrauben, Verschweißen) besteht. Für die Handhabung kann beispielsweise ein Schwellenwert von 1,6 Sekunden (theoretischer Mindestwert = 1,1 s) und für das Fügen von 2,5 Sekunden (theoretischer Mindestwert = 1,5 s) eingeführt werden. Darüber müssen die Teile besser angepasst werden.

7.4 Montageoptimierung

Die vorhergehende PDA-Analyse hat gezeigt, dass die vorliegende Serienkonstruktion des Druckreglers eindeutig zu aufwändig ist. Von den verwandten 21 Teilen werden eigentlich nur 5 Teile als notwendig angesehen. Insofern besteht die Aufgabe, ein funktionsidentisches Konzept als Ideal mit der theoretisch minimalen Teilezahl und eliminierten NAV-Prozessen zu kreieren. Im vorliegenden

7.4 Montageoptimierung

Fall war dies nicht möglich. Eine praktikable neue Lösung mit hohem Integrationsgrad zeigt Bild 7–11, obwohl hier noch 8 Teile verwandt werden.

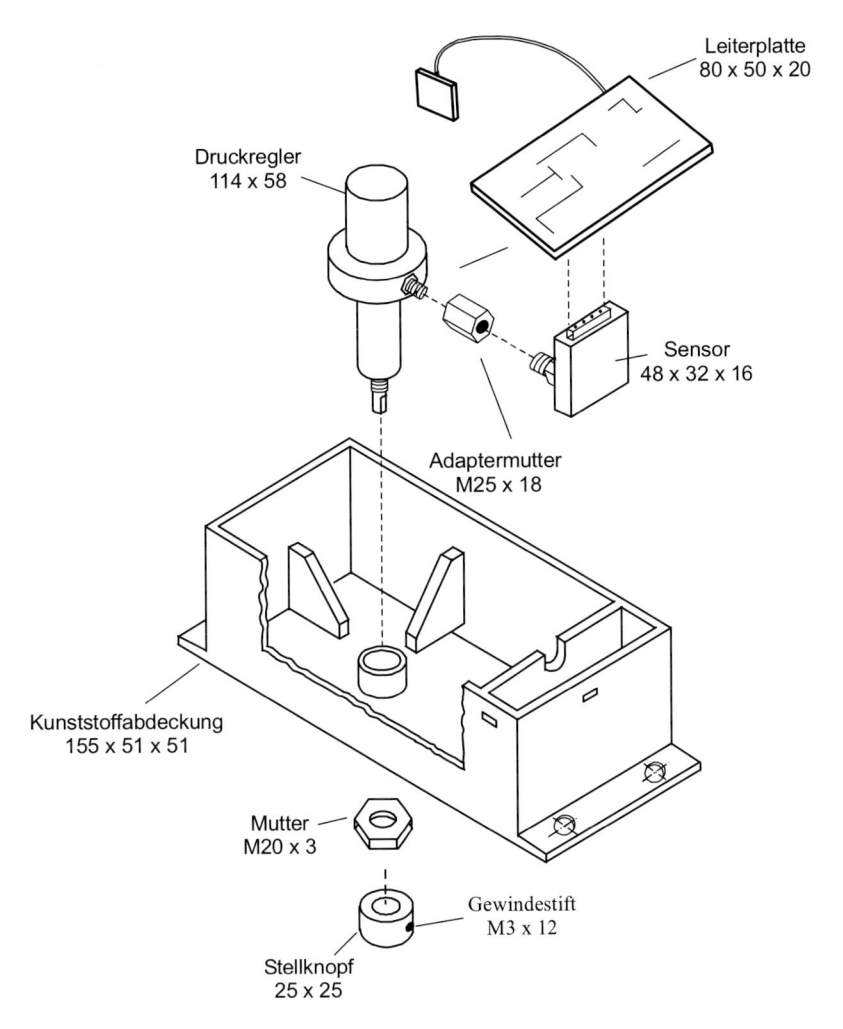

Bild 7–11: Optimierte Version des Druckreglers nach [1]

Eine Besonderheit des Konzeptes ist, dass das alte Basisteil (Metallbügel) entfallen ist und die Abdeckung nunmehr die Stütz- und Verkleidungsfunktion übernimmt.

Auch diese neue Lösung gilt es wieder hinsichtlich der Montagezeiten zu analysieren. Die zugehörigen Werte zeigt umseitiges Bild 7–12.

Nr.	Teile/Prozesse	Anz. N	WAZ_i	Handhabungscode	HZ_i	Fügecode	FZ_i	MZ_i	Min. Teile Anz.
1	Abdeckung	1	-	30	2,0	00	1,5	3,5	1
2	Druckminderventil	1	-	30	2,0	00	1,5	3,5	1
3	Mutter	1	3,0	00	1,1	39	8,0	12,1	0
4	Stellknopf	1	-	00	1,1	01	2,5	3,6	1
5	Gewindestift	1	3,0	12	2,25	38	6,0	11,25	-
6	Neuorientierung	-	-	-	-	610	-	4,50	-
7	Adaptermutter	1	3,0	00	1,1	38	6,0	10,1	0
8	Sensor	1	-	30	2,0	01	2,5	4,5	1
9	Leiterplatte	1	-	30	2,0	00	1,5	3,5	1
		8						56,55	5	Total

Bild 7–12: Montageplan und Zeitkalkulation des optimierten Druckreglers aus 8 Teilen nach [1]

Das Resümee ist, dass mit dieser Lösung 13 Teile (= 52 %) eingespart werden und 65 % weniger Montagezeit notwendig ist. Für die Design-Effizienz kann

$$DIA = \frac{5 \cdot 3}{56,55} \cdot 100 = 26,5\,\% \tag{7.8}$$

ermittelt werden, welches einen insgesamt schon recht guten Entwurf charakterisiert.

Neben diesen direkten Vorteilen wird durch die Teilezahlreduktion auch noch ein indirektes Potenzial mobilisiert. Jedes Teil, das nicht benötigt wird, braucht nicht dokumentiert, bestellt, gelagert (und als Ersatzteil bevorratet) sowie als Teilestammsatz in der EDV verwaltet werden. Erfahrungsgemäß ist hiermit eine Kostenersparnis von 1.000-2.000 € je Teil über die Lebensdauer verbunden, die dem PDA-Aufwand auch gegengerechnet werden müssen.

7.5 Optimierungsprinzipien

Die Herstell- und Montagekosten eines Produktes werden maßgeblich durch die Baustruktur (Teilegröße, Teilezahl, Verschachtelung, Zugänglichkeit) bestimmt. Zielsetzung sollte es immer sein, eine *möglichst wenig komplexe*, d. h. montage- bzw. demontagefreundliche Baustruktur zu realisieren. Niedrige Montagekosten haben gewöhnlich „Integralkonstruktionen" im Sinne von „Einstückigkeit". Meist sind hiermit jedoch höhere Investments (Werkzeuge, Vorrichtungen, Maschinen) verbunden, weshalb hohe Stückzahlen zur Amortisation notwendig sind.

7.6 Montage und Montageorganisation

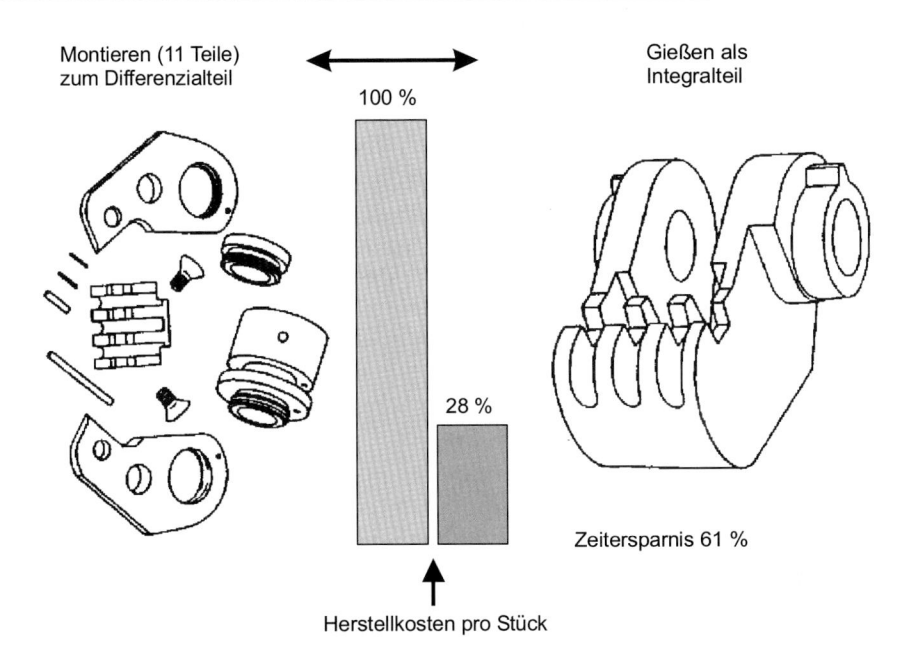

Bild 7–13: Gegenüberstellung von Differenzial- und Integralbauweise am Beispiel einer Steuerkurve für eine Verpackungsmaschine

Im Gegensatz hierzu steht die „Differenzialbauweise", welche eine Addition von Einzelteilen darstellt. Obwohl die Einzelteile regelmäßig kostengünstiger gefertigt werden können, geht der Kostenvorteil meistens wieder durch einen erhöhten Passungs- und Verbindungsaufwand verloren. Insofern überwiegen also die Montagekosten gegenüber den reinen Fertigungskosten.

Ein Kompromiss zwischen Montage und Demontage bzw. Servicefreundlichkeit stellt somit die integrierende Bauweise dar, bei der bewusste Schnittstellen zum Austausch von Verschleißteilen oder zur Durchführung von Reparaturen vorgesehen sind. Bei PDA-Optimierungen sollte man daher das Schnittstellenproblem im Spiegelbild der gesamten Herstell- und Servicekosten bewusst bewerten.

7.6 Montage und Montageorganisation

Die Basisannahme von PDA ist die Handmontage nach dem Werkbankprinzip, bei der ein Teil[*] nach dem anderen montiert wird. Dem liegt eine handwerkliche

---

[*] Können zwei Teile gleichzeitig montiert werden, so reduziert sich die gesamte Montagezeit um etwa ein Drittel, dies lässt sich berücksichtigen, in dem die tabellierte Montagezeit durch 1,5 dividiert wird. Hierdurch ändert sich aber nicht die Designbewertung, da im DIA auch die Basismontagezeit im gleichen Verhältnis angepasst werden muss.

Arbeitsorganisation mit einfachen Vorrichtungen und Werkzeugen zugrunde. Annahmen sind weiter:

- Der Teilevorrat[*)] liegt ungeordnet (als Schüttgut) in einem ca. 50 cm entfernt Greifbereich.
- Die Werkzeuge[**)] sind in ca. 35-40 cm erreichbar.

und

- Das Restbringen zur Fügestelle ist weniger als 30 cm.

Dies setzt eine bestimmte Ordnung am Montagearbeitsplatzes voraus, was bei großen, sperrigen Teilen jedoch eine Anpassung erforderlich macht. Bei großen, sperrigen Teilen ist zusätzlich noch eine örtliche Distanz vom Speicher zur Verbaustation zu überwinden, welches durch eine Teilakquisitionszeit (TAZ_i) berücksichtigt wird. Diese geht dann noch additiv in die Gesamtmontagezeit (GMZ_i) ein:

$$GMZ_i = MZ_i + N_i \cdot TAZ_i . \tag{7.9}$$

Richtwerte für die Teileakquisition finden sich im folgenden Bild 7–14 und im Anhang Tabelle A12.

Für eine Montage sind dies nur proportionale Zeitanteile, die einen *schwachen* Bezug zum Design (Gewicht und Teilegröße) haben, jedoch eine stärkere Forderung für eine gute Organisation des Montagearbeitsplatzes abgeben. Seitens der Produktgestaltung bestehen insofern nur geringe Einflussmöglichkeiten. Sollte bei einem Montageablauf aber ein großer Zeitanteil auf die Akquisition von Teilen und Werkzeugen entfallen, so muss gegebenenfalls das Produktdesign verbessert werden. Anstatt Einstückigkeit kann dies eine bewusste Zerlegung in handlichere Komponenten erforderlich machen.

Ein typisches Beispiel hierfür geben Lkw-Hinterachsen ab, die vorher als durchgehende Gussachsbrücken hergestellt wurden, die sich innerbetrieblich aber nur mit Staplern oder Krananlagen transportieren ließen. Moderne Achsen sind hingegen als Schweißkonstruktion in Patchwork-Technik (2 Achsschenkel, 2 Achsrohre und 1 Differenzial) aufgebaut, welche teilweise ein Handtransport ermöglicht bzw. eine Unterstützung durch einfache Lasthebemittel möglich machen.

[*)] Falls Teile nicht als Schüttgut vorliegen, also geordnet magaziniert sind oder in speziellen Behältern vorliegen, ergeben sich niedrigere Handlingszeiten als in den Standardzeittabellen. Dies kann mit Faktoren berücksichtigt werden oder muss in Grenzfällen real ermittelt werden.

[**)] Die Standardfügezeiten mit Hilfswerkzeugen beinhalten: das Werkzeug greifen, damit die Operation durchführen und anschließend das Werkzeug wieder zurücklegen.

7.6 Montage und Montageorganisation

durch-schnittliche Distanz zum Einbauort (mm)	größte Länge des Teils (mm)	Code	ein Teil (groß oder klein) oder mehrere Kleinteile				kleine Teile – ungeordnet gespeichert	
			Gewicht < 8 kg		Gewicht > 8 kg			
			leicht zu greifen	schwer zu greifen	zwei Personen	Hebe-hilfe	leicht zu greifen	schwer zu greifen
			0	1	2	3	4	5
< 1.200	< 380	0	2,50	4,50	8,80	18,40	0,85	1,10
1.201 bis 2.100	380 bis 640	1	4,30	6,30	14,30	27,10	0,85	1,10
2.101 bis 3.050	641 bis 890	2	5,50	7,50	18,50	31,20	0,85	1,10
3.051 bis 4.000	891 bis 1.300	3	9,90	11,90	32,80	39,50	0,85	1,10
4.001 bis 4.900	1.301 bis 1.650	4	11,60	13,60	36,80	44,90	0,85	1,10
> 4.901	> 1.651	5	12,40	14,40	40,80	50,00	0,85	1,10

Bemerkung:
1. Für große Teile sind keine Eigenschaften vorgesehen, die ein leichtes Greifen oder Transport ermöglichen.
2. Kleine Teile (die schlüpfrig, verschachtelt, verworren oder verklebt sind und eine sorgfältige Behandlung erfordern) sind schwer zu greifen.
3. Distanz und Teilegröße sind alternativ; Distanz hat Vorrang vor Teilegröße

Bild 7–14: Akquisitionszeiten (sec.) für Teile, welche nicht innerhalb der Reichweite der Werker gelagert sind nach Angabe von [1]

Im umseitigen Bild 7–15 sind einige Tendenzen zu Montageprinzipien angegeben. Gewöhnlich wird eine Handmontage bei Modulen zwischen 2-10 Teilen (eventuell 15) und einem Produktionsvolumen um 10.000 Module/Jahr zur Anwendung kommen. Bei sehr großem Produktvolumina mit 1 Mio. Modulen oder mehr und sehr vielen Teilen (> 20) wird man meist einen Montageautomaten heranziehen. Dazwischen sind Robotermontagen geläufig, wobei frei programmierbare Industrieroboter zur Anwendung kommen.

Während die automatische Montage typisch ist für den Kfz-Bau unter Großserienbedingungen, ist die Handmontage typisch für den Maschinenbau. Merkmale einer Handmontage sind einfache Vorrichtungen und Werkzeuge, geringe Investitionen, aber weitestgehend konstante Kosten (keine Stückzahldegression) selbst bei großem Teilevolumen, große Flexibilität und Anpassbarkeit an Teilegeometrie, jedoch hohe Belastung des Werkers.

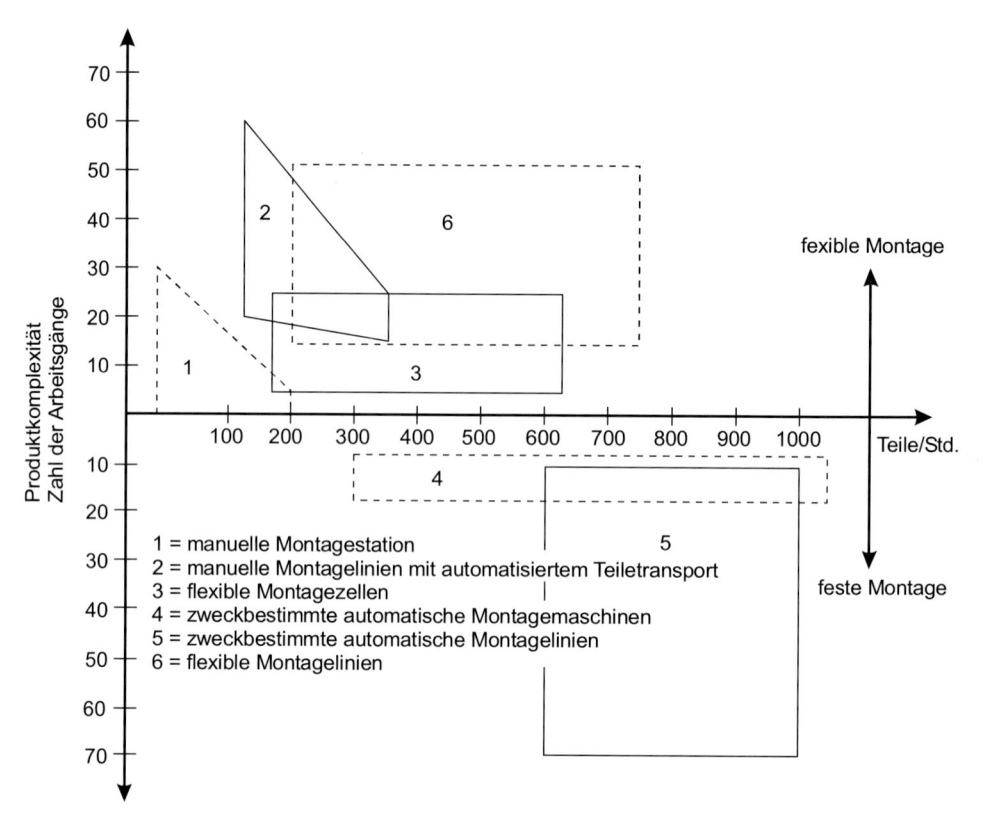

Bild 7–15: Stückzahlabhängigkeit des Montageverfahrens

1 = manuelle Montagestation
2 = manuelle Montagelinien mit automatisiertem Teiletransport
3 = flexible Montagezellen
4 = zweckbestimmte automatische Montagemaschinen
5 = zweckbestimmte automatische Montagelinien
6 = flexible Montagelinien

Leichte Teile (1 kg $\leq$ G < 8 kg) können meist sitzend montiert werden, während schwere Teile (G $\geq$ 8 kg) nur stehend montiert werden können. Weitere Hinweise und Details zur Arbeitsplatzorganisation dazu findet man in der REFA-Literatur (z. B. [3]), bei der die zeitwirtschaftlichen Aspekte einen hohen Stellenwert haben.

Manuelle Montageprinzipien

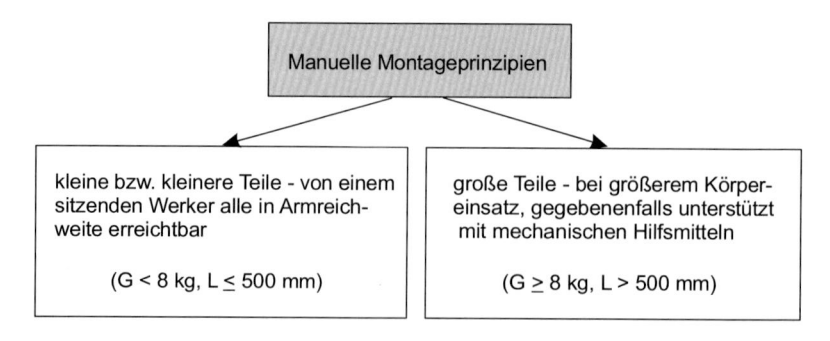

- kleine bzw. kleinere Teile - von einem sitzenden Werker alle in Armreichweite erreichbar
  (G < 8 kg, L $\leq$ 500 mm)

- große Teile - bei größerem Körpereinsatz, gegebenenfalls unterstützt mit mechanischen Hilfsmitteln
  (G $\geq$ 8 kg, L > 500 mm)

Bild 7–16: Grenzen der manuellen Montage bzw. Handmontage nach [4]

7.7 Parallelen zur Wertanalyse

Zwischen PDMAS und der traditionellen Wertanalyse gibt es einige Übereinstimmungen und einige wesentliche Unterschiede. Gemeinsam ist die Zielrichtung „Kosten zu senken" und das systematische Vorgehen nach einem „Arbeitsplan", der schrittweise eine Lösungsperspektive erschließt. Wesentliche Unterschiede bestehen aber in der Problemstrukturierung und im Quantifizierungsgrad.

Wertanalyse ist eine abstrakte auf Funktionen (Zweck: Hauptfunktion; Erfüllung: Nebenfunktionen) gerichtet Methode und sucht nach kostenoptimalen Alternativen zur Erfüllung vorgegebener Funktionen. Es werden nur Lösungen akzeptiert, die das Kostenziel erreichen. Dies bedingt eine kreative Suche nach neuen Konzepten, welche die gleichen Funktionen mit weniger Teilen und einer zweckgerechteren Herstellung zu realisieren ermöglicht. Damit sind Parallelen zu PDA gegeben, dessen Lösungsstrategie beispielsweise die WA-Grundschritte 2, 3 und 4 ergänzen. Insofern ist PDA als Verstärkung des wertgestalterischen Ansatzes zu sehen. Durchschnittlich lassen sich mit Wertanalyse 20 % an Herstellkosten einsparen.

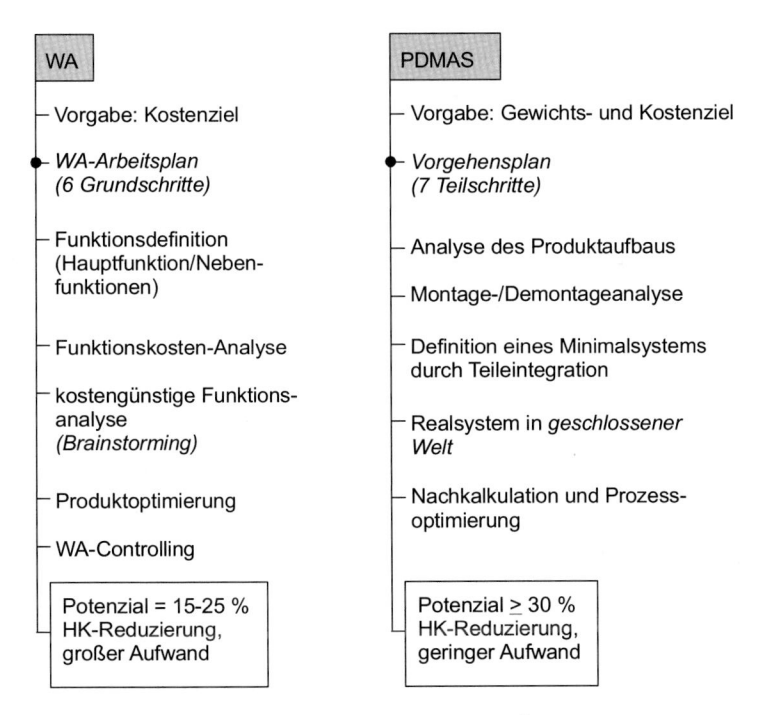

WA	PDMAS
Vorgabe: Kostenziel	Vorgabe: Gewichts- und Kostenziel
• *WA-Arbeitsplan* *(6 Grundschritte)*	• *Vorgehensplan* *(7 Teilschritte)*
Funktionsdefinition (Hauptfunktion/Nebenfunktionen)	Analyse des Produktaufbaus
Funktionskosten-Analyse	Montage-/Demontageanalyse
kostengünstige Funktionsanalyse (Brainstorming)	Definition eines Minimalsystems durch Teileintegration
Produktoptimierung	Realsystem in *geschlossener* *Welt*
WA-Controlling	Nachkalkulation und Prozessoptimierung
Potenzial = 15-25 % HK-Reduzierung, großer Aufwand	Potenzial $\geq$ 30 % HK-Reduzierung, geringer Aufwand

Bild 7–17: Verzweigungen in den Vorgehensweisen bzw. Überlappungsansatz

PDMAS ist dagegen objekt- und prozessorientiert [5], d. h., der Fokus ist auf die Komplexität eines Produktaufbaus und dessen Schnittstellen zur Umgebung gerichtet. Dass jedes Teil natürlich eine Funktion erfüllt, ist selbstredend. Durch eine spezielle Systematik kann ein erfüllendes Minimalsystem (Idealdesign) gefunden werden, welches mit minimaler Teilezahl ebenfalls die Funktionen erfüllt. PDMAS stellt dazu Leitregeln, Zeittabellen zur Abschätzung des Montage-/Demontageaufwands und Kenngröße für die Bewertung eines Designs zur Verfügung. Hiermit ist verbunden, dass weniger und einfachere Teile (Gewichtsreduzierung) benötigt werden sowie die Herstellung kostengünstiger wird; insgesamt bedeutet dies, die Komplexität zurückzufahren. Erfahrungswerte von Anwendern (z. B. [4]) sind:

- 30−50 % weniger Einzelteile,
- 40−50 % geringere Montagezeit,
- 50 % verkürzte Produktanlaufzeit

und

- 30 % Herstellkosten-Reduzierung.

Da PDMAS entweder als in WA eingebettet oder als eigenständige Methode angesehen werden kann, ist der zeitliche Aufwand nicht größer, sondern regelmäßig geringer als eine vollständige Wertanalyse oder Wertgestaltung. Insofern besteht keine Konkurrenzsituation, sondern die beiden Ansätze ergänzen sich weitestgehend.

Literatur

[1] Boothrody, G.; Dewhurst, P.; Knight, W.: Product Design for Manufacture and Assembly. 2. Edition, Marcel Dekker Inc., New York 2002

[2] Boothroyd, G.: Assembly Automation and Product Design. Marcel Dekker Inc., New York 1992

[3] N. N.: Methodenlehre des Arbeitsstudiums. Band 3: Kostenrechnung und Arbeitsgestaltung. 2. Auflage, Hanser-Verlag, München 1972

[4] N.N.: MTM-ProKon 1. Deutsche MTM-Vereinigung, Hamburg

[5] Dombrowski, U.; Tiedemann, H.; Borkowski, R.: Optimierung des Produktentstehungsprozesses mit Hilfe der DFMA-Methode. In: ZWF, 100 (2005) 10, S. 595−598

8 Product Design for Manufacture

8.1 Product Design for Manufacture

Die Zielsetzung von PDM ist es, für ein Produkt das kostengünstigste Fertigungsverfahren zu finden. Dies ist meist nicht einfach, da ein Konstrukteur kaum in der Lage ist, alle Fertigungsverfahren mit seinen Vor- und Nachteilen sowie konstruktiven Einschränkungen zu überblicken. Bei der Auswahl eines Fertigungsverfahrens sind nämlich komplexe Entscheidungen zu treffen, weil viele Abhängigkeiten untereinander vernetzt sind. In der Praxis hängt oft „alles von allem" ab, welches Bild 8–1 versinnbildlichen soll.

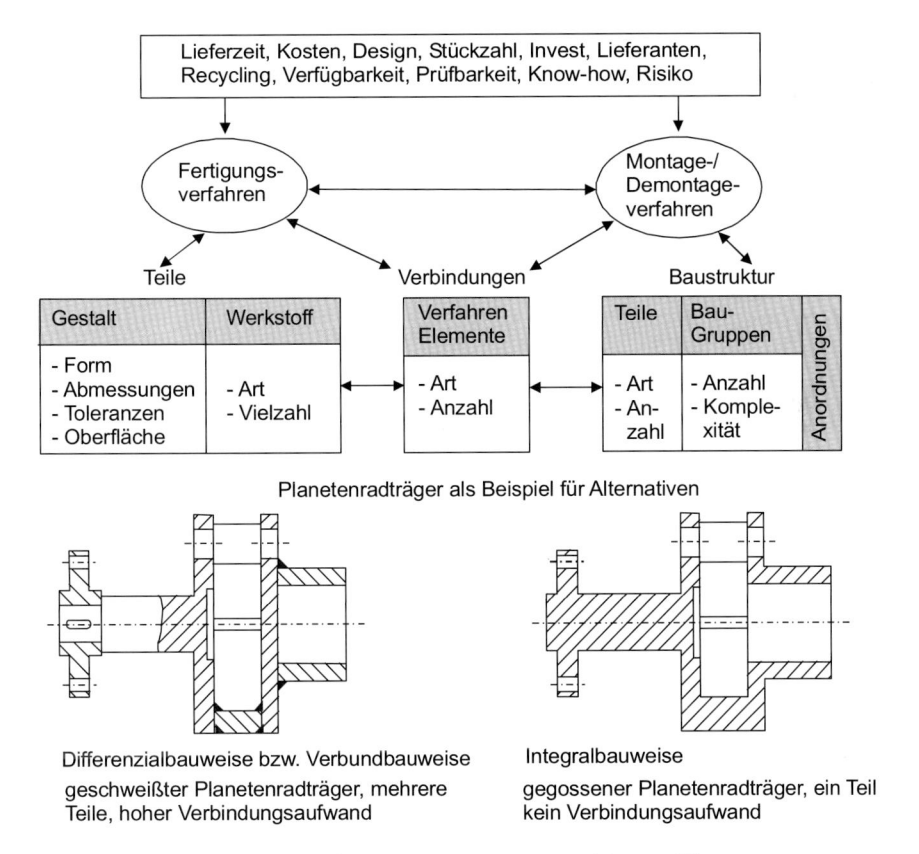

Bild 8–1: Einflussgrößen für die Wahl eines Fertigungsverfahrens [1]

Es spielt beispielsweise eine Rolle, aus welchem *Werkstoff* die Bauteile sein sollen, wie die *Bauteilgeometrie* (groß/klein, kompakt/aufgelöst) ist, welcher *Ferti-*

gungsgrad (super-genau/mittel-genau) angestrebt wird, wie die *Oberfläche* (Rauheit) sein soll und welche *Stückzahl* vorzusehen ist. Möglicherweise ist aus Montagegründen „Einstückigkeit", d. h. Integration, oder aus Recyclinggründen ein bewusst differenzieller Aufbau zu realisieren.

Diese Verknüpfungen machen deutlich, dass die Wahl eines Fertigungsverfahrens breites Querschnittswissen erfordert, welches gewöhnlich die Zusammenarbeit eines interdisziplinären Fachteams notwendig macht. Meist tastet sich dieses zweistufig an eine Design-Lösung heran, so wie im Bild 8–2 gezeigt.

Grobauswahl E & K

Fertigungsverfahren	Verbindungstechnik	Grundwerkstoffe/ Werkstoffalternativen
	Montageverfahren Servicemöglichkeit	

Technische Eigenschaften?   Kostentendenz?

Feinauswahl im SE-Team

Fertigungsprinzip, -folge für Teile/ Baugruppen	Verbindungsverfahren	Werkstoffe im Einzelnen/ Technologie
	Montageart, -folge, Demontage	

Technische Eigenschaften/Prozesse?   Herstellkosten? Fertigungsgrad

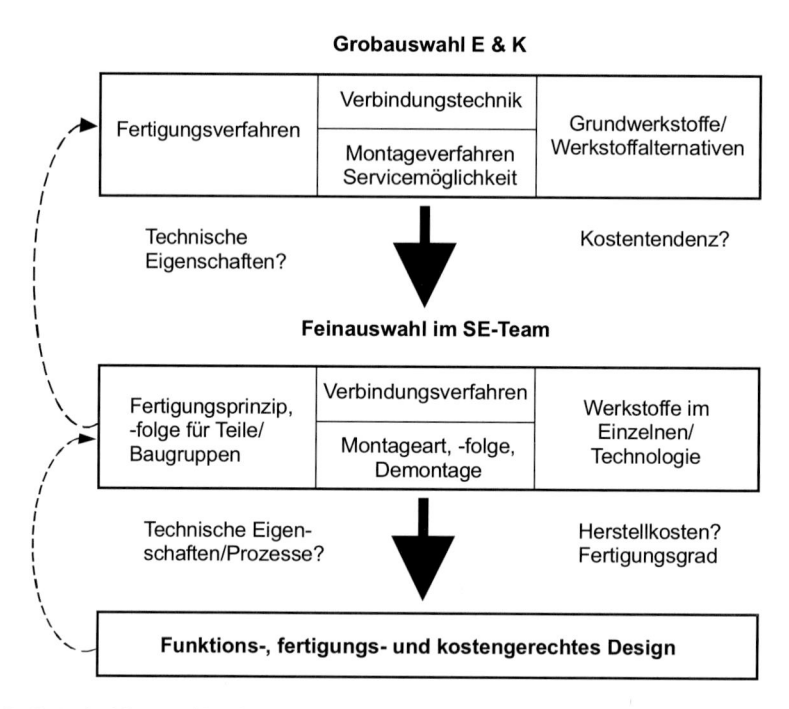

Funktions-, fertigungs- und kostengerechtes Design

Bild 8–2: Entscheidungsablauf bei der Auswahl eines Fertigungsverfahrens nach [1]

In der ersten Phase erfolgt gewöhnlich eine „Grobauswahl" mit vorläufigen Festlegungen, die nach einer weiteren Konkretisierung in einer Nachlaufphase verdichtet werden zu einer „Feinauswahl", auf die letztlich die Fertigungsunterlagen aufgebaut werden. Ein ausgewähltes Fertigungsverfahren hat oft starke Rückwirkungen auf das Produktdesign und die Montage- bzw. Demontagetechniken.

8.2 Kostengünstige Fertigung

Die Bedingungen, die aus dem Design, dem angestrebten Vorfertigungsgrad und der Stückzahl resultieren, schränken regelmäßig die Fertigungsalternativen ein. Derzeit werden in der Industrie etwa 64 Technologien mit spezifischen Abwand-

8.2 Kostengünstige Fertigung

lungen benutzt, sodass etwa 150 Verfahrensprinzipien geläufig sind. Diese Verfahren umfassen sowohl Einzel-, Klein- und Serienfertigungen.

Die nachfolgende Struktur (umseitiges Bild 8–3) ist nicht vollständig und entspricht in etwa der DIN 8580 [1]. Hiernach wird in die folgenden „Hauptgruppen" klassifiziert:

- *Urformen:* Herstellen geometrisch bestimmter, fester Teile durch Schaffung des Zusammenhalts aus einem formlosen Stoff (wie Schmelze, Pulver, Granulat). Alle Urformverfahren (Gießen, Sintern) benötigen ein Modell oder ein Werkzeug. Wirtschaftliche Stückzahlen liegen größer 500 bis 1.000 Teilen.

- *Umformen:* Die gegebene Form eines festen Körpers wird in eine bestimmte, andere Form unter Beibehaltung von Masse und Stoffzusammenhang (d. h. Ändern der Form unter Beherrschung der Geometrie) gebracht. Alle Umformverfahren (Blechumformung, Schmieden) benötigen teure Werkzeuge und aufwändige Maschinen. Wirtschaftliche Stückzahlen liegen bei größer 5.000 Teilen.

- *Trennen:* Fertigen durch Ändern der Form eines festen Körpers, wobei der Zusammenhalt örtlich aufgehoben wird. Trennverfahren sind sehr flexibel, der Werkzeugaufwand ist gering, wirtschaftliche Stückzahlen beginnen bei 1 Teil.

- *Verbinden:* Zusammenbringen von zwei oder mehr Werkstücken geometrisch bestimmter Form oder von Werkstücken mit formlosen Stoffen. Verbindungen werden unterteilt in nicht lösbare (meist stoffschlüssige) und lösbare (form-, kraft- und reibschlüssige).

- *Stoffänderung:* Änderung der Stoffeigenschaften (Festigkeit, Verschleiß, Zähigkeit) durch Umlagerung, Ausscheidung oder Einbringung von Stoffteilen

- *Beschichten:* Aufbringen einer festhaftenden Schicht aus einem formlosen Stoff auf ein Werkstück

Hauptsächliche Kriterien zur Verfahrensauswahl sind also:

- die Bauteilgröße,
- die Stückzahl,
- der Endformgrad,
- die Teilekomplexität,
- der Werkzeugaufwand

und

- die Qualitätsansprüche an das Verfahren.

Im Zusammenwirken bestimmen diese Parameter letztlich die Stückkosten, dessen Variable der Materialeinsatz, die Fertigungskosten, die anteiligen Werkzeug- und Gemeinkosten darstellen.

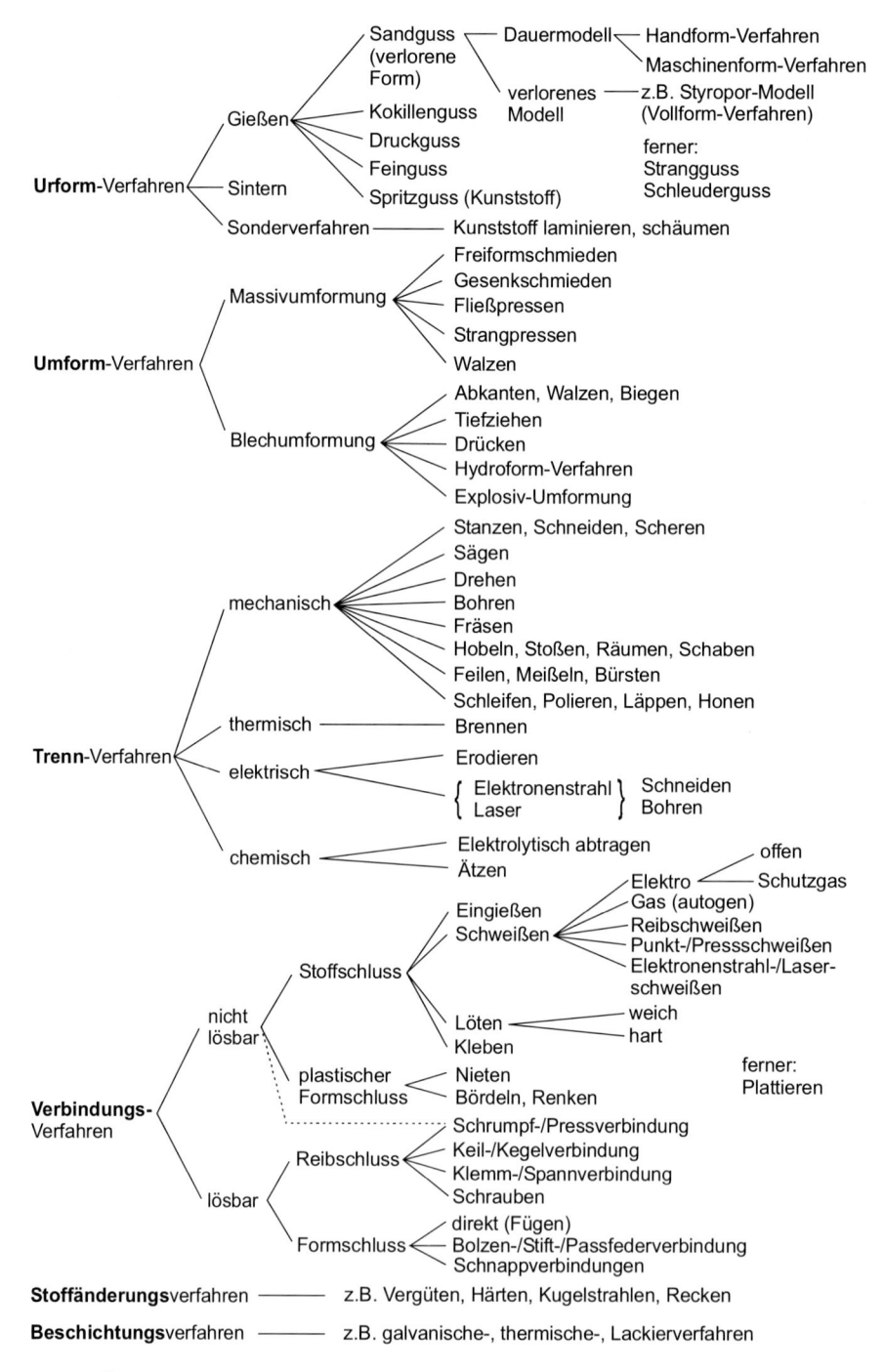

Urform-Verfahren
- Gießen
  - Sandguss (verlorene Form)
    - Dauermodell
      - Handform-Verfahren
      - Maschinenform-Verfahren
    - verlorenes Modell — z.B. Styropor-Modell (Vollform-Verfahren)
  - Kokillenguss
  - Druckguss
  - Feinguss
  - Spritzguss (Kunststoff)

  ferner:
  Strangguss
  Schleuderguss
- Sintern
- Sonderverfahren — Kunststoff laminieren, schäumen

Umform-Verfahren
- Massivumformung
  - Freiformschmieden
  - Gesenkschmieden
  - Fließpressen
  - Strangpressen
  - Walzen
- Blechumformung
  - Abkanten, Walzen, Biegen
  - Tiefziehen
  - Drücken
  - Hydroform-Verfahren
  - Explosiv-Umformung

Trenn-Verfahren
- mechanisch
  - Stanzen, Schneiden, Scheren
  - Sägen
  - Drehen
  - Bohren
  - Fräsen
  - Hobeln, Stoßen, Räumen, Schaben
  - Feilen, Meißeln, Bürsten
  - Schleifen, Polieren, Läppen, Honen
- thermisch — Brennen
- elektrisch
  - Erodieren
  - { Elektronenstrahl } Schneiden
  - { Laser } Bohren
- chemisch
  - Elektrolytisch abtragen
  - Ätzen

Verbindungs-Verfahren
- nicht lösbar
  - Stoffschluss
    - Eingießen
    - Schweißen
      - Elektro — offen / Schutzgas
      - Gas (autogen)
      - Reibschweißen
      - Punkt-/Pressschweißen
      - Elektronenstrahl-/Laserschweißen
    - Löten — weich / hart
    - Kleben

    ferner:
    Plattieren
  - plastischer Formschluss
    - Nieten
    - Bördeln, Renken
- lösbar
  - Reibschluss
    - Schrumpf-/Pressverbindung
    - Keil-/Kegelverbindung
    - Klemm-/Spannverbindung
    - Schrauben
  - Formschluss
    - direkt (Fügen)
    - Bolzen-/Stift-/Passfederverbindung
    - Schnappverbindungen

Stoffänderungsverfahren — z.B. Vergüten, Härten, Kugelstrahlen, Recken

Beschichtungsverfahren — z.B. galvanische-, thermische-, Lackierverfahren

Bild 8–3: Überblick über die Fertigungshauptgruppen und die Verfahrensprinzipien nach [2]

8.3 Herstellkosten-Abschätzung

Über die vorhergehende Fragestellung hinaus ist es stets das Ziel, ein Produkt so kostengünstig wie möglich herzustellen. Die einen Verkaufspreis bildenden Kostenbestandteile [3] zeigt Bild 8–4.

```
                    Kalkulierter Verkaufspreis
                    ┌──────────┴──────────┐
              Selbstkosten          Gewinn/Verlust
                  SK
    ┌─────────────┬─────────────┬─────────────┐
Herstellungs-  Entwicklungs- & Sondereinzel-  Verwaltungs- &
  kosten      Konstruktions-   kosten des    Vertriebsgemein-
    HK           kosten EKK   Vertriebs SEV   kosten VVGK
 68,6 % SK      8,6 % SK       3,7 % SK       19,1 % SK
    │                                     ┌─────┴─────┐
    │                                 Verwaltungs-  Vertriebs-
    │                                 gemeinkosten  gemeinkosten
    │                                    VWGK         VTGK
    │                                  8,2 % SK     10,9 % SK
┌───┴───┬─────────────┬─────────────┐
Material- Fertigungs-  Kosten für
kosten MK  kosten FK   Außenmontage
37,8 % SK  27,8 % SK    3,0 % SK
```

- Materialeinzelkosten MEK — 34,5 % SK
- Materialgemeinkosten MGK — 3,3 % SK
- Fertigungslohnkosten FLK — 8,5 % SK
- Fertigungsgemeinkosten FGK — 18,5 % SK
- Sondereinzelkosten der Fertigung SEF — 0,8 % SK

Summe aller Gemeinkosten: 49,5 %

Summe aller Einzelkosten: 50,5 %

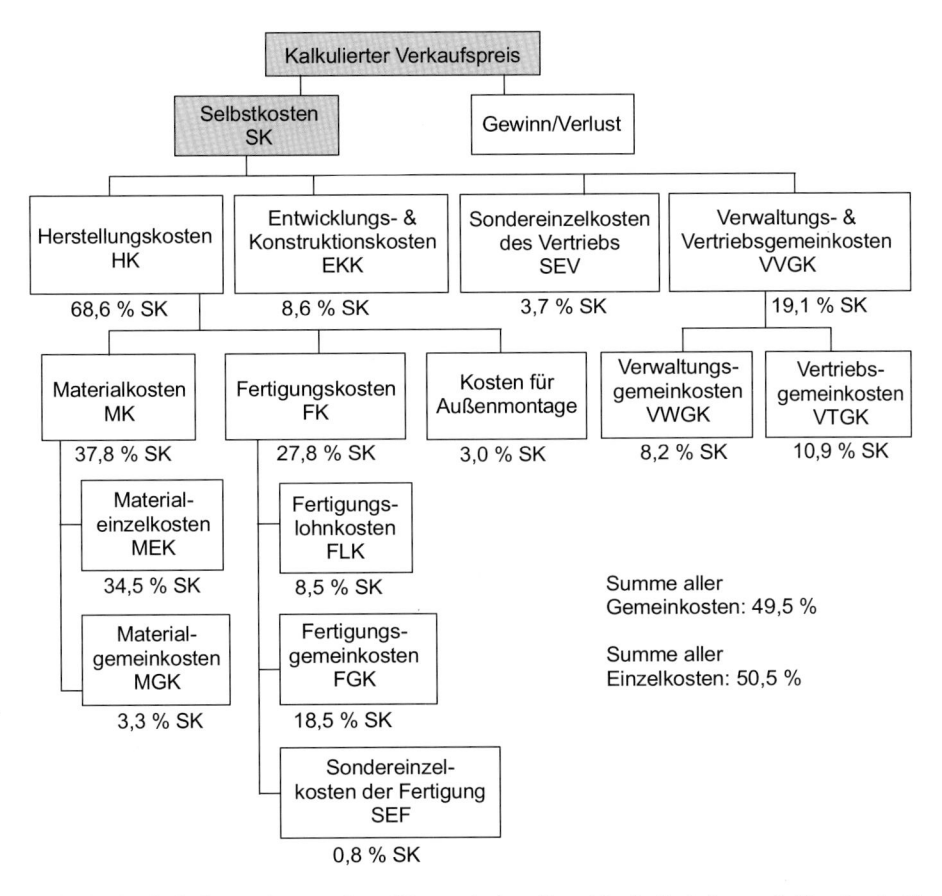

Bild 8–4: Kalkulationsschema der differenzierten Zuschlagkalkulation mit Durchschnittsangaben aus dem Maschinenbau nach [4]

Als wesentliche Bestandteile gehen ein:

- Die Materialkosten

$$MK = MEK + MGK \tag{8.1}$$

Diese umfassen alle Kosten des Einkaufs, also Rohmaterial, Halbzeuge, Norm- und Kaufteile, fremdgefertigte Teile.

MEK = Materialeinzelkosten, berechnet aus der verbrauchten Materialmenge multipliziert mit den Werkstoffkosten pro Mengeneinheit.

MGK = Materialgemeinkosten werden mit dem Materialgemeinkostenzuschlag (MGKZ) aus den Materialeinzelkosten berechnet:

$$MGK = MEK \cdot \frac{MGKZ}{100\,\%}. \qquad (8.2)$$

- Die Fertigungskosten ergeben sich aus den Fertigungslohn- und Fertigungsgemeinkosten sowie falls anfallend Sondereinzelkosten:

$$FK = FLK + FGK\,(+ SEF). \qquad (8.3)$$

FLK = Fertigungslohnkosten bestimmen sich aus dem Lohnsatz und der Zeit:

$$FLK = f_a \cdot t \;\;\text{mit}\;\; f_a = \text{Lohnkostensatz [€/Zeit]} \qquad (8.4)$$
$$t = \text{Stückzeit [Zeit in min. bzw. h]}$$

FGK = Fertigungsgemeinkosten werden mit dem Fertigungsgemeinkosten-Zuschlagsatz (FGKZ) aus den Fertigungslohnkosten berechnet:

$$FGK = FLK \cdot \frac{FGKZ}{100\,\%}. \qquad (8.5)$$

(FLK und FGK sind getrennt für die reine mechanische Fertigung und die Montage im Werk zu erfassen.)

SEF = Sondereinzelkosten der Fertigung sind Kosten für Vorrichtungen, Modelle o. Ä., die nur für die Fertigung eines Kostenträgers bereitgestellt werden. Allgemein verwendbare Werkzeuge werden in den Fertigungsgemeinkosten berücksichtigt.

Die Bedeutung von SEF ist stark stückzahlabhängig.

FK = Kostenansatz für Fertigung und Montage:

$$FK = FK_{Teile} + FK_{Montage} \qquad (8.6)$$

AMK = Kosten der so genannten Außenmontage sind zusätzliche Kosten, die beispielsweise bei der Aufstellung von Maschinen bei Kunden anfallen, gewöhnlich werden diese zu den Selbstkosten hinzuaddiert.

- Die Entwicklungskosten[*], die meist nicht direkt zugeordnet werden können, sondern den Aufträgen als Zuschlag belastet werden:

$$EKK = HK \cdot \frac{EKKGZ}{100\,\%}. \qquad (8.7)$$

---

[*] Zur Kalkulation siehe auch VDI-R 2225, Blatt 1

EKKGZ = E&K-Gemeinkosten-Zuschlagsatz bewegt sich bei Großserienfertigung zwischen 1–2 % von HK und bei Einzelfertigung bis zu 10 % von HK.

Da mittels PDM auf die anderen Kosten kein Einfluss genommen werden kann, sollen diese hier auch nicht weiter aufgeschlüsselt werden.

8.4 Bestimmung der Materialkosten

In den Herstellkosten gehen die Materialkosten mit den folgenden Bestandteilen

$$HK = (MEK + MGK + ZEK + ZGK) + FK + (SEF) \qquad (8.8)$$

ein. Die hier wichtigsten Anteile sind die Materialeinzelkosten (MEK) und die Zuliefereinzelkosten (ZEK).

Eingesetzte Werkstoffmenge (V_b)

Aus jeder Fertigungsunterlage (technische Zeichnung, CAD-Modell) lässt sich für ein Bauteil das Netto-Werkstoffvolumen (V_n) entnehmen. Oft sind auch die Abmessungen des Rohteils angegeben, sodass auch das Brutto-Werkstoffvolumen (V_b) vorliegt. Wenn dies nicht bekannt sein sollte, so muss mittels eines Verschnittfaktors (f_z) das Brutto-Werkstoffvolumen abgeschätzt werden:

$$V_b = f_z \cdot V_n . \qquad (8.9)$$

Die Größe der Verschnittfaktoren ist meist in der Praxis ungefähr bekannt.

Materialeinzelkosten (MEK)

Die Brutto-Materialeinzelkosten sind die Kosten des eingesetzten Rohmaterials (Kosten, die an den Lieferanten abfließen):

$$MEK = k_V \cdot V_b . \qquad (8.10)$$

In den letzten Jahren wird in der Industrie bevorzugt mit k_V (= volumenbezogene Werkstoffkosten) operiert, da in CAD-Programmen die Bauteilvolumina leicht feststellbar sind. Die k_V-Faktoren können zudem meist aus Tabellen (z. B. VDI 2225) entnommen werden.

Materialgemeinkosten (MGK)

Die auf das Material bezogenen Gemeinkostenzuschläge sind natürlich sehr unternehmensspezifisch und daher von unterschiedlicher Größe. Da es bei PDM aber nur um relative Vergleiche geht, bräuchte dieser proportionale Faktor eigentlich nicht berücksichtigt werden.

REFA berücksichtigt beispielsweise bei Vergleichsbetrachtungen

$$\text{MGK} \approx (0{,}1 \text{ bis } 0{,}2) \cdot \text{MEK} \:. \tag{8.11}$$

Zulieferkosten (ZEK, ZGK)

Fließen in eine Baugruppe noch Zulieferteile (z. B. Schrauben, Lager, Flansche) ein, so werden diese wie Materialkosten betrachtet. Die Zuliefereinzelkosten (ZEK) sind die Einkaufspreise, die aber noch mit Zuliefergemeinkosten (ZGK) belegt werden müssen. Für die Zuliefergemeinkosten wird in REFA-Vergleichsanalysen

$$\text{ZGK} \approx (0{,}05 \text{ bis } 0{,}1) \cdot \text{ZEK} \tag{8.12}$$

angesetzt.

8.5 Bestimmung der reinen Fertigungskosten

Die Arbeitszeiten zur Herstellung eines Teils lassen sich nach dem REFA-Schema (siehe auch [5]) recht genau ermitteln. Der prinzipielle Weg kann am zweckmäßigsten in die folgenden Stufen gegliedert werden:

1. Bestimmung der Grundzeit (t_g)

Als Grundzeit wird die Zeit benannt, die durch Berechnung oder Zeitermittlung für einen Bearbeitungsvorgang festgestellt werden kann:

$$t_g = t_h + t_n \tag{8.13}$$

mit

t_h (Hauptzeit): Teil der Grundzeit (je Einheit oder Stück), bei der ein unmittelbarer Fortschritt im Sinne des Auftrags entsteht. Bei spanender Fertigung ist dies die Zeit, in der ein Werkstoff zerspant wird. Die Hauptzeit kann eine Maschinenzeit oder Handzeit sein.

t_n (Nebenzeit): Teil der Grundzeit (je Einheit oder Stück), die zwar regelmäßig auftritt, aber nur unmittelbar zum Fortschritt im Sinne des Auftrages beiträgt. Zur Nebenzeit zählt: Werkzeugwechsel, Messen.

2. Schätzung der Verteilzeit (t_v; t_{rv})

Mit Verteilzeit werden die unregelmäßig auftretenden Zeiten bezeichnet, die bei der Zeiterfassung nicht ordnungsgemäß erfasst werden können und deshalb mit einem prozentualen Zuschlag berücksichtigt werden. REFA setzt die Verteilzeit mit 12 % von der Grundzeit an.

3. Zeit je Einheit (t_e)

Die Summe aus Grundzeit und Verteilzeit wird Zeit je Einheit bezeichnet:

8.5 Bestimmung der reinen Fertigungskosten

$$t_e = t_g + t_v. \tag{8.14}$$

4. Ausführungszeit (t_a)

Die Zeit, die für die Ausführungsarbeit aller Einheiten (Losgröße) eines Auftrags benötigt wird, heißt Ausführungszeit. Sie ist bei n Auftragseinheiten (Arbeitsstückzahl):

$$t_a = n \cdot t_e. \tag{8.15}$$

5. Rüstzeit (t_{rg}; t_{rv})

Die Zeit, die benötigt wird, die Hilfs- und Betriebsmittel (Arbeitsplatz, Maschine und Werkzeug einrichten) vorzubereiten und in den ursprünglichen Zustand rückzuversetzen, heißt Rüstzeit. In der Regel ist die Rüstzeit unabhängig von der Stückzahl und tritt je Einheit nur einmal auf. Nach REFA muss mit 12 % von der Rüstzeit auch eine anteilige Rüstverteilzeit berücksichtigt werden.

6. Auftragszeit (T)

Die Auftragszeit ist die insgesamt benötigte Zeit zur Erledigung eines Auftrags. Sie wird aus der Summe von Ausführungszeit (t_a) und Rüstzeit (t_r) gebildet zu

$$T = t_a + t_r. \tag{8.16}$$

Wenn für ein Arbeitsgang i (Drehen, Fräsen etc.) der Lohnansatz f_{ai} bekannt ist, so können jetzt auch die Fertigungseinzelkosten

$$FEK_i = f_{ai} \cdot T_i \tag{8.17}$$

bestimmt werden. Je Fertigungsoperation bzw. Fertigungsstelle müssen zu diesen noch Gemeinkosten (FGK) zugeschlagen werden. Als Fertigungskosten (FK) setzt man jetzt an:

$$FK_i = FEK_i + FGK_i. \tag{8.18}$$

Das REFA-Schema ist in der Industrie weitverbreitet und sei noch einmal in dem folgenden Flussbild zusammengefasst. Sichtbar werden hierbei die beiden Säulen aus Rüstzeit und Ausführungszeit. Durch entsprechende Losgrößen muss jeweils die Rüstzeit minimiert werden.

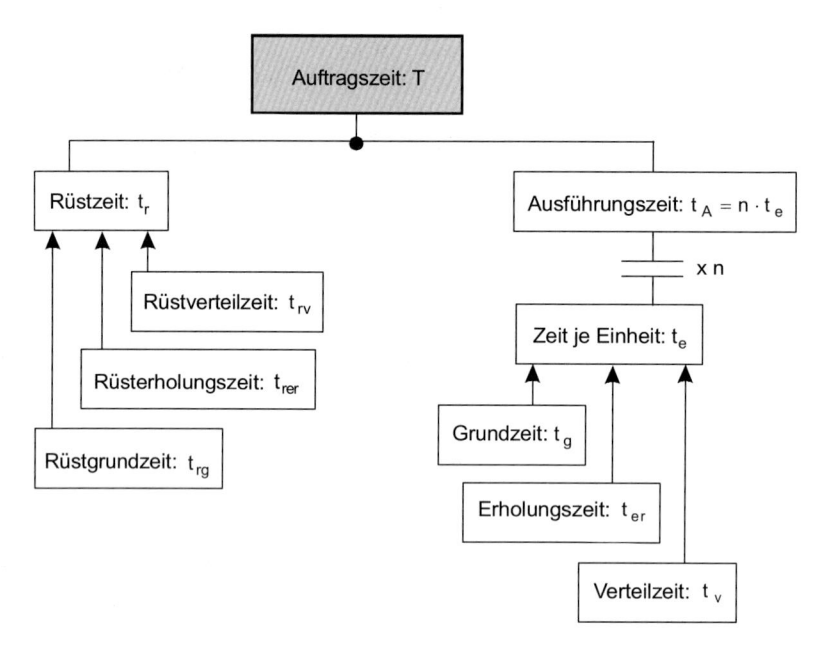

Bild 8–5: Das Zeit-Erfassungssystem von REFA

8.6 Bestimmung der Montagekosten

Bei Produktstrukturen im Maschinenbau beträgt der Anteil der Montagekosten etwa 25–30 % der Herstellkosten. Im Automobilbau ist mit 40–50 % der Montagekostenblock noch höher. Insofern muss es Bestreben sein, bei allen Ratio- oder Kostensenkungsmaßnahmen auf die Montagekosten Einfluss zu nehmen, da diese das Spiegelbild der Produktkomplexität sind.

Wie vorstehend schon ausgewiesen, werden die Montagekosten unter der Gruppe der Fertigungskosten zusammengefasst, und zwar mit direkten und indirekten Anteilen (= Gemeinkosten). Im Weiteren sollen nur die *direkten Anteile*, und zwar ausschließlich auf Zeitanteile betrachtet werden. Je nach methodischem Ansatz gibt es kleinere Differenzierungen in den zu erfassenden Zeitanteilen:

- nach PDA

    Montagezeit je Teil =
    Werkzeugzeit + Teileanzahl x (Handlingszeit + Fügezeit) + (Neuorientierung),

    gesamt Montagezeit je Teil =
    Montagezeit je Teil + Teileanzahl x Teileakquisitionszeit

- nach MTM

    Montagezeit je Teil = (Greifen, Vorrichten, Bringen) + Fügen + Prozess.

8.6 Bestimmung der Montagekosten

Werden hiernach Montagezeiten mit den angehängten Tabellen erfasst, so ergeben sich in der Summe geringfügige Abweichungen, welches aber für Richtungsentscheidungen bzw. Alternativbetrachtungen ohne Bedeutung ist.

Wegen des großen Gewichts der Montagekosten konzentriert man sich immer mehr darauf, die einzelnen Zeiten- bzw. Kostenblöcke zu straffen. Die im folgenden Bild 8–6 gezeigte Analyse legt dazu die Stellhebel dar. Unabhängig von dem aufgeschlüsselten Maschinenbauproblem findet man ähnliche Tendenzen auch in anderen Branchen mit primär Einzelteil- oder Kleinserienfertigung.

In der Großserienfertigung gibt es hingegen eine deutliche Umgewichtung hin zur „reinen" Montagezeit, weil die Zeitblöcke für Nach- und Anpassarbeit sowie Montagevorbereitungszeit in dieser Größenordnung nicht vorkommen.

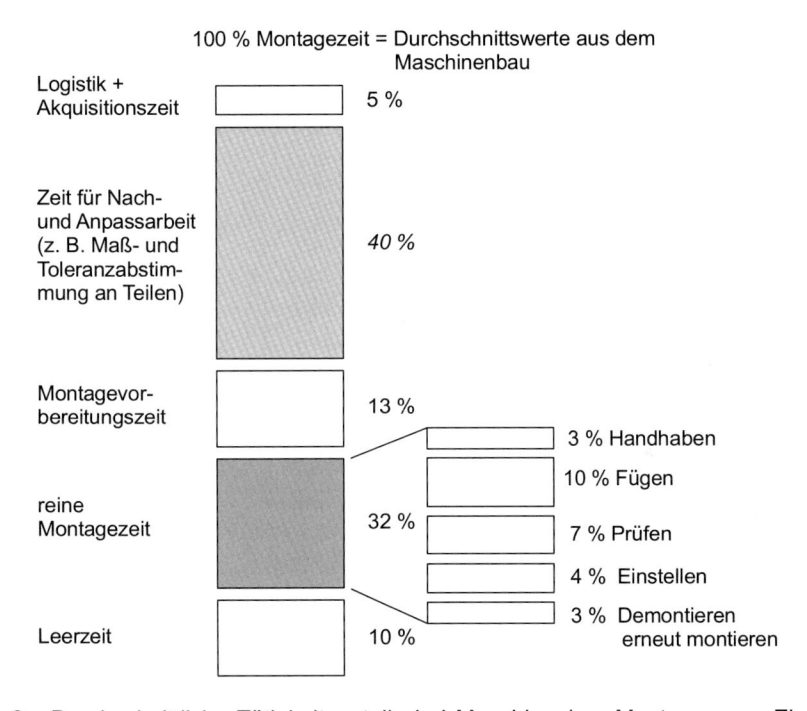

100 % Montagezeit = Durchschnittswerte aus dem Maschinenbau

Kategorie	Anteil		Unterkategorie
Logistik + Akquisitionszeit	5 %		
Zeit für Nach- und Anpassarbeit (z. B. Maß- und Toleranzabstimmung an Teilen)	40 %		
Montagevorbereitungszeit	13 %		3 % Handhaben
reine Montagezeit	32 %		10 % Fügen
			7 % Prüfen
			4 % Einstellen
			3 % Demontieren erneut montieren
Leerzeit	10 %		

Bild 8–6: Durchschnittliche Tätigkeitsanteile bei Maschinenbau-Montagen von Einzelteil- oder Kleinserienfertigung

Die Verteilung der Zeitanteile gibt jedoch einen eindeutigen Hinweis, sich nicht nur auf die reine Montage zu konzentrieren, sondern auch das „organisatorische Umfeld" zu beleuchten.

8.7 Fertigungs- und funktionsgerechtes Design

8.7.1 Gestaltungsfunktionalität

Das Produktdesign und der Kundennutzen orientieren sich maßgeblich an den Parametern „Montage-/Demontagefähigkeit, Stückzahl, Werkzeug- und Invest-Aufwand". Weiter bestimmend sind die Fertigungsart (Einzelteil-, Klein- oder Großserie) der Bauteilgeometrie und der Aufbau von Baugruppen. Ein Bauteil, welches als Einzelteil hergestellt werden soll, unterliegt ganz anderen Beschränkungen gegenüber einem Serieneinsatz. Während bei Einzelteilen viel manuelle Arbeit akzeptiert werden kann, muss bei Serienbauteilen ein möglichst hoher Endfertigungsstand angestrebt werden. Für ein Serienbauteil bedeutet dies: formgenau, nacharbeitungsfrei und hohe verdichtete Funktionsgeometrie. Diese Effekte lassen sich sehr einsichtig an der im Bild 8–7 diskutierten Gabel transparent machen. Basis ist hierbei eine Ein-Stück-Fertigung.

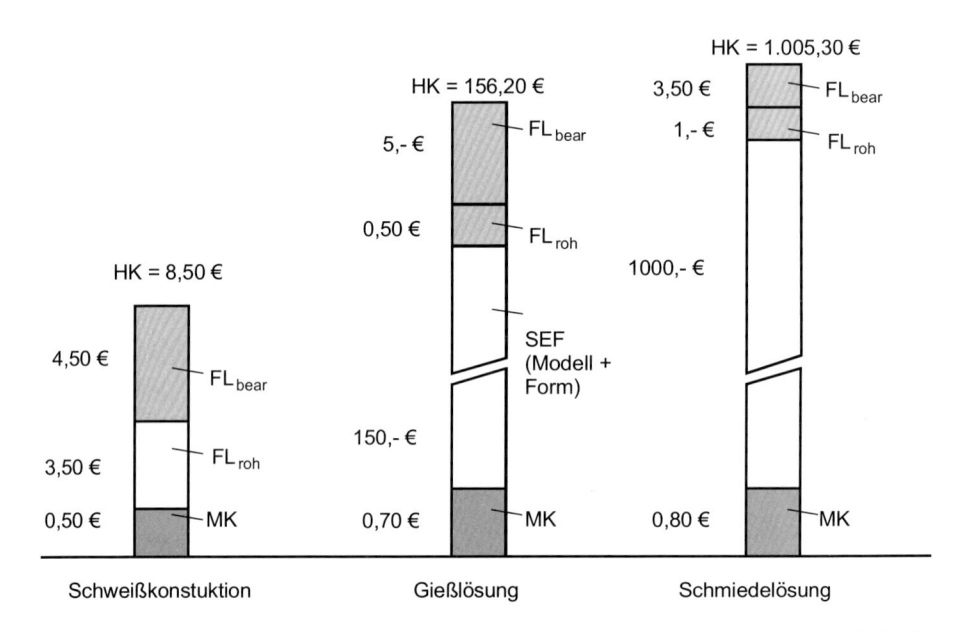

Bild 8–7: Kostenvergleich zwischen möglichen Fertigungsverfahren bei Ein-Stück-Fertigung einer Gabel

Bei den typischen Großserien-Fertigungen dominieren in weiten Bereichen die Werkzeugkosten (hier Modell/Gesenk), bis letztlich der Stückzahleffekt bestimmend wird, d. h., der Invest-Aufwand spielt letztlich keine große Rolle mehr.

Weitere Gestaltungsalternativen zeigen die Gabelausführungen im Bild 8–8. Das Design ist somit abhängig von der Funktion, der Stückzahl und den letztlich vorhandenen Fertigungsmöglichkeiten.

8.7 Fertigungs- und funktionsgerechtes Design

1. Konzeptdaten	mechanisches Modell (F, F, 2F)
2. Formteil 2.1 Ausgangsmaterial: Gussteil	
2.2 Ausgangsmaterial: Massivmaterial Knüppel	
2.3 Ausgangsmaterial: Knüppel	Freiformschmieden — Gesenkschmieden
2.4 Ausgangsmaterial: Blech, Band	
3. Verbundteil 3.1 Ausgangsmaterial: Blech, Band	
3.2 Ausgangsmaterial: Massivmaterial (Knüppel), Blech	Knüppel — Gesenkschmiedeteil — ausgebranntes Teil — Blech
3.3 Ausgangsmaterial: Rundmaterial, evtl. Blech	

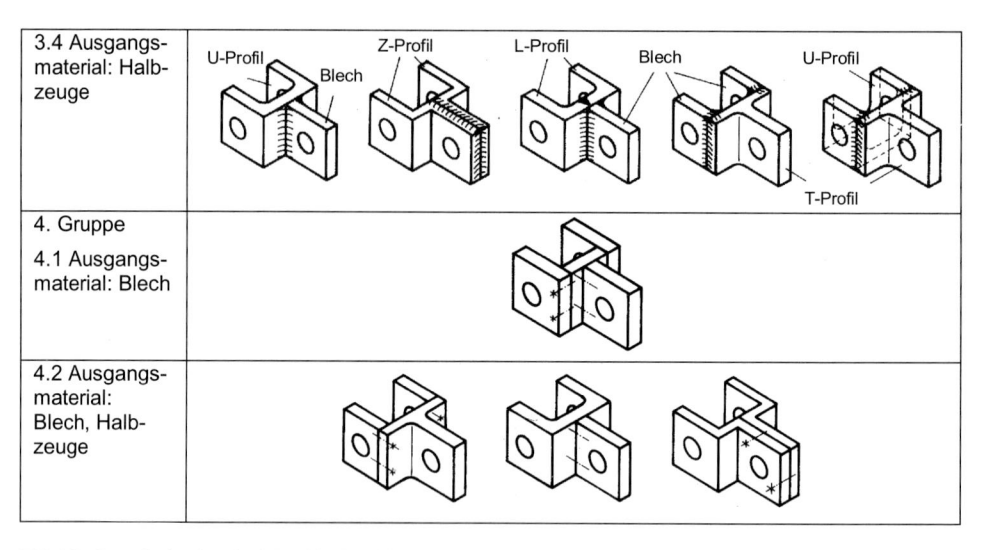

3.4 Ausgangsmaterial: Halbzeuge	U-Profil, Blech, Z-Profil, L-Profil, Blech, U-Profil, T-Profil
4. Gruppe 4.1 Ausgangsmaterial: Blech	
4.2 Ausgangsmaterial: Blech, Halbzeuge	

Bild 8–8: Gelenkgabel in 10 Ausführungsarten als Beispiel für die Gestaltvariation eines Maschinenteils nach [6]

8.7.2 Funktionalität der Verbindung

Die Verbindungstechnik hat im gesamten Maschinen- und Fahrzeugbau eine große Bedeutung, da über Verbindungen funktionelle Beziehungen zwischen Teilen hergestellt werden. Wegen der großen Vielzahl erfolgt hier eine Beschränkung auf die wichtigsten Verbindungen, und zwar nach der gebräuchlichen Einordnung:

A. Nicht lösbare Verbindungen (stoffschlüssig)

- *Löten:* Verbinden verschiedenartiger Metalle im festen Zustand mithilfe eines geschmolzenen Zusatzwerkstoffs (Lot), dessen Schmelztemperatur unterhalb der zu verbindenden Werkstücke liegt

    Varianten: Weichlöten, Hartlöten, Laserlöten

- *Kleben:* Verbinden gleicher oder verschiedenartiger metallischer oder nichtmetallischer Werkstoffe durch Oberflächenhaftung mittels eines Klebstoffs

- *Gas(-Autogen-)Schweißen:* Durch Schmelzschweißen werden gleichartige Werkstoffe durch örtlich begrenzten Schmelzfluss ohne Anwendung einer Fügekraft mit/ohne Zusatzwerkstoff vereinigt.

- *Schutzgas-Lichtbogenschweißen:* MIG, MAG, WIG mittels einer im Lichtbogen abschmelzender Elektrode bei verminderter Schlacken- und Oxydbildung

- *Punktschweißen:* Verbindung (insbesondere) dünner Bleche (bei St < 5 mm, bei Al < 2 mm)

8.7 Fertigungs- und funktionsgerechtes Design

- *Elektrodenstrahl/Laserschweißen:* Verbindung von dicken bzw. dünnen Blechen mit großer Tiefenwirkung, jedoch begrenzter Erwärmung
- *plastischer Formschluss:* Verbindung von Blechen durch Nieten, Bördeln, Durchsetzfügen

B. Lösbare Verbindungen (form- und reibschlüssig)

- *Reibschluss:* gewöhnlich zur Verbindung von Wellen-/Naben durch Keil-/Kegelverbindungen, Klemm-/Spannverbindungen
- *Formschluss:* Verbindung von Blechen aus gleichen oder verschiedenartigen Werkstoffen durch Schnappen, Schrauben oder Bolzen/Stifte

Der Einsatz einer derartigen Verbindung ist immer *funktionsbedingt*, wozu neben der Lös- oder Nichtlösbarkeit vor allem die Übertragungskräfte zählen. Ein weiterer Gesichtspunkt stellen die Funktionskosten dar. Hier müssen oft Kompromisse gemacht werden, weil eine kostengünstige Verbindung in der Regel auch eine niedrige Verbindungsfestigkeit aufweist. Eine Rangung nach den Kosten bzw. der hierzu äquivalenten Zeit zur Herstellung einer Verbindung durch einen Werker zeigt Bild 8–9.

Durchschnittszeiten (Sek.) „Verbindung von Blechen"	St	Al
• Nieten (1 x)		
— Halbrundniet	7,0	7,0
— Sennkniet	9,1	9,0
• Schrauben (1 x)		
— Durchgangsloch	5,0	5,0
— in Gewinde	5,7	5,5
— in Blechdurchzug	6,0	
— in Setzmutter	5,5	
— in Schweißmutter	6,0	
— in Heli Coil		9,7
• Kleben (100 mm)	6,0	6,0
• Hartlöten (100 mm)	12,0	
• Schweißen (100 mm)		
— Punktschweißen	3,0	8,7
— Buckelschweißen	4,0	
— Schutz-Lichtbogenschweißen (1-seitig)		13,0
— Metall-Lichtbogenschweißen (1-seitig)	10,0	
— Schutzgas-Lichtbogenschweißen (2-seitig)		22,0
— Metall-Lichtbogenschweißen (2-seitig)	13,5	

Bild 8–9: Zeitrelationen für Blechverbindungen ($2 \cdot t = 4$ mm) in Sek.

Die Entscheidung für eine Ausführung erfolgt, wenn die Festigkeits- und Gewichtsanforderung erfüllt sind, nach den Kosten. Entscheidungsmaßstab ist hierbei wieder die Stückzahl: Ist diese sehr groß, so sind die Materialkosten und der erreichbare Endfertigungszustand dominant. Gießen, Schmieden und eventuell Blechumformung sind dann interessant. Soll hingegen nur *ein Stück* hergestellt werden, so sind die Materialkosten untergeordnet und die reinen Fertigungskosten entscheidungsrelevant. Diesbezüglich ist eine Herstellung mit wenig Arbeitsgängen, wie beispielsweise Spanen aus dem Vollen [7], anzustreben.

Wie aus dem Bild 8–8 ersichtlich wird, führt ein systematisches Durchdenken der Möglichkeiten zu 39 Teilevarianten. Die Auswahl einer Variante wird nach den speziellen Fertigungsmöglichkeiten getroffen werden.

8.8 Optimierungspotenziale bei den Herstellkosten

Das Ziel von PDM ist, letztlich zu zweckgerechten und günstigen Herstellkosten zu kommen. Die Ansätze dazu sind zuvor als Kalkulationstechniken dargelegt worden. Hiernach sollte man sich für ein zu betrachtendes Konzept im Wesentlichen auf die im Bild 8–10 zusammengefassten Punkte konzentrieren.

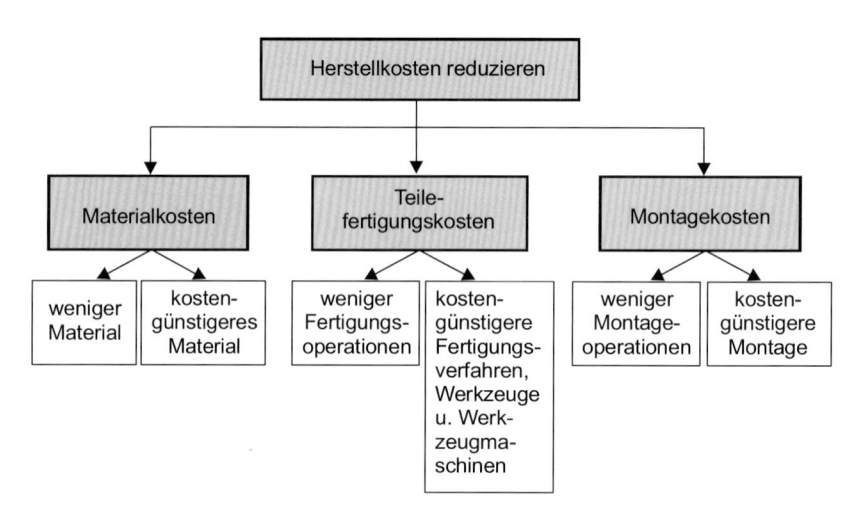

Bild 8–10: Ansätze zur Reduzierung der Herstellkosten nach [1]

Die *Materialkosten* MK (Halbzeuge und Kaufteile) haben heute in allen Branchen ein hohes Gewicht. Im Maschinenbau liegen sie bei durchschnittlich 35–40 % von den Herstellkosten (HK) und im Automobilbau bei 50–60 % von den Herstellkosten. Als variable Kosten sind sie zudem vom Konstrukteur gut beherrschbar – es gibt nämlich keine direktere und schnellere Kostenauswirkung, als z. B. ein Teil nicht zu kaufen, ein dünneres Blech oder eine kostengünstigere Qualität vorzusehen.

8.8 Optimierungspotenziale bei den Herstellkosten

Insgesamt ist heute die Bedeutung der Materialkosten 2–3-mal so groß wie die Fertigungskosten. Dementsprechend ist auch die Wertigkeit des Einkaufs zu sehen, der alleine beim Stahleinkauf eine Rabattierung bis zu 25 % erreichen kann. Dieses Potenzial lässt sich durch Fertigungsoptimierung kaum kompensieren.

Die *Fertigungskosten* (FK) stellen mit durchschnittlich 15–20 % von den Herstellkosten den zweitgrößten Kostenblock dar. Dementsprechend schlägt die Wahl des Fertigungsverfahrens unmittelbar auf die Kostenstruktur durch.

Kostenvermeidend wirkt immer die Wahl eines einfachen Fertigungsverfahrens und eine Beschränkung auf nur die notwendigsten Fertigungsoperationen. Hierdurch werden die Fertigungshauptzeiten (t_{hi}) beeinflusst. Die Fertigungsorganisation beeinflusst hingegen die Nebenzeiten (t_{ni}) und die Rüstzeiten (t_{ri}). Es spricht für sich, dass diese möglichst klein sein sollen.

Bei komplexen Teilen können auf die Montagekosten etwa 30 % der Herstellkosten entfallen. Wie im Kapitel 8.6 spezifiziert wurde, lassen sich die Montagezeiten recht gut mit MTM oder PDA abschätzen. Wenn weiter der Lohnkostensatz für die auszuführende Montagearbeit bekannt ist, kommt man direkt zu den Montagekosten. Diese werden angesetzt als

$$FK_{Montage} = FLK_{Montage} + FGK_{Montage} + SEF_{Montage}. \qquad (8.19)$$

Die Strategie zur Senkung von Montagekosten ist zuvor schon in einer Vermeidung und Vereinfachung von Montagevorgängen herausgestellt worden. Einige ergänzende Ansatzpunkte sind hierzu noch im Bild 8–11 zusammengetragen.

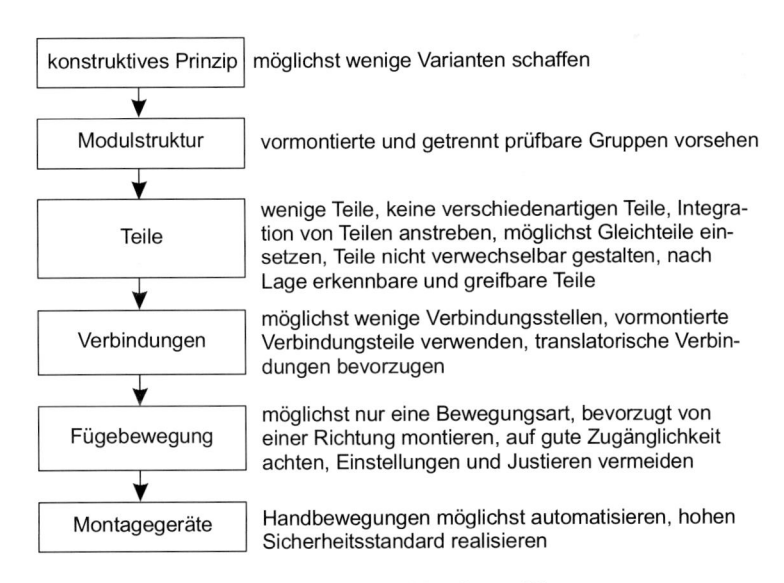

konstruktives Prinzip	möglichst wenige Varianten schaffen
Modulstruktur	vormontierte und getrennt prüfbare Gruppen vorsehen
Teile	wenige Teile, keine verschiedenartigen Teile, Integration von Teilen anstreben, möglichst Gleichteile einsetzen, Teile nicht verwechselbar gestalten, nach Lage erkennbare und greifbare Teile
Verbindungen	möglichst wenige Verbindungsstellen, vormontierte Verbindungsteile verwenden, translatorische Verbindungen bevorzugen
Fügebewegung	möglichst nur eine Bewegungsart, bevorzugt von einer Richtung montieren, auf gute Zugänglichkeit achten, Einstellungen und Justieren vermeiden
Montagegeräte	Handbewegungen möglichst automatisieren, hohen Sicherheitsstandard realisieren

Bild 8–11: Maßnahmen zum kostengünstigen Montieren [8]

Erst die vollständige Kostentransparenz ermöglicht ein langfristiges Bestehen im Wettbewerb.

Literatur

[1] DIN 8580: Fertigungsverfahren – Begriffe, Einteilung. Beuth, Berlin, 9/2003

[2] Ehrlenspiel, K.; Kiewert, A.; Lindemann, U.: Kostengünstiges Entwickeln und Konstruieren. Springer-Verlag, Berlin 2000

[3] Deuker, J.: Kostenrechnung für Praktiker. Beck-Wirtschaftsberater-Verlag, München 1993

[4] N.N.: Methodenlehre des Arbeitsstudiums. Band 3: Kostenrechnung und Arbeitsgestaltung. 2. Auflage, Hanser-Verlag, München1972

[5] Warnecke, H.-J.; Bullinger, H.-J.; Hichert, R.: Wirtschaftlichkeitsrechnung für Ingenieure. Hanser-Verlag, München – Wien 1980

[6] Ehrlenspiel, K.: Kostengünstig Konstruieren. Konstruktionsbücher, Band 35, Springer-Verlag, Berlin 1985

[7] Ehrlenspiel, K.; Milberg, J.; Schuster, G.; Wach, J.: Rechnerintegrierte Produktkonstruktion und Montageplanung. In: CIM Management (1993) 2, S. 23–28

[8] Klein, B.: Kostenreserven ausschöpfen durch produktionsgerechte Konstruktion. In: Konstruktion (2008) 4, S. 83-93

9 Product Design for Service

9.1 Umfeld der Demontage

Der Demontage wurde bisher bei der Produktentwicklung recht geringe Bedeutung beibemessen. Mit dem gestiegenen Kundenbewusstsein insbesondere hinsichtlich Life-cycle-costs und Ökologie besteht jedoch die Notwendigkeit, Demontagegesichtspunkte von Anfang [1] an zu berücksichtigen.

Zwischen der Montage und Demontage wird es regelmäßig Zielkonflikte geben, da die günstigste Montage letztlich totale Funktionsintegration bedeutet und ein kostengünstiger Service mit einer weitestgehenden Demontage verbunden ist. Konstruktive Maßnahmen, die die Montage vereinfachen, können folglich mit einem erheblichen Aufwand in der Demontage verbunden sein. Wegen dieses Zusammenhangs ist also oft ein funktionaler Ausgleich zu suchen, der insofern als Kompromiss zu werten ist. Üblicherweise wird dieser Kompromiss in der Teilintegration liegen. Als Prinzip sollte gelten:

So wenig Montage wie möglich – so viel Demontage wie nötig.

Hiermit verbunden ist eine zweckentsprechende Demontage bei nicht verträglichen Werkstoffen (Recycling), eine Trennung von schadstoffhaltigen Substanzen (z. B. Oberflächenbeschichtungen) oder die kreislaufbegünstigende Sortierung von Kunststoffteilen. Im Mittelpunkt steht hierbei immer die Verbindungstechnik, die einerseits eine zerstörungsfreie Demontage gewährleisten soll oder andererseits zur zerstörenden Zerlegung führt.

9.2 Demontagegerechtes Konstruieren

Die Prämisse des demontagegerechten Konstruierens muss sein, „Systeme so auseinanderbauen, reparieren und wieder zusammenbauen zu können, dass hierfür möglichst wenig Zeit und Kosten" anfallen. In den letzten Jahren hatte dies in der Industrie nur geringe Priorität [2], da Service durch Teileaustausch kein Ziel war. Exemplarisch hierfür ist der Automobilbau, dessen Systeme möglichst für ein ganzes Automobilleben ausgelegt werden. Dies ist natürlich ein theoretischer Idealfall, da nach wie vor Service zu leisten ist, der meist aus Kundensicht zu aufwändig ist. Die Ursache besteht darin, dass im Automobilbau immer größere Funktionseinheiten (Lichtmodule, Türmodule etc.) gebildet werden, die sich zwar kostengünstig herstellen, aber so gut wie nicht instand setzen lassen.

Servicefreundlichkeit würde stattdessen eine Funktionsmodularisierung verlangen, welches jedoch zu dem schon herausgestellten Zielkonflikt mit der Montage (Einstückigkeit) führt. Ein denkbarer Weg, diesen Widerspruch zu überwinden, besteht darin, ein System zu nivellieren, beispielsweise nach der Zuverlässigkeit, mit der einzelne Funktionen gewährleistet werden können. Nur dort, wo eine größere Unzuverlässigkeit zu berücksichtigen ist, sollte diese Funktion in einem separaten Modul abgetrennt werden.

Eine andere Notwendigkeit zur Modularisierung können ökologische Aspekte sein, wenn unterschiedliche Werkstoffe abzutrennen sind.

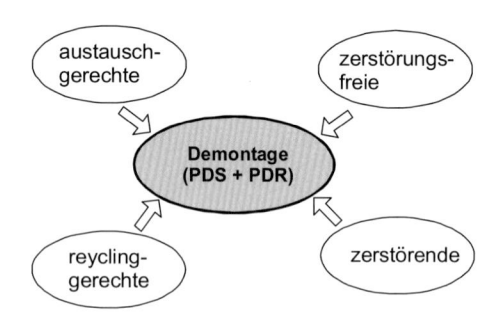

Bild 9–1: Demontageprinzipien

Für die Automobilindustrie definiert diesbezüglich die EU-Altauto-Richtlinie recht harte Forderungen, weshalb die Demontage einen besonderen Stellenwert erlangen wird bzw. schon hat. Seit 2006 müssen mindestens 85 % und ab 2015 mindestens 95 % eines Automobils verwertet werden. Ab 2004 müssen alle Automobile so konstruiert werden, dass die Zielvorgaben erreicht werden.

Ganz allgemein sollte für service- und wartungsfreundliche Konstruktionen als Empfehlungen beherzigt werden:

- Anzahl der Teile begrenzen,
- Teile händelbar machen,
- wenige unterschiedliche Werkstoffe,
- möglichst Spielpassungen ausführen,
- einfache lösbare Verbindungen vorsehen,
- für gute Sichtverhältnisse und Zugänglichkeiten sorgen,
- möglichst gleiche Werkzeuge oder Standardwerkzeuge einsetzen.

Da der Verbindungsaufwand meist groß ist, folgt natürlich daraus:

- Lösbare Verbindungen sind gegenüber nicht lösbaren Verbindungen vorzuziehen.

Bei der vollständigen Demontierbarkeit kann davon ausgegangen werden, dass der Demontageplan weitestgehend dem *inversen Montageplan* entspricht. Die Verbindungstechnik muss oft besonders betrachtet werden.

9.3 Servicefunktionalität

Design for Service zielt auf die zeit- und kostenmäßige Analyse der servicekritischen Teile in einer Produktstruktur. Hierbei soll der Aufwand bewertet werden, der erforderlich ist, *ein Teil aus-* und *wieder einzubauen*, um die Funktionsfähigkeit neu herzustellen.

Die Demontagefreundlichkeit kann dann mittels des DIS-Indexes quantifiziert werden. Annahme ist hierbei, dass der Aus- und Wiedereinbau in seiner Logik nur einer Untermenge des inversen Montageplans entspricht, da für eine Instandsetzung meist keine vollständige Demontage erforderlich ist.

Zur Darstellung der prinzipiellen Vorgehensweise soll noch einmal ein Stellantrieb (ähnlich zu Bild 7–1) als Beispiel herangezogen werden. Die Montagereihenfolge über 19 Einzelteile ist ebenfalls geklärt. Bei diesem Produkt zeigt die Erfahrung, dass der *Sensor* ein kritisches Teil ist, welches im Nutzungsumfeld wiederholt ausgetauscht werden musste. Um den Serviceaufwand niedrig zu halten, soll die erforderliche Montagezeit und die anfallenden Kosten simuliert werden.

Prinzipiell entspricht der Ausbau von Teilen einem „Entfügen" und der Wiedereinbau einer „Re-Montage (Akquise, Handhaben, Fügen)", weshalb die Zeittabellen für Handmontage (Kapitel 19) als weiter aktuell angenommen werden können. Gemäß dem umseitigen Demontageplan (siehe Bild 9–2) kann der Sensor nach der Entfernung von 4 Schrauben, des Abdeckgehäuses und der Stellschraube ausgetauscht werden. Unterstellt wird hierbei, dass die Serviceleistungen nicht so „durchorganisiert" sind, wie die Inhouse-Montage in der Serie. Bemerkbar macht sich dies in längeren Akquise-Zeiten für die benötigten Werkzeuge und die Austauschteile.

Zur Demontage existieren zwar bei den großen Automobilherstellern detaillierte Kataloge, die aber allgemein nicht zugänglich sind. Im Maschinen- und Gerätebau wird man kaum gesammelte Zeitwerte finden. Insofern stellen die PDA-Tabellen einen guten Kompromiss dar, die zumindest für Abschätzungen herangezogen werden können. Vergleiche mit einem Servicekatalog von gemessenen Zeiteinheiten eines großen Automobilherstellers haben nur eine Abweichung von ca. 10 % ergeben, insofern wird man bei dem hier vorgeschlagenen Weg nicht völlig falsch liegen.

Bei dem Beispiel des Sensoraustauschs ist kein Augenmerk darauf gerichtet worden, den Tausch ohne Demontage von behindernden Teilen vornehmen zu können. Für die Praxis sollte dies aber Richtschnur sein, d. h.,

eine zweckgerechte Instandsetzung sollte stets nur die Demontage des Verschleißteils umfassen.

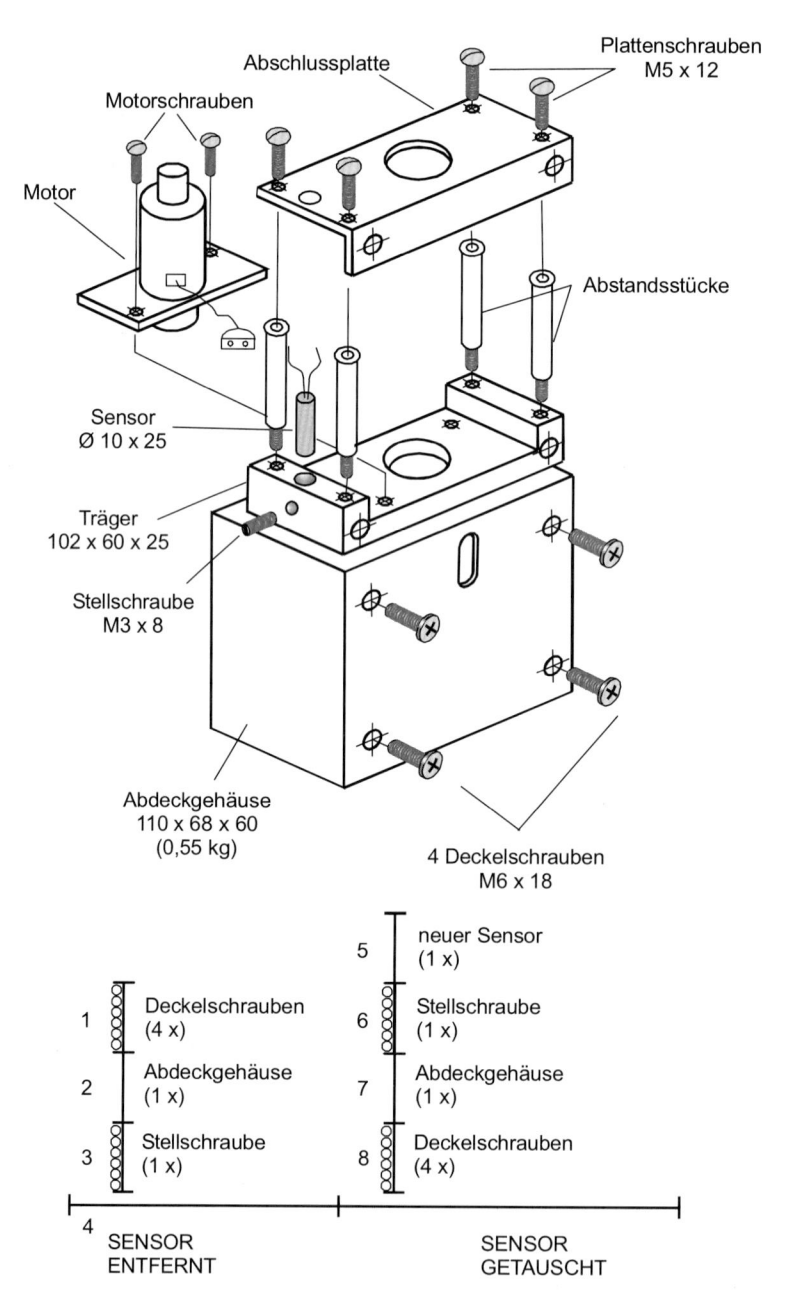

Bild 9–2: Ursprungsversion eines elektrischen Stellantriebes mit Demontageschritten für Sensor-Ausbau [3]

Zu dem gewählten Beispiel zeigt das folgende Bild 9–3 die Zusammenstellung der Ausbau- also Entfügezeiten für den Sensor.

9.3 Servicefunktionalität

Nr.	Teile/Prozesse	N	WAZ_i	$AOZ_i \ (=FZ_i)$	DZ_i
1	Deckelschrauben	4	5,30	62 = 5,70	28,10
2	Abdeckgehäuse	1	-	01 = 2,50	2,50
3	Stellschraube	1	5,30	38 = 6,00	11,30
4	Sensor	1	-	26 = 9,50	9,50
				40,80	51,40

Bild 9–3: Demontagezeit für Ausbau des Sensors

Die „Demontagezeiten" bestimmen sich somit zufolge:

$$DZ_i = WAZ_i + N_i \cdot AOZ_i, \qquad (9.1)$$

hierin geht ein: WAZ_i = Werkzeugakquisitionszeit für Handwerkzeug
AOZ_i = Ausbau-Operationszeit (= inverse Fügezeit)
DZ_i = Demontagezeit
N_i = Anzahl der zu demontierenden Teile

In der Tabelle ist weiter noch festgehalten, welche äquivalente Codes der Zeittabellen im Anhang (siehe A/PDA und B/PDS) anzuwenden sind.
Nachdem der Sensor nun demontiert ist, erfolgt in umgekehrter Reihenfolge der Wiedereinbau, um ein funktionsfähiges Gerät zu erzeugen. Den hierzu benötigten zeitlichen Aufwand weist Bild 9–4 aus.

Nr.	Teile/Prozesse	N	WAZ_i	TAZ_i	$WEZ_i \ (=HZ_i + FZ_i)$	WMZ_i
5	Sensor	1	-	2,40	10 = 1,50/00 = 1,5	5,40
6	Stellschraube	1	5,00	4,30	11 = 1,80/39 = 8,0	19,10
7	Abdeckgehäuse	1	-	2,40	30 = 1,95/01 = 2,5	6,85
8	Deckelschrauben	4	5,00	2,40	10 = 1,50/62 = 5,7	43,40
				18,70	45,75	74,75

Bild 9–4: Wiedereinbauzeit für den Sensor

Für die „Wiedereinbau-Montagezeit" (WMZ) kann entsprechend den vorausgegangenen Zusammenhängen angesetzt werden:

$$WMZ_i = WAZ_i + N_i (TAZ_i + WEZ_i). \qquad (9.2)$$

Hierin geht jetzt ein: TAZ_i = Teileakquisitionszeit, Teile liegen in Armgreifweite
WEZ_i = Wiedereinbauzeit (= Handhabe + Fügezeit)

Es ergibt sich danach eine zeitliche Diskrepanz zwischen Ausbau und Wiedereinbau, welches aber auch der Erfahrung entspricht.

9.4 Design Index Service

Um den Aufwand der Demontage bewertbar machen zu können, wird für die gesamten Demontageleistungen ein „Design-Index-Service" gebildet, der bei einer ungünstigen Demontage klein und bei einer einfachen Demontage relativ groß ist. Insofern ist in der Praxis ein großer DIS-Index anzustreben. Unter dieser Prämisse sind mehrere Formulierungen möglich, hier wird jedoch der vereinfachte Ansatz

$$DIS = \frac{\sum \text{Serviceaufwand}}{\text{gesamte Demontagekosten}} \cdot 100 \, [\%] \tag{9.3}$$

gewählt.

Die gesamte Servicezeit (GSZ) beläuft sich bei dem durchgeführten Vorgang auf

$$GSZ = \sum_i AOZ_i + \sum_i WEZ_i = 40{,}80 + 45{,}75 = 86{,}55 \text{ s.} \tag{9.4}$$

Mit dem Lohnkostenansatz $f_M \approx 65$ €/h ergeben sich somit für den reinen Serviceaufwand bzw. die Servicekosten, die alleine durch das Teiledesign hervorgerufen werden,

$$SK = GSZ \cdot f_M = 86{,}55 \cdot 65 \cdot \frac{1}{3.600} = 1{,}56 \text{ €.} \tag{9.5}$$

Die gesamten Kosten der Demontage (Teile und Prozess) können somit zusammengefasst werden zu

$$DK = \sum_i (DZ_i + WMZ_i) \cdot f_M = 126{,}35 \cdot 65 \cdot \frac{1}{3.600} = 2{,}28 \text{ €.} \tag{9.6}$$

Damit ergibt sich für den

$$DIS = \frac{SK}{DK} = \frac{1{,}56}{2{,}28} \cdot 100 \approx 68 \, \%, \tag{9.7}$$

welches als ein recht guter Wert angesehen werden kann. Für den DIS-Index gilt in etwa, dass gute Werte etwas größer als 50 % liegen und sehr gute Werte größer 70–80 % sind.

9.5 Verbindungstechnik

Die Schwierigkeiten der Demontage resultieren gewöhnlich aus der Füge- und Verbindungstechnik. So gibt beispielsweise Bild 9–5 eine Analyse der Zeitanteile bei der zerstörungsfreien Demontage von Kfz-Bauteilen wieder.

Arbeitsplan Demontage:
1. Alle Verbindungen lösen
2. Trennen der Einzelteile
3. Teile auseinandernehmen
4. Kurz zwischenlagern
5. Vorhandene Passungen lösen

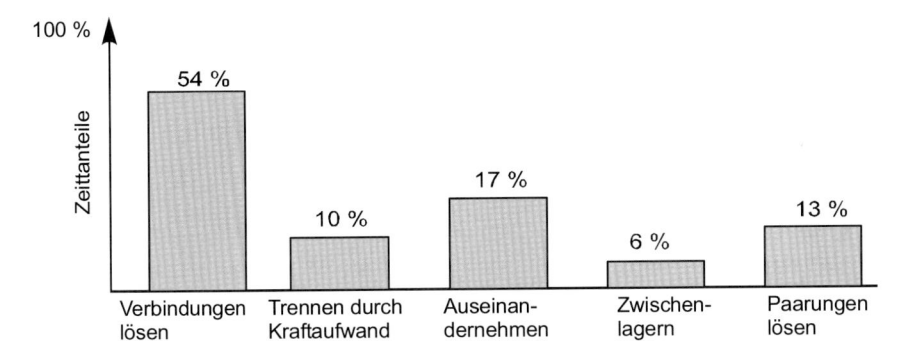

Bild 9–5: Demontagerelationen bei kompakten Kfz-Bauteilen (nach VW)

Wie ersichtlich wird, entfällt mehr als die Hälfte des Zeitaufwandes auf das Lösen der Verbindungen. In der Regel hat man es hierbei mit Schraubverbindungen zu tun, die auch schon in der Montage (siehe Kapitel 4.5) als Kostentreiber festgemacht werden konnten. Wenn sich Schrauben wegen der hohen und sicheren Kraftaufnahme nicht umgehen lassen, sollte die Verbindung exakt ausdimensioniert (nach VDI 2230) werden, um kleine Dimensionen bei möglichst wenigen Schrauben zu erhalten. Wenn sich die aufnehmenden Kräfte limitieren lassen, sollten Verbindungen mit formschlüssiger Umschließung gewählt werden.

Bei Produkten mit niedriger Belastung bieten sich auch neuartige Prinzipien an, wie

- Aufbau nach dem „Reißleine-Prinzip", d. h., beim Lösen und Herausziehen eines zentralen Verbindungselementes zerfällt das Produkt in seine Einzelteile;
- Aufbau nach dem „Besteckkasten-Prinzip", d. h., alle eingelegten Einzelteile fallen beim Öffnen und Wenden des Produktes von alleine heraus (z. B. Elektronikprodukte);

oder

- Verklebung mit „entklebbarem Kleber", d. h. Verwendung von Klebern mit zwar großer Haltekraft, aber gezielt entwickelter (Auf-) Lösbarkeit (z. B. durch Wärmebestrahlung, Mikrowellen etc.).

Diese Lösungen erzeugen nicht nur geringere Kosten, sondern haben auch Vorteile beim späteren Recycling.

Literatur

[1] Steinhilper, R.; Dunkel, M.: Life Cycle Engineering – Produkte lebenszyklusorientiert entwickeln. In: Andreasen, M. M. et. al: Handbuch Produktentwicklung. Hanser-Verlag, München – Wien 2005

[2] Andreasen, M. M.; Kähler, S.; Lund, T.: Montagegerechtes Konstruieren. Springer-Verlag, Berlin – Heidelberg – New York 1985

[3] Boothrody, G.; Dewhurst, P.; Knight, W.: Product Design for Manufacture and Assembly. 2. Edition, Dekker, New York 2002

10 Product Design for Recycling

In den letzten Jahren hat das umweltgerechte Design einen höheren Stellenwert erlangt, da Abnehmer und der Gesetzgeber (Abfallgesetz/AbfG, EU-Altauto-VO, Elektroschrott-VO etc.) verschärfte Anforderungen an Produkte stellen. Immer mehr Unternehmen stehen somit vor der Notwendigkeit, sich verstärkt mit der umwelt- und recyclinggerechten Konstruktion und Produktion auseinanderzusetzen. Ein weiterer Druck resultiert daraus, dass die Beseitigung von Abfallstoffen und Altprodukten zunehmend schwieriger und teurer wird.

In Deutschland sind die Deponien größtenteils überfüllt, da neben dem Hausmüll noch ca. 300 Mio. Tonnen Industrieabfälle zu entsorgen sind. Die anwachsenden Produktionszahlen in der Automobilindustrie (ca. 25 Mio. neue Pkws/Jahr in Europa bzw. weltweit über 50 Mio. Pkws/Jahr) werden dieses Problem noch potenzieren, da derzeit schon 3 Mio. Kfz-Stilllegungen jährlich durchgeführt werden. Langfristig lassen sich daher die Probleme nur durch eine Kreislaufwirtschaft, wie im Bild 10–1 angedeutet, lösen, d. h., stoffliche Abfälle in der Herstellung sollten minimiert werden, Werkstoffe müssen separiert und metallurgisch aufbereitet werden und Bauteile sollten wieder aufgearbeitet werden. Oberstes Ziel ist bei allem, die natürlichen Ressourcen [1] zu schonen.

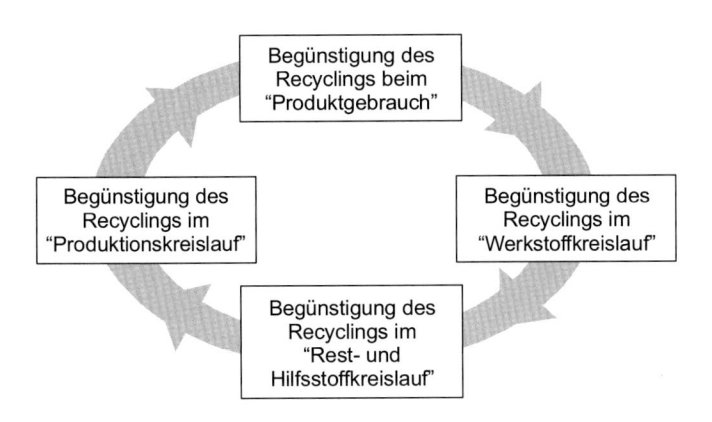

Bild 10–1: Recycling als Kreislaufprinzip

Mit dieser Zielsetzung ist somit ein Umdenken verbunden, welches auch die Auseinandersetzung mit dem Konflikt funktionelle Integration versus werkstoffgerechte Schnittstellen notwendig macht. Gegebenenfalls ist hier dem Recyclingaspekt Vorrang einzuräumen, obwohl das Werkstoffrecycling 3– bis 4-mal teurer ist als die Müllverbrennung (verbrennen: 380 bis 530 €/t, stoffliche Verwertung: 1.450 bis 2.200 €/t).

Innerhalb des Recyclings unterscheidet man

- die Wiederverwendung, d. h. die wiederholte Benutzung eines Produktes oder Materials für den gleichen Verwendungszweck,
- die Weiterverwendung, d. h. der Einsatz von Abfällen für neue Anwendungsbereiche nach geeigneter Vorbehandlung,

und

- die Weiterverwertung, d. h. die Wiedergewinnung von Grundstoffen aus rückgeführten Produktionsabfällen.

Damit werden die Prinzipien der Natur [2] nachgebildet.

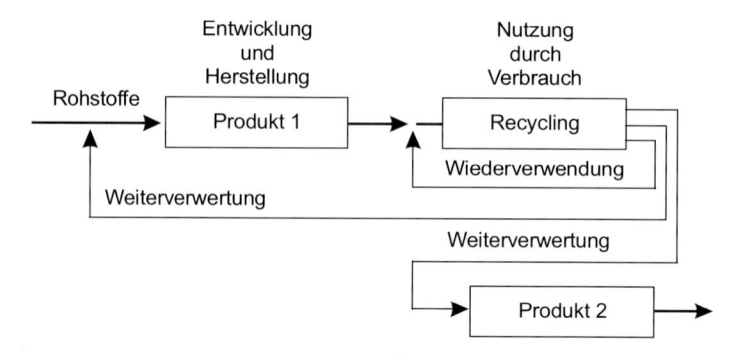

Bild 10–2: Recyclingpfade bei Produkten nach [3]

10.1 Recyclinggerechtes Design

Die Gesichtspunkte des recyclinggerechten Designs sollten bereits in der frühen Entwurfsphase berücksichtigt werden, da späterhin die Einflussmöglichkeiten immer geringer werden. Insofern ist bereits am Anfang zu klären, ob ein Material- oder Bauteilrecycling anzustreben ist. Dies bestimmt im Wesentlichen den Produktaufbau (Baugruppenhierarchie, Verbindungstechnik etc.).

Unter dem Blickwinkel des Materialrecyclings gilt es, die verwendeten Werkstoffe wieder dem Stoffkreislauf zuzuführen, um Rezyklate mit akzeptablen Eigenschaften zu erhalten. Entsprechend verfolgt das Bauteilrecycling die Wiederverwendung einfacher (nicht mechanisch belasteter) Teile im Gebrauchsumfeld.

In beiden Fällen ist ein gewisser Demontage- oder Zerlegeaufwand (zerstörend oder nicht zerstörend) erforderlich. Als übergeordnete Kriterien gelten hierfür:

- Die Baustruktur sollte hierarchisch gegliedert sein.
- Einfache axiale Demontagerichtung bevorzugen.
- Alle elektrischen bzw. elektronischen Komponenten sollten zentral angeordnet werden.
- Die Materialien sollten gekennzeichnet werden.

10.1 Recyclinggerechtes Design

- Umweltkritische Stoffe sind zu vermeiden.
- Es sollten bevorzugt lösbare Verbindungen eingesetzt werden.
- Alle Verbindungen sollten schnell auffindbar, leicht zugänglich und gut lösbar sein (erleichtert auch den Service).
- Die Vielfalt der Verbindungen und Werkzeuge ist zu beschränken.

und

- Die Verschmutzung und Korrosion sollte verhindert werden.

Zuvor ist bei der Servicefunktionalität auch schon der Gesichtspunkt der Baustruktur herausgestellt worden:

- Die Integralbauweise fördert sehr einseitig das montagegerechte Konstruieren,

während

- die Differenzialbauweise das Schwergewicht auf Demontage legt, womit die Werkstoff- und Bauteilseparation unterstützt wird.

Der damit erzeugte Zielkonflikt lässt sich in der Praxis meist durch eine Teilintegration auflösen. Das Merkmal ist das bewusste Definieren von Schnittstellen, welches ein wertorientiertes Recycling ermöglicht. Als Leitsätze sollte hierbei gelten:

- Bauteile aus nicht verträglichen Werkstoffen müssen trennbar sein.
- Bauteile mit Schadstoffgehalten müssen leicht demontierbar sein.
- Kunststoffteile über 50 Gramm sollten gekennzeichnet und demontierbar sein.

Eine zentrale Rolle spielt hierbei die Verbindungstechnik. Auch hier sollten einige Erfahrungsprinzipien berücksichtigt werden:

- Kunststoffteile gilt es bevorzugt zu „verschnappen".
- Klemm- und Pressverbindungen sind zu bevorzugen.
- Schraubenverbindungen sind nur als sichernde und kraftübertragende Verbindungen einzusetzen.
- Für Klebeverbindungen (in der Regel unterschiedliche Werkstoffe) sollte möglichst „entklebbarer Kleber" (durch Wärme- oder Strahlungseinwirkung) verwandt werden.
- Schweißgruppen (gleichartige Werkstoffe) brauchen nicht zerlegbar zu sein.

und

- Nietverbindungen (z. B. St-Niete in Al-Bauteile) sollen vermieden werden.

Diese Restriktionen stehen leider oft der Ökonomie entgegen, weshalb klare Entscheidungen nur unter Druck herbeigeführt werden können.

10.2 Ökonomie-Kriterien

Wie zuvor schon dargestellt, muss Recycling in jedem Einzelfall begründbar sein. Wenn keine gesetzgeberischen Vorgaben vorliegen, wird sich Recycling gegenüber „Nichtrecycling" (= Beseitigung) nur aus wirtschaftlichen Gründen durchsetzen.

Um diese Entscheidung abzusichern, werden in deutschen Regelwerken (z. B. [3]) zwei Kenngrößen herangezogen, mit denen die Recyclingeignung abgeschätzt werden kann. Dies sind:

- die „Material-Kreislauf-Kenngröße"

und

- die „Komponenten-Kreislauf-Kenngröße".

Mittels des Design-Indexes für den Materialkreislauf kann ein Entwickler abschätzen, ob für ein definiertes *Bauteil* das *Material* aus heutiger Sicht wirtschaftlich wieder verwertbar ist. Basis hierfür ist das Verhältnis

$$DIR_M = \frac{\text{Kosten Neuware} + \text{Beseitigungskosten (EU/kg)}}{\text{Recyclingkosten Sekundärmaterial (EU/kg)}}, \qquad (10.1)$$

worin zusammengefasst ist

$$\frac{\text{Recyclingkosten}}{\text{Sekundärmaterial}} = \sum \text{Kosten (aus Demontage} + \text{Aufbereitung} + \text{Logistik)}.$$

Sinndeutend lässt sich der Faktor charakterisieren als:

Summe der Kosten, die bei der Beseitigung des Bauteils entstehen, und der Kosten für Neuware, die qualitativ den Eigenschaften des durch Recycling gewonnen Sekundärmaterials (Rezyklats) in etwa entspricht, zu den Kosten des Bauteils, wenn es stofflich verwertet wird.

Im Ergebnis ist ein bauteilbezogenes Material dann kreislaufgeeignet (d. h. wirtschaftlich stofflich verwertbar), wenn $DIR_M > 1$ ist.

Eine alternative Betrachtung ist mit dem Design-Index für die *Komponenten-Kreislaufeignung* möglich. Hiermit kann ein Entwickler auf einfache Weise entscheiden, ob für eine definierte Komponente (Gerät, Baugruppe, Bauteil) die Aufarbeitung und erneute Verwendung wirtschaftlich sinnvoll sind. Basis dafür ist das Verhältnis

$$DIR_K = \frac{\text{Kosten Neuteil} - \text{Beseitigungskosten (EU)}}{\text{Recyclingkosten Altteil (EU)}}, \qquad (10.2)$$

worin zusammengefasst ist

$$\text{Kosten Altteil} = \sum \text{Kosten (aus Demontage} + \text{Aufbereitung} + \text{Logistik)}.$$

10.2 Ökonomie-Kriterien

Die Beseitigungskosten entsprechen in diesem Fall dem Materialerlös für das Altmaterial.

Wie vorstehend lässt sich der Quotient folgendermaßen deuten:

> Summe der Kosten, die für die Beschaffung einer neuen Komponente anfallen, minus eventuell erzielbarer Erlös für das Altmaterial,
>
> zu den Kosten der vorhandenen Komponente, wenn sie aufgearbeitet wird und erneut für den gleichen Zweck verwendet wird.

Als Ergebnis ist eine Komponente dann kreislaufgeeignet, d. h. wirtschaftlich wieder verwertbar, wenn $DIR_K > 1$ ist.

Um diese Aussage zu belegen, soll noch einmal auf das Beispiel des Stellantriebes in Kapitel 9.3 zurückgegriffen werden.

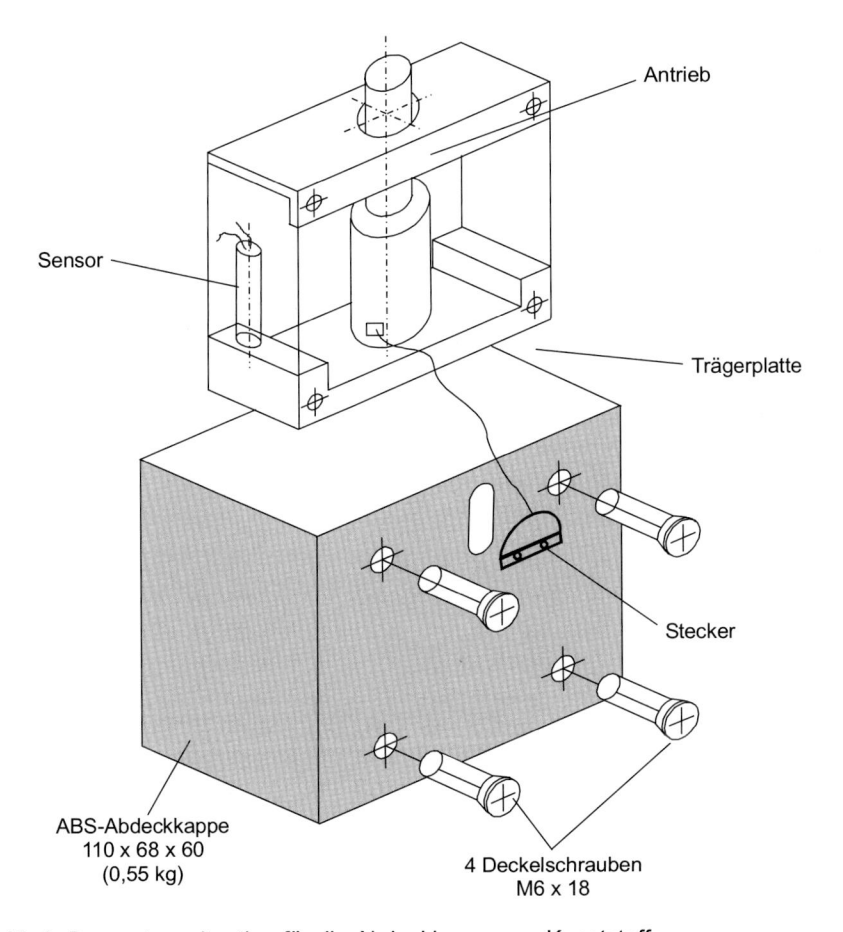

Bild 10–3: Demontagesituation für die Abdeckkappe aus Kunststoff

Bei diesem Bauteil soll geprüft werden, ob es lohnend ist, die Abdeckkappe aus Kunststoff zu recyceln oder die ganze Einheit nach Wiederaufbereitung weiterzuverwenden.

Als Entscheidungsmaßstab hierfür sollen die beiden zuvor eingeführten Kenngrößen DIR_M und DIR_K dienen, die für dieses Beispiel im Folgenden nunmehr ausgewertet werden sollen.

Nach Bild 10–4 bzw. Bild 10–5 sprechen die Fakten ($DIR_K > DIR_M$) deutlich für eine erneute Verwendung der Abdeckkappe bei neuen Stellantrieben. Dies setzt natürlich eine optische Erneuerung voraus. Recycling (d. h. neue Kappe aus Rezyklat) wäre zwar auch wirtschaftlich, aber eben nur die zweitbeste Lösung.

DIR_M (Material-Kreislauf-Kenngröße) = ABS-Ku/Abdeckkappe
Einsatzgewicht: G = 0,55 kg
Lohnansatz: ℓ_M = 25,- €/Std.
1. Demontageschritte
• 4 Deckelschrauben lösen: t_{D1} = 28,10 sec.
• 1 Stecker abziehen: t_{D2} = 4,00 sec.
• 1 Abdeckgehäuse abziehen: t_{D3} = 2,50 sec.
t_D = 34,60 sec.
2. Demontagekosten DK = 0,24 €
3. Recyclingbilanz
3.1 Neuware ABS 1,80 €/kg • 0,55 kg P_{NM} = 0,99 €
3.2 Aufbereitung 1,00 €/kg • 0,55 kg K_{Auf} = 0,55 €
(Reinigung, Mahlen, Compondieren)
3.3 Logistik 0,50 €/kg • 0,55 kg K_{Log} = 0,275 €
(Registrierung, Transport)
3.4 Beseitigung 0,40 €/kg • 0,55 kg K_{Be} = 0,22 €
$DIR_M = \dfrac{\text{Kosten Neuware} + \text{Beseitigungskosten (EU/kg)}}{\text{Recyclingkosten Sekundärmaterial (EU/kg)}} = \dfrac{0,99 + 0,22}{0,24 + 0,55 + 0,275} = \dfrac{1,21}{1,065} = 1,14 > 1$
Ergebnis: Für die Abdeckkappe ist Recycling ökologisch und ökonomisch günstiger, als Neuware (aus ABS) einzusetzen.

Bild 10–4: Beispielkalkulation für Material-Kreislaufeignung in Anlehnung an [3] (siehe auch Beispiel im Kapitel 9)

10.3 Ökobilanz

DIR$_K$ (Komponenten-Kreislauf-Kenngröße) = Ku-Abdeckkappe			

Bauteilgewicht: $G = 0{,}55$ kg

Lohnansatz: $\ell_M = 25{,}-$ €/Std.

1. Demontageschritte
   - 4 Deckelschrauben lösen: $\quad t_{D1} = 28{,}10$ sec.
   - 1 Stecker abziehen: $\quad t_{D2} = 4{,}00$ sec.
   - Abdeckgehäuse abziehen: $\quad t_{D3} = 2{,}50$ sec.

   $$t_D = 34{,}60 \text{ sec.}$$

2. Demontagekosten $\quad DK = 0{,}24$ €

3. Recyclingbilanz

   3.1 Neuteil ABS $\quad$ 5,40 €/kg • 0,55 kg $\quad P_{NT} = 2{,}97$ €
   $(P \approx 3 \cdot MK\ EU/kg)$

   3.2 Aufarbeitung $\quad$ 1,30 €/kg • 0,55 kg $\quad K_{Auf} = 0{,}72$ €
   (Reinigung, Prüfung)

   3.3 Logistik $\quad$ 0,50 €/kg • 0,55 kg $\quad K_{Log} = 0{,}275$ €
   (Registrierung, Transport)

   3.4 Beseitigung bzw.
   Materialerlös $\quad$ 0,40 €/kg • 0,55 kg $\quad K_{Be} = 0{,}22$ €

$$DIR_K = \frac{\text{Kosten Neuteile} - \text{Beseitigung (EU)}}{\text{Recyclingkosten Altteil (EU)}} = \frac{2{,}97 - 0{,}22}{0{,}24 + 0{,}72 + 0{,}275} = \frac{2{,}751}{1{,}24} = 2{,}22 > 1$$

Ergebnis: Für die Abdeckkappe ist es aus ökologischer und ökonomischer Sicht viel günstiger, das Teil aufzuarbeiten und erneut zu verwenden.

Bild 10–5: Beispielkalkulation für Teil-Kreislaufeignung

10.3 Ökobilanz

Neben den wirtschaftlichen Aspekten kann auch noch ein Belastungsmaßstab für die Umweltverträglichkeit definiert werden. Hierzu benutzt man die so genannte Energieäquivalenz als Bilanzierungsansatz [4] für ein Produkt

$$\sum E_{Recycl} - W_{Produkt} < \eta \cdot H_u \qquad (10.3)$$

mit $\sum E_{Recycl}$ = Energieaufwand (Äquivalenzwert) für alle Recyclingoperationen

$W_{Produkt}$ = Energieäquivalenzwert des wiedergewonnenen Stoffes

H_u = unterer Heizwert des Stoffes

η = Wirkungsgrad bei der Verbrennung

Das heißt, der Energieaufwand für alle Recyclingoperationen minus dem ökobilanzierten Ertrag des wiedergewonnen Stoffes muss kleiner bleiben als der durch Verbrennung wiedergewinnbare, nutzbare Wärmeinhalt H_u des betreffenden Stoffes.

Für alle bekannten Stoffe, Halbzeuge und Verarbeitungsstufen sind die Energieäquivalenzwerte und Heizwerte bekannt und in Standardwerken tabelliert.

Literatur

[1] Förstner, U.: Umweltschutz-Techniken. 5. Auflage, Springer-Verlag, Berlin – Heidelberg 1995

[2] Völz, H.: Das Mensch-Technik-System. Expert-Verlag, Renningen 1999

[3] N.N.: VDI 2243 – Recyclingorientierte Produktentwicklung. Beuth-Verlag, Berlin 2002

[4] Kölling, A.: Software-gestützte prospektive Technikbewertung. Dissertation, Universität Bremen, 2006

11 Produktkomplexität

In den letzten Jahren ist zu beobachten, dass unter Wettbewerbsgesichtspunkten ein großer Zwang zur Individualisierung von Produkten besteht. Ausgelöst worden ist dies durch die Sättigung der Märkte und die hiervon abgeleitete Strategie, alle Marktnischen bedienen zu wollen. Dies hat dazu geführt, dass die Produkte, die Herstelltechnologien und die Ablauforganisationen immer komplexer [1] geworden sind. Die Entwickler stehen heute vor dem Problem, eine hohe Produktfunktionalität mit überschaubaren Varianten sowie möglichst wenigen unterschiedlichen Komponenten und Bauteilen abzudecken.

11.1 Variantenbildung

Zum Instrumentarium einer nachfragegerechten Abdeckung von Kundenforderungen kann man die Konzipierung von *Baureihen* und *Baukästen* [2] zählen. Unter einer *Baureihe* versteht man Einzelteile, Baugruppen/Module oder ganze Maschinen/Fahrzeuge, die

- dieselbe Aufgabe mit derselben technischen Lösung bei möglichst gleichen Eigenschaften erfüllen,
- in einer zweckmäßig gewählten Größenvariation einen weiten Anwendungsbereich überdecken

und

- in allen Größenstufen dieselben Funktionen und Technologie beibehalten.

Im Automobilbau spricht man hier von Einheitsprodukten (z. B. Konzernhaltegriff oder Einheitssitz) bzw. CoP-Teilen (Carry over Parts). Um hier zu einem tatsächlichen Ausgleich zwischen der Abdeckung eines weiten Bereichs an Kundenforderungen und einer Rationalisierung zu kommen, muss eine optimale Größenstufung vorgenommen werden. Zweckmäßigerweise löst man dies mit Hilfe der *Bereichszahl*, die entweder einen Gesamtbereich oder einzelne Teilbereiche abdeckt:

$$B = \frac{\text{größtes Glied des Größenbereichs}}{\text{kleinstes Glied des Größenbereichs}} = \phi^n .$$

Mit n wird weiter die Anzahl der Größenstufen im jeweiligen Bereich und mit $z = n+1$ die Gliedzahl des Bereichs bezeichnet. Den einzuhaltenden Stufensprung findet man somit aus

$$\phi = \sqrt[n]{B} .$$

Sind zusätzlich zur Größenstufung auch noch fallweise andere Funktionen zu erfüllen, muss neben der Baureihe ein *Baukasten* entwickelt werden:

- Demgemäß versteht man unter einem Baukasten eine Systemlösung, bei der in einer oder mehreren Größenstufen *verschiedene Funktionen* mit Hilfe einer geeigneten Baustein-Kombinatorik befriedigt werden müssen.

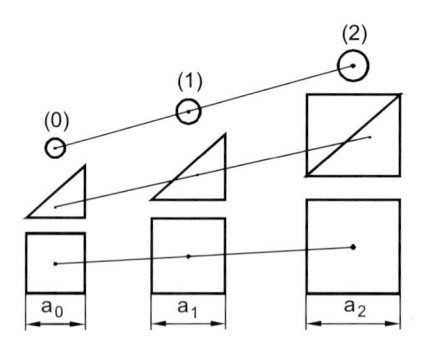

Bild 11–1: Kombinierte geometrische Baureihen-Baukastenlösung (z. B. Stufensprung $\phi_L = a_1 / a_0 = 1{,}25$)

Die Konzipierung eines Baukastens ist natürlich eine anspruchsvollere Aufgabe als eine Baureihenentwicklung, welche nur eine reine Vergrößerung oder Verkleinerung beinhaltet. Im Vordergrund eines Baukastenkonzeptes sollte stets stehen, mit geringstem Aufwand (E & K und Herstellung) an Teilen und Schnittstellen einen weiten funktionellen Umfang abzudecken. Somit eignen sich Baukästen geradezu für PDMAS.

11.2 Funktionsgliederung

Ein Baukasten- oder Modulsystem dient immer der Abdeckung eines vorbestimmten Funktionsumfangs, weshalb der Funktionsgliederung (Abgrenzung von Funktionen) eine maßgebliche Bedeutung zukommt. Wie im Bild 11–2 dargestellt, steht hinter jeder Funktion ein entsprechender Baustein (Submodule oder Teile), deren Zusammenwirken zur Gesamtfunktion führt.

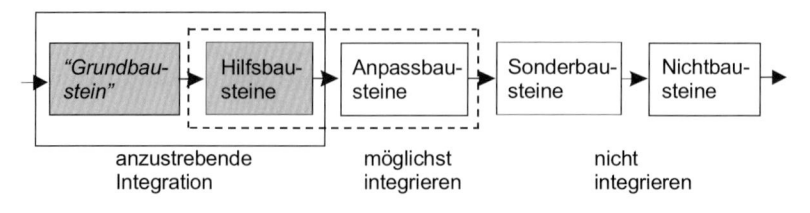

Bild 11–2: Funktionselemente in Baukasten- oder Modulsystemen

Jeder Baustein hat dabei eine feste Aufgabe zu übernehmen:

- Ein *Grundbaustein* oder das *Basisteil* dient der Verwirklichung der Gesamtfunktion (Mussbaustein eines technischen Systems). Er ist meist nicht variabel und braucht daher nicht angepasst zu werden.
- *Hilfsbausteine* können als Muss- oder Kannbausteine notwendig sein. Sie bilden Teilfunktionen ab und sind in der Regel frei variierbar.
- *Anpassbausteine* erfüllen meist festgelegte Teilfunktionen (als Muss- oder Kannbausteine) und dienen der Anpassung an andere Systeme und Randbedingungen.

Darüber hinaus können noch auftreten:

- *Sonderbausteine*, die aufgabenspezifisch vorkommen können, d. h. nicht unbedingt in jeder Variante notwendig sind;
- *Nichtbausteine*, die nicht vorhergeplant werden können und daher für eine spezielle Sonderanforderung erst noch entwickelt werden müssen.

In der Umsetzung dieser modularen Struktur ist wieder ein technisch-wirtschaftlicher Ausgleich anzustreben, der einerseits aus der gewollten Schnittstellenvielfalt und dem Zwang zur kostengünstigen Realisierung folgt.

11.3 Abbildung in Konzepte

Im Rahmen der Konzeptfindung geht es darum, eine Funktionsstruktur in eine Baustruktur umzusetzen. Hierbei ist ein möglichst einfaches Lösungsprinzip zu finden, welches durch geeignete Kombination der beschriebenen Bausteine bzw. Teile zu einer sicheren Gesamtfunktionserfüllung führt.

Vor allem sind Prinzipien zu bevorzugen, die bei Beibehaltung der Physik und der Konstruktionsmerkmale eine Variation nur durch Form- und Größenwechsel ermöglichen. Ideal ist es auch, wenn *ein Teil* an der Erfüllung mehrerer Funktionen beteiligt ist. Oftmals verlangt dies alternative Konzeptionen, wobei PDA- und PDS-Erfordernisse zu berücksichtigen sind.

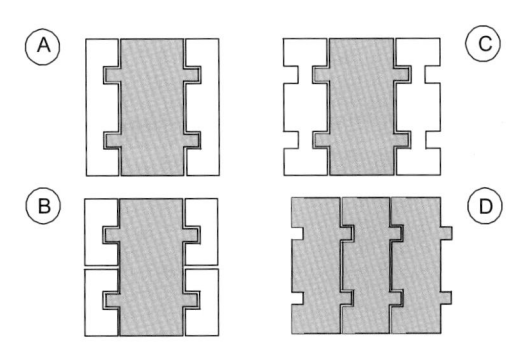

Bild 11–3: Beispiele für konzeptionelle Variationen zum Minimalmodul

Die Abbildung zeigt symbolisch einige Möglichkeiten der Variation mittels Teile zu einem Modul. Seitens der konstruktiven Ausbildung ist anzustreben:

- Mittels eines Grundbausteins bzw. Basisteils sollte nicht nur die Grundfunktion, sondern so viele Hilfsfunktionen wie möglich abgedeckt werden.
- Die Gesamtfunktion sollte mit einer minimalen Anzahl von Teilen realisiert werden.
- Die Teile sollten so ausgeführt werden, dass Varianten mit einem hohen Bedarf überwiegend mit einem angepassten Teil abgedeckt werden.

und

- Wenn möglich, sollten mehrere Hilfsfunktionen zu einem speziellen Teil zusammengezogen werden.

Bemühung muss es trotzdem immer sein: die Anzahl der Varianten und Einzelteile zu reduzieren und den Gleichteilanteil zu erhöhen.

11.4 Systembildung

Die zuvor umrissenen Vorgaben lassen sich nur durch einen hohen Standardisierungsgrad bezüglich der Funktionen und der Schnittstellen erreichen. Dies bedingt einen durchdachten Produktaufbau.

Der Grundbaustein (GBS) ist stets das zentrale Element. Gewöhnlich wird dieser als Basis- oder Trägerteil für die einzelnen Funktionselemente aufgebaut. Die Hilfsbausteine (HBS_i) werden additiv, meist direkt auf dem Basisteil mitangebracht. Notwendige Anpassbausteine sollten möglichst in die Hilfsbausteine integriert werden. Für die fallspezifischen Sonderbausteine sind definierte Schnittstellen vorzusehen.

Eine höhere Wirtschaftlichkeit bei einer gleichzeitig verbesserten Kundenanpassung mit Seriencharakter (z. B. Automobilbau) kann weiter noch durch eine Modularisierung erreicht werden.

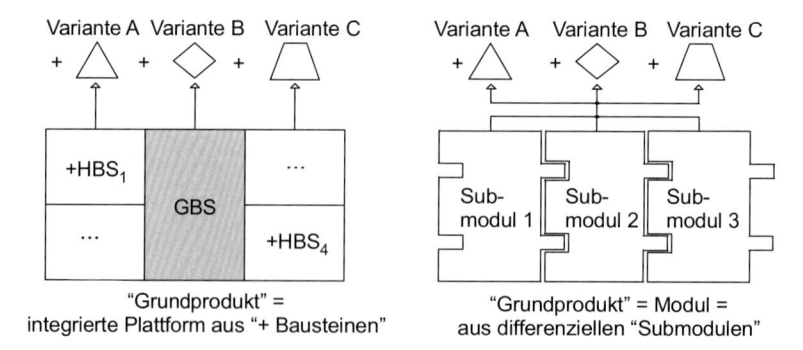

Bild 11–4: Modulare Bauweise als Plattformansatz nach [3]

11.4 Systembildung

Im Automobilbau hat eine Modulstruktur vielfältige Vorteile (z. B. Mehrfachverwendung, eigene Nutzungszeit), weshalb sie bei allen Fahrzeugherstellern immer tiefer ausgeprägt wird. Für eine erfolgreiche Umsetzung sollten die folgenden Bedingungen [4] eingehalten werden:

- Alle wichtigen Funktionen gilt es in Module und Submodule abzubilden. Für die Entwicklung sollte ein SE-Team zuständig sein.
- Die Schnittstellen sind zu standardisieren und weitestgehend zu minimieren.
- Die Herstellung muss technologisch beherrscht werden und die Abläufe sollten weitestgehend standardisiert sein.
- Die Submodule sollten auf Basisteile aufbauen; es sollten wenige Fügungen und nur einfache Fügebewegungen vorkommen; es ist auf gute Zugänglichkeit zu achten; Justagen sind zu vermeiden.
- Ein Submodul sollte vormontierbar, transportabel und separat prüfbar sein.
- Die Teile in einem Modul oder Submodul sollten die gleiche Lebensdauer haben, jedoch gegebenenfalls leicht austauschbar sein.
- Durch einfach lösbare Fügestellen sollte das Modulrecycling vereinfacht werden.

Ein großer wirtschaftlicher Vorteil ist:

- Module oder Submodule können auf Vorrat gefertigt werden, wodurch alle Vorteile von großen Stückzahlen zum Tragen kommen.

Ein modularisiertes Baukastenkonzept ist gegenüber kundenspezifisch gefertigten Systemen (z. B. Glasschiebedach für Pkws gegenüber in Wagenfarbe lackierte Stahlschiebedächer) immer im Vorteil. Bei großen Stückzahlen wird die Kostendegression in der Herstellung, bei den Gemeinkosten (GK) und in der Logistik voll wirksam. Beispielsweise regieren innerhalb der Herstellkosten die Rüst- (RK) und Fertigungskosten (FEK) relativ stark auf Stückzahländerungen. Der dadurch erzielte wirtschaftliche Vorteil lässt sich durch andere Maßnahmen kaum kompensieren. Als Beispiel zeigt Bild 11–5 diesen Effekt.

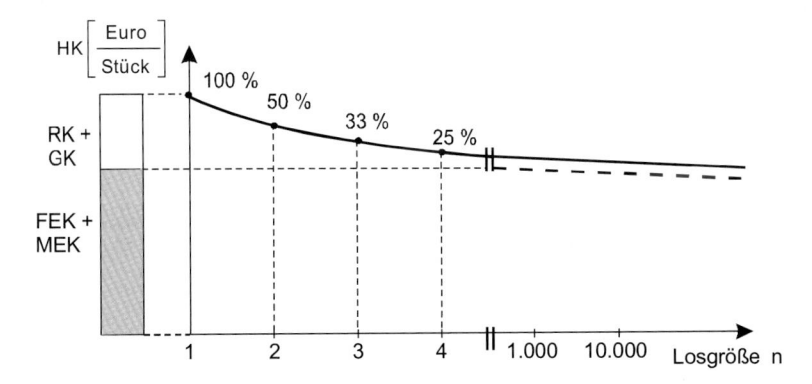

Bild 11–5: Herstellkosten-Degression zufolge der gefertigten Losgröße

Ein weiteres Kostenpotenzial lässt sich ausschöpfen durch eine einfache Teilegestalt, welche mit einfachen Technologien hergestellt werden kann. Damit zeigt sich, dass die wesentlichen Maßnahmen zum Abbau der Teilekomplexität sehr eng mit den Zielen des PDM zusammenhängen.

11.5 Relationsprinzip

Viele Bausteine werden oft in verkleinerten oder vergrößerten Modulen oder Systemen eingesetzt, weshalb von Interesse ist, nach welchen Regeln Bausteine zu variieren sind. Da reine „Storchschnabelkonstruktionen" regelmäßig unbefriedigend sind, muss man sich also bei der Baureihenentwicklung mit *Ähnlichkeitsgesetzen* auseinandersetzen. Als Ziel ist hierbei zu verfolgen [5]:

- gleich hohe Werkstoffausnutzung,
- bei möglichst gleichen Werkstoffen

und

- gleicher Technologie.

Hieraus resultiert, dass bei gleich guter Erfüllung der Funktion die einzelnen Größen über weite Größenbereiche so angepasst werden müssen, dass die Beanspruchung gleich bleibt. Von Ähnlichkeit wird insofern gesprochen, wenn das Verhältnis aus mindestens einer physikalischen Größe beim Grund- und Folgeentwurf konstant ist. Über bestimmte Grundgrößen, wie die Länge, Zeit, Kraft, Temperatur etc., können somit Ähnlichkeiten gebildet werden. Die einfachste Ähnlichkeit ist die „geometrische Ähnlichkeit", die ein konstantes Längenverhältnis im Grund- und Folgeentwurf vorschreibt. Die Invariante ist der Stufensprung oder Längenmaßstab:

$$\phi_L = \frac{L_1}{L_0} \quad \text{mit } L_0 = \text{Abmessung des Grundentwurfs}$$

L_1 = Abmessung des 1. Glieds in der Baureihe (Folgeentwurf)

(11.1)

Für den k-ten Folgeentwurf gilt daher

$$\phi_{L_k} = \phi_L^{\,k}.$$

(11.2)

Neben der geometrischen Ähnlichkeit ist bei vielen Problemen noch die Spannungs-Ähnlichkeit wichtig. Soll in Bauteilen einer Baureihe die Beanspruchung überall gleich hoch bleiben, so ist $\sigma = E \cdot \varepsilon$ = konstant zu realisieren.

Der Ansatz lautet somit für den Stufensprung der Spannung:

$$\phi_\sigma = \frac{\sigma_1}{\sigma_0} = \frac{E_1}{E_0} \cdot \frac{\varepsilon_1}{\varepsilon_0} = 1.$$

(11.3)

11.5 Relationsprinzip

Da der gleiche Werkstoff ($\phi_E = E_1/E_0 = 1$) eingesetzt werden soll, bleibt als Forderung $\phi_\varepsilon = \varepsilon_1/\varepsilon_0 = 1$ übrig. Für den Dehnungsmaßstab kann daher die Cauchy'sche Bedingung angegeben werden:

$$\phi_\varepsilon = \frac{\Delta L_1}{\Delta L_0} \cdot \frac{L_0}{L_1} = 1 \tag{11.4}$$

bzw.

$$\phi_{\Delta L} = \phi_L, \tag{11.5}$$

d. h., alle Längenänderungen werden mit demselben Stufensprung wie die zugehörigen Längen wachsen. Andererseits gilt dann auch für den Stufensprung der „elastischen Kraft"

$$\phi_{Fel} = \frac{\sigma_1 \cdot A_1}{\sigma_0 \cdot A_0} = \phi_\sigma \cdot \phi_A = \phi_L^2 \tag{11.6}$$

mit $\phi_\sigma = 1$ und $\phi_A = \phi_L^2$. Die Flächen gilt es also bei gleicher Werkstoffausnutzung mit dem quadrierten Längenmaßstab zu vergrößern.

Eine im Maschinenbau weitere interessante Fragestellung besteht in der dynamischen Belastung aus Massenträgheit oder Fliehkraft. Für „translatorische Bewegungen" ist dazu vom *Kräftemaßstab der Massenträgheit* auszugehen:

$$\phi_{Ftrans} = \frac{m_1 \cdot a_1}{m_0 \cdot a_0} = \frac{\rho_1 \cdot V_1 \cdot a_1}{\rho_0 \cdot V_0 \cdot a_0} = \phi_\rho \cdot \phi_V \cdot \phi_a. \tag{11.7}$$

Hierin ist definiert: *der Maßstab der Werkstoffdichte*

$$\phi_\rho = \frac{\rho_1}{\rho_0}, \tag{11.8}$$

der für gleichen Werkstoff als $\phi_\rho = 1$ anzusetzen ist bzw. der *Volumenmaßstab*

$$\phi_V = \frac{V_1}{V_0} \equiv \phi_L^3, \tag{11.9}$$

dessen Abhängigkeit vom Längenmaßstab leicht einsichtig ist. Um den *Beschleunigungsmaßstab* festlegen zu können, muss man sich noch einmal kurz daran erinnern, dass für die translatorische Beschleunigung

$$a = \frac{v}{t} = \frac{s}{t^2} \tag{11.10}$$

gilt. Somit kann angesetzt werden:

$$\phi_a = \frac{L_1 \cdot t_0^2}{t_1^2 \cdot L_0} = \frac{\phi_L}{\phi_t^2}. \tag{11.11}$$

Eingesetzt in Gl. (11.7) folgt

$$\phi_{Ftrans} = 1 \cdot \phi_L^3 \cdot \frac{\phi_L}{\phi_t^2} = \frac{\phi_L^4}{\phi_t^2}. \tag{11.12}$$

Eine so genannte „dynamische Ähnlichkeit", d. h. ein konstantes Kraftverhältnis zwischen Trägheitskräften und elastischen Kräften bei geometrischer Ähnlichkeit, lässt sich nur erreichen, wenn $\phi_t = \phi_L$ wird. Daraus folgt

$$\phi_{Fel} = \phi_L^2 \equiv \phi_{Ftrans} = \frac{\phi_L^4}{\phi_L^2} = \phi_L^2. \tag{11.13}$$

Für reine „Rotationsbewegungen" ist entsprechend vom *Kräftemaßstab der Fliehkraft* auszugehen. Die Fliehkraft ist jeweils gegeben als

$$F_{rot} = m \cdot r \cdot v^2 = m \cdot r^3 \cdot \omega^2 \tag{11.14}$$

und somit für den Maßstab

$$\phi_{Frot} = \frac{m_1 \cdot r_1^3 \cdot \omega_1^2}{m_0 \cdot r_0^3 \cdot \omega_0^2} = \frac{\rho_1 \cdot V_1 \cdot r_1^3 \cdot \omega_1^2}{\rho_0 \cdot V_0 \cdot r_0^3 \cdot \omega_0^2} = \phi_\rho \cdot \left(\phi_r^2 \cdot \phi_L\right) \cdot \phi_r^3 \cdot \phi_\omega^2 \tag{11.15}$$

Auch hier lässt sich nur Ähnlichkeit erreichen, wenn $\phi_r = \phi_L$ und $\phi_\omega = 1/\phi_L^2$ ist, d. h.

$$\phi_{Fel} = \phi_L^2 \equiv \phi_{Frot} = \phi_L^6 \cdot \phi_\omega^2 = \frac{\phi_L^6}{\phi_L^4} = \phi_L^2. \tag{11.16}$$

11.6 Baureihenentwicklung

Wie bereits angedeutet, entstehen Baureihen durch Vergrößerung und/oder Verkleinerungen mit dem Längenmaßstab. Um übergeordnete Zusammenhänge nutzen zu können, ist die Wahl des Längsmaßstabs oder Stufensprungs nicht beliebig, da für viele Normteile (Wälzlager, Dicht- und Sicherungsringe, Schrauben etc.) bevorzugte Stufensprünge nach dezimalgeometrischen Normzahlreihen [6] festgelegt worden sind.
Bei Normzahlreihen (nach DIN 323) beträgt der Stufenbereich genau eine Dekade, d. h., es gilt

11.6 Baureihenentwicklung

$$\phi_L = \sqrt[n]{\frac{L_n}{L_0}} \equiv \sqrt[n]{10} \ . \tag{11.17}$$

Die sich daraus für unterschiedliche n ergebende Reihen (R 5, R 10, R 20, R 40) werden als Grundreihen bezeichnet. Die k-te Normzahl aus einer Normzahlgrundreihe ergibt sich dementsprechend zu

$$N_k \equiv \phi_L{}^k = \left(\sqrt[n]{\frac{L_n}{L_0}}\right)^k . \tag{11.18}$$

Die Anzahl der Glieder einer Reihe beträgt

$z = k + 1$ mit $k = 0, 1, 2, ..., 39$.

Ein mögliches Anwendungsbeispiel für Normzahlen [7] zeigt das folgende Bild 11–6, in dem die Längenstufung von Sechskantschrauben nach der Reihe R 10 festgelegt wird. Dem Normzahlenansatz sei eine nahe liegende konstante Stufung gegenübergestellt.

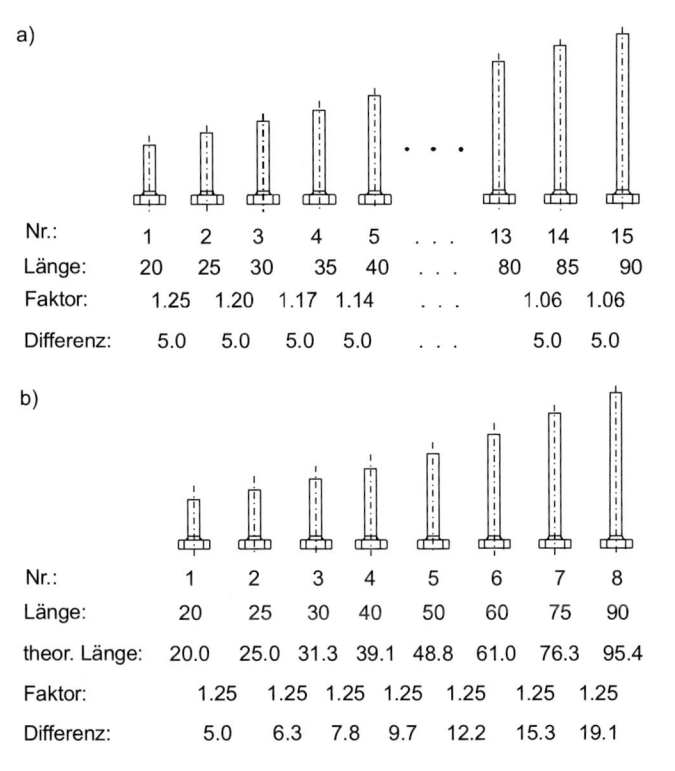

a)

Nr.:	1	2	3	4	5	...	13	14	15
Länge:	20	25	30	35	40	...	80	85	90
Faktor:		1.25	1.20	1.17	1.14	...		1.06	1.06
Differenz:		5.0	5.0	5.0	5.0	...		5.0	5.0

b)

Nr.:	1	2	3	4	5	6	7	8
Länge:	20	25	30	40	50	60	75	90
theor. Länge:	20.0	25.0	31.3	39.1	48.8	61.0	76.3	95.4
Faktor:		1.25	1.25	1.25	1.25	1.25	1.25	1.25
Differenz:		5.0	6.3	7.8	9.7	12.2	15.3	19.1

Bild 11–6: Längenstufung von Sechskantschrauben
a) mit konstantem Längenzuwachs, b) mit konstantem Stufensprung

Neben den angerissenen Problemen werden in der Praxis vielfältige andere Fragestellungen auftauchen, die an dieser Stelle aber nicht gelöst werden können. Der Interessent sollte dann Spezialliteratur heranziehen.

Literatur

[1] Eversheim, W.; Schuh, G.; Steinfatt, E.: Montage variantenreicher Serienprodukte. In: VDI-Z, 128 (1986) 7, S. 193-197

[2] Mayas, L.; Groß, B.; Groß, M.; Schuh, G.: Wettbewerbsfähigkeit durch Modularisierung. In VDI-Z: 135 (1993) 3, S. 64-66

[3] Boutellier, R.; Dinger, H.; Lee, H.: Plattformen – ein Erfolgsfaktor im Wettbewerbsdruck. In:Technische Rundschau, 37/38, S. 58-61

[4] Spies, J.: Montagegerechte Produktgestaltung am Beispiel des komplexen Großserienproduktes Automobil. Dissertation, ETH-Zürich, 1997

[5] Pahl, G.; Beitz, W. Konstruktionslehre-Methoden und Anwendungen. Springer-Verlag, Berlin - Heidelberg 1993

[6] Decker, H.-K.: Maschinenelemente. 17. Auflage, Hanser-Verlag, München 2009

[7] Breiing, A,; Flemming, M.: Theorie und Methoden des Konstruierens. Springer-Verlag, Berlin - Heidelberg - New York 1993

12 Toleranzsimulation in der Montage

Ein sehr wichtiger Aspekt der Montage ist die Passgenauigkeit [1], die durch die Toleranzen gegeben ist. Nach einer Analyse des VDMA (Verband Deutscher Maschinenhersteller) entfallen etwa 30−40 % der Montagetätigkeiten auf Anpassarbeiten, wegen ungünstiger Toleranzabstimmung. Bei jeder Art von Serienfertigung ist daher unbedingt eine *Toleranzsimulation* durchzuführen.

12.1 Worst Case

Maßketten ergeben sich regelmäßig aus dem Zusammenwirken von Bauteileigenschaften bei der Montage. Der für die Toleranzwirkung „ungünstigste Fall" bestimmt sich hierbei aus einer so genannten „Mini-Max-Betrachtung". Bei diesem Ansatz werden die Maßabweichungen eines Funktionsmaßes dadurch errechnet, dass sinngemäß einige Maße an die untere Toleranzgrenze und die anderen an die obere Toleranzgrenze gelegt werden. Es ergibt sich hieraus die größte mögliche Abweichung an Spiel oder Übermaß. Diese Worst-Case-Betrachtung bezeichnet man im Allgemeinen auch als „arithmetische Toleranzberechnung".

Obwohl diese Vorgehensweise weitestgehend bekannt ist, soll sie an einem kleinen Beispiel wiederholt werden. Dazu zeigt Bild 12−1 in einer symbolischen Darstellung vier hintereinanderliegende Bauteile. Eingezeichnet sind Rechteckverteilungen über das jeweilige Toleranzfeld, was überall eine gleiche Auftretenswahrscheinlichkeit ausdrückt.

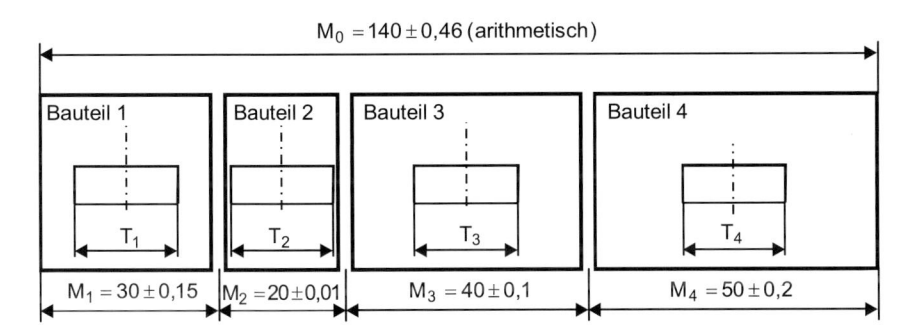

Bild 12−1: Symbolische Montage von vier Bauteilen mit arithmetischer Toleranzrechnung

Das Funktionsmaß (Montagemaß) ergibt sich durch Addition über alle Teile zu

$$M_0 = M_1 + M_2 + M_3 + M_4 = 140 \text{ mm} . \tag{12.1}$$

Da jedes Maß als Zufallsgröße im Toleranzfeld auftreten kann, ist eine Eingrenzung über Extrembetrachtungen möglich:

Größtmaß

$$G_o = G_{o1} + G_{o2} + G_{o3} + G_{o4} = 30{,}15 + 20{,}01 + 40{,}10 + 50{,}2 = 140{,}46 \text{ mm} \quad (12.2)$$

Kleinstmaß

$$G_u = G_{u1} + G_{u2} + G_{u3} + G_{u4} = 29{,}85 + 19{,}99 + 39{,}9 + 49{,}8 = 139{,}54 \text{ mm} \quad (12.3)$$

Größe des arithmetischen Toleranzfeldes

$$T_A = 0{,}3 + 0{,}02 + 0{,}2 + 0{,}4 = 0{,}92 \text{ mm} = \pm 0{,}46 \text{ mm} \quad (12.4)$$

In der Praxis ist es sehr unwahrscheinlich, dass die Eckwerte auftreten werden, aber vom Ansatz her ist abgesichert, dass 100 % der hergestellten Teile in dem ausgewiesenen Toleranzfeld liegen. Alternativ soll nachfolgend ein prozessgerechter (statistischer) Ansatz entwickelt werden.

12.2 Maßkettenbeziehung

Bei dem Zusammenbau von Teilen zu einer Baugruppe wird wie zuvor ein Maß funktionsrelevant sein. Dieses Maß [1] wird in der Normung mit Schließ- oder Schlussmaß (M_0) bezeichnet. Es ergibt sich wie im Bild 12–2 prinziphaft dargestellt aus einer Maßkettenbeziehung

$$M_0 = \sum_{i=1}^{n} (\pm M_i) \geq 0 \,. \quad (12.5)$$

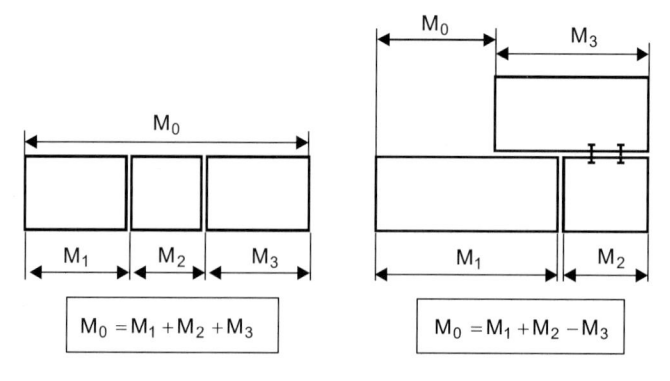

Bild 12–2: Aufstellung einer linearen Maßkette gemäß dem Montageablauf

12.2 Maßkettenbeziehung

Wie bei den Montagebeispielen benutzt, gehen einzelne Maße „positiv" bzw. „negativ" in die Maßkette ein. In der Praxis hat sich dabei eine einfache Vorzeichenkonvention bewährt:

- Ein *positives Vorzeichen* wird gesetzt, wenn eine Vergrößerung des zugeordneten Einzelmaßes auch eine Vergrößerung des Schließmaßes bewirkt.
- Ein *negatives Vorzeichen* wird gesetzt, wenn eine Vergrößerung des zugeordneten Einzelmaßes dagegen eine Verkleinerung des Schließmaßes bewirkt.

Die vorstehenden Betrachtungen müssen erweitert werden, wenn in einer Maßkette noch *Form- und Lagetoleranzen* wirksam werden, die gewöhnlich bei Serienfertigungen auftreten. Hierbei spielen insbesondere bei der Gewährleistung der Paarungsfunktionalität folgende Gesichtspunkte eine Rolle:

- Der verwandte *Tolerierungsgrundsatz*[*), und zwar DIN 7167 (Hüllbedingung) oder DIN ISO 8015 (Unabhängigkeitsprinzip)

und

- die Art der *geometrischen Abweichung* (nach DIN ISO 1101 sind 14 tolerierbare Eigenschaften existent).

Im Bild 12-3 ist beispielsweise mit einer Parallelitätstoleranz eine Lage- bzw. Richtungsabweichung gezeigt und als eigenständiges Maß eingeführt.

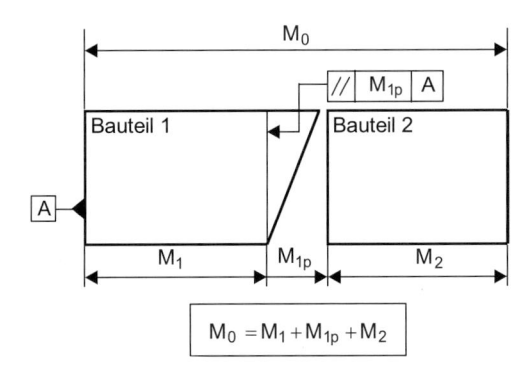

$$M_0 = M_1 + M_{1p} + M_2$$

Bild 12-3: Berücksichtigung einer F+L-Toleranz in einer Maßkette ohne Paarungsfunktionalität

Bewegt sich das Maß M_1 innerhalb der Grenzmaße G_u (Kleinstmaß) und G_o (Größtmaß), so kann auch die Geometrieabweichung M_{1p} wirksam werden. Wie

---

[*) DIN 7167 klärt den Zusammenhang zwischen der Maß-, Form- und der Parallelitätstoleranz (als Ausnahme, aber nicht den anderen Lagetoleranzen).
ISO 8015 klärt den Zusammenhang zwischen den Maßtoleranzen und allen F+L-Toleranzen.

angedeutet, wird diese im Bereich um G_u nach außen fallen und im Bereich G_o nach innen fallen. Dies ist durch die Maßbedingung vorgegeben, denn bei einer Zweipunktmessung darf weder das Kleinstmaß unterschritten noch das Größtmaß überschritten werden. Bei der extremen Mini-Max-Betrachtung spielt dann die F+L-Toleranz keine Rolle, wenn keine Passungsfunktionalität gefordert ist.

Wenn stattdessen eine Passung gewährleistet werden muss, setzt dies für eine Überprüfung bzw. Dimensionierung die Festlegung des Hüll- oder Unabhängigkeitsprinzips voraus. Vereinfacht verlangt das Hüllprinzip, dass alle Maß- und Geometrieabweichungen im Toleranzfeld liegen müssen, während es nach dem Unabhängigkeitsprinzip zulässig ist, dass jede Abweichung unabhängig voneinander ausgeschöpft werden darf.

Im Bild 12–4 ist beispielhaft eine Spielpassung abgebildet. Für die Toleranzberechnung möge das Unabhängigkeitsprinzip vereinbart sein.

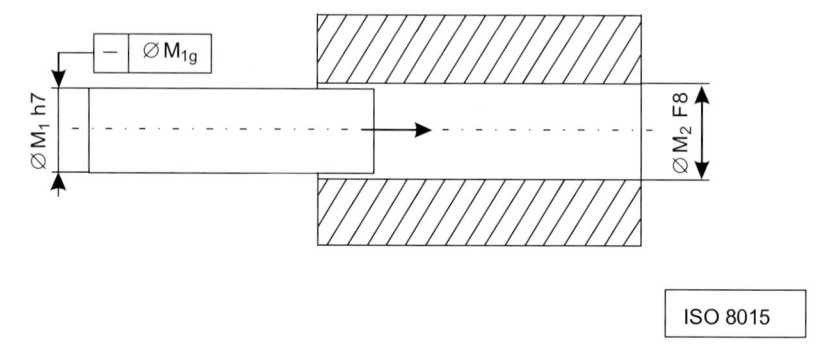

Bild 12–4: Herstellung einer Passung

Für die Mittellinie der Welle ist zusätzlich eine Geradheitstoleranz über die ganze Länge vereinbart, d. h. die Welle darf unabhängig vom Maß M_1 noch ihre Geradheitstoleranz M_{1g} voll ausnutzen, entsprechend ist das Maß M_2 abzustimmen. Konkret heißt dies für das Kleinstmaß der Bohrung:

$$G_{u2} \geq G_{o1} + |M_{1g}|, \qquad (12.6)$$

welches nicht unterschritten werden darf.

Ein weiterer wichtiger Fall ist in der Praxis die Berücksichtigung von *Spiel* (Übermaß wirkt sich normalerweise nicht auf das Schließmaß aus). Beispielsweise zeigt Bild 12–5 die Verbindung zweier Teile über eine Spielpassung. Hierbei geht man normalerweise von einer Spielgrundstellung aus. Danach wird Spiel einmal einseitig herausgedrückt und einmal einseitig hineingedrückt.

12.3 Prozess-Toleranzen

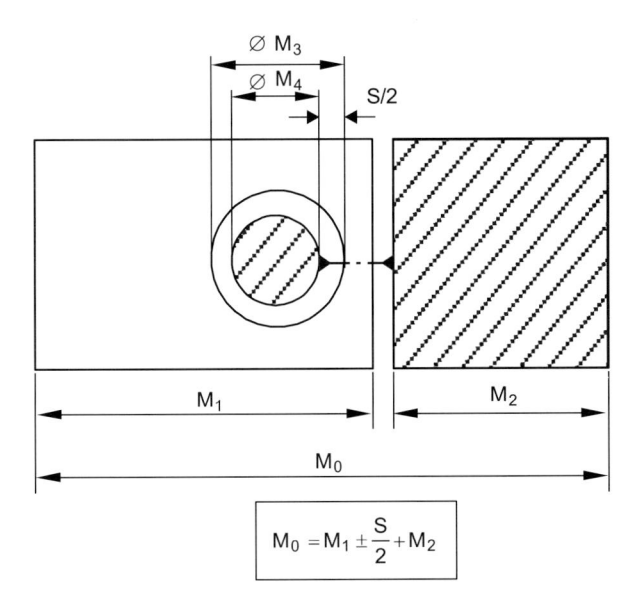

$$M_0 = M_1 \pm \frac{S}{2} + M_2$$

Bild 12–5: Berücksichtigung von Spiel in einer Maßkette

Bei Passungen hat es sich als zweckmäßig herausgestellt mit Abmaßen zu operieren, da sich so Funktionsmaße besser anpassen lassen.
Wie zuvor ergibt sich dann das Größtschließmaß zu

$$G_o = G_{o1} + \frac{S}{2} + G_{o2} \qquad (12.7)$$

und das Kleinstschließmaß zu

$$G_u = G_{u1} - \frac{S}{2} + G_{u2}. \qquad (12.8)$$

Nachfolgend wird dargestellt, dass sich bei jeder Art von wiederholter Fertigung (Klein- und Großserie) alle Längenmaße normalverteilt einstellen. Eine Ausnahme stellen hier die Form- und Lagetoleranzen dar, die sich hiervon abweichend betragsnormalverteilt [2] verhalten.

12.3 Prozess-Toleranzen

Bei jeder Serienfertigung werden größere Lose auf Maschinen hergestellt. Hierbei spielen Systematik und Zufall eine maßgebende Rolle. Die Unternehmen versuchen dies durch Qualitätssicherung zu beherrschen.

Die Systematik (nicht geeignete oder noch nicht angepasste Fertigungsmittel) sollen während eines Serienanlaufs ausgeschaltet werden. Dazu wird eine Nullserie gefertigt und eine Maschinenfähigkeit $C_{mk} \geq 1{,}33$ nachgewiesen. Dies ist eine Toleranzsicherheit unter „Laborbedingungen".

In der Praxis werden sich diese Bedingungen nicht halten lassen, d. h., der Zufall (zufällige Abweichungen) wird diese Verhältnisse ändern. Dem versucht man durch SPC entgegenzuwirken, in dem Abweichungen mittels Regelkarten überwacht, aber dennoch in gewissen Grenzen zugelassen werden.

Eine prozessfähige Fertigung verlangt einen abgestimmten Prozessfähigkeitsindex, z. B.

$C_{pk} \geq 1{,}0 \quad (\pm 3 \cdot \sigma)$, überwachte Fertigung

$C_{pk} \geq 1{,}33 \quad (\pm 4 \cdot \sigma)$, prozesssichere Fertigung

Für den Fall der Serienfertigung gibt die ältere DIN 7186 den Weg vor. Hier wird eine *statistische Tolerierung* vorgeschlagen, diese beinhaltet die folgenden Grundtatsachen:

- Toleranzfelder werden zufällig ausgenutzt, d. h., gewöhnlich spannt sich eine Gauß'sche Normalverteilung auf.
- Die Fertigung strebt stets „Mitte Toleranz" an, weshalb der Mittelwert bzw. Erwartungswert der häufigste Fall ist.
- Das Schließmaß ergibt sich durch Addition oder Subtraktion aller Mittelwerte/Erwartungswerte der Bauteile.

und

- Es pflanzen sich nicht die Toleranzen fort, sondern die *Varianzen* (Abweichungs- oder Fehlerfortpflanzungsgesetz).

Demgemäß setzt die DIN-Norm auf einer quadratischen Tolerierung auf, die aber nur für den Fall $C_{pk} = 1{,}0$ und alle Werte „normalverteilt" zutreffend ist, also die Grenze der prozessfähigen Fertigung betrachtet.

Maßbeziehung

$$M_0 \equiv \mu_0 = \sum \mu_i \, , \qquad (12.9)$$

d. h., das Mittenschließmaß (Erwartungswert) bestimmt sich aus den Mittelwerten der montierten Bauteile gemäß der aufzustellenden Maßkette.

Abweichungsfortpflanzungsgesetz

$$\sigma_0 = \sqrt{\sum \sigma_i^2} \, , \qquad (12.10)$$

d. h., die Streuung des Mittenschließmaßes ergibt sich aus der Addition aller beteiligten Maßvarianzen. Insofern folgt für die Größe der statistischen Schließmaßtoleranz

12.3 Prozess-Toleranzen

$$T_S = 2 \cdot (\pm u) \cdot \sigma_0 \quad \text{(mit } u \geq 3, 4, 5, 6)\tag{12.11}$$

sowie die Größt- und Kleinstmaße

$$G_{o,u} = M_0 \pm \frac{T_S}{2}.\tag{12.12}$$

Quadratisches Toleranzgesetz

$$T_S = \sqrt{\sum T_i^2},\tag{12.13}$$

d. h., für den Sonderfall der normalverteilten Großserie kann aus dem Abweichungsfortpflanzungsgesetz ein quadratischer Zusammenhang zwischen der statistischen Schließmaßtoleranz und den Einzeltoleranzen hergeleitet werden.

Die Anwendung sei wieder am Beispiel gezeigt. Im Bild 12–6 soll jetzt aber über alle Toleranzfelder eine Gauß-Verteilung berücksichtigt werden.

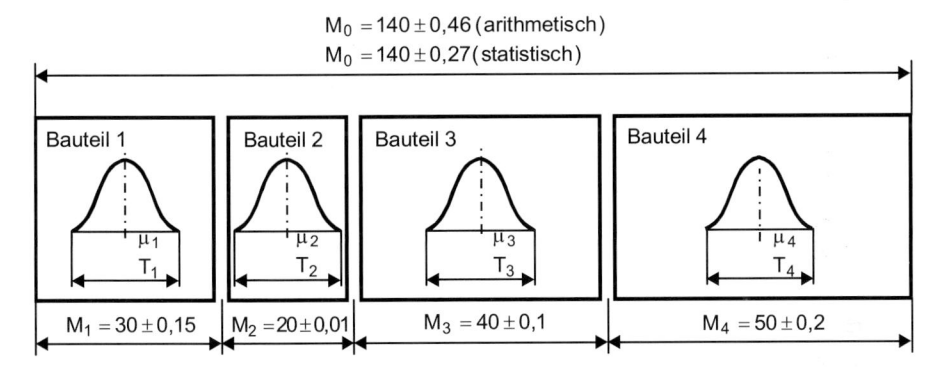

Bild 12–6: Symbolische Montage von vier Bauteilen mit statistischer Toleranzrechnung

Jetzt ergibt sich das Funktions- oder Schließmaß durch Addition der Mittelwerte

$$M_0 \equiv \mu_0 = \mu_1 + \mu_2 + \mu_3 + \mu_4 = 140 \text{ mm}.\tag{12.14}$$

Die statistische Toleranz folgt somit aus dem quadratischen Ansatz zu

$$\begin{aligned}T_S &= \sqrt{T_1^2 + T_2^2 + T_3^2 + T_4^2} = \sqrt{0{,}3^2 + 0{,}02^2 + 0{,}2^2 + 0{,}4^2}, \\ &= \sqrt{0{,}29} = 0{,}54 = \pm 0{,}27 \text{ mm}\end{aligned}\tag{12.15}$$

d. h., es stellt sich eine viel engere Schließmaßtoleranz ein als erwartet. Aus Kostengründen bzw. einer Montagevereinfachung können alle Einzeltoleranzen erweitert werden, und zwar um den Erweiterungsfaktor

$$e = \frac{T_A}{T_S} = \frac{0,92}{0,54} = 1,7 \ . \tag{12.16}$$

Erst bei allen

$$T_{i\,neu} = e \cdot T_{i\,alt} \tag{12.17}$$

stellt sich eine Schließmaßtoleranz von $T_S = T_A$ ein.

Es spricht in diesem Fall für sich, dass damit Probleme, die sich möglicherweise bei Bauteil 2 ergeben, kompensiert werden können.

Ergänzend soll bewiesen werden, dass das gleiche Ergebnis mit dem universelleren Abweichungsfortpflanzungsgesetz ermittelt werden kann. Da man die statistische Tolerierung gewöhnlich als Simulationswerkzeug nutzt, ist es ausreichend, die eingehenden Streuungen als Grenzwerte aus den Toleranzfeldern abzuschätzen. Für den Prozessfähigkeitsindex $C_{pk} = 1,0$ kann somit gesetzt werden:

$$T_i = 6\,\sigma_i \quad \text{bzw.} \quad \sigma_i = \frac{T_i}{6} \ . \tag{12.18}$$

Mit den angegebenen Toleranzen findet sich dann

$$\sigma_1 = \frac{0,3}{6} = 0,05, \quad \sigma_2 = \frac{0,02}{6} = 0,00333,$$
$$\sigma_3 = \frac{0,2}{6} = 0,033, \quad \sigma_4 = \frac{0,4}{6} = 0,0667. \tag{12.19}$$

Diese gehen in das Abweichungsfortpflanzungsgesetz ein, welches die Streuung des Schließmaßes zu

$$\sigma_o = \sqrt{\sum \sigma_i^2} \equiv \sqrt{0,05^2 + 0,00333^2 + 0,033^2 + 0,0667^2} = \sqrt{0,008049}$$
$$= 0,0897 \tag{12.20}$$

ausweist. Die Toleranz des Schließmaßes ergibt somit als

$$T_S = 6 \cdot \sigma_o = 0,54 = \pm 0,27. \tag{12.21}$$

Dieses Ergebnis stimmt mit der vorherigen Berechnung völlig überein.

12.4 Wirtschaftliche Toleranzaufteilung

Zuvor wurde die Auswirkung von Einzeltoleranzen auf ein sich einstellendes Schließmaß betrachtet. Die wesentliche Erkenntnis war, dass Einzeltoleranzen meist zu eng festgelegt werden.

12.4 Wirtschaftliche Toleranzaufteilung

Ein für die Montageoptimierung ebenfalls sehr wichtiger Fall ist die Toleranzsynthese. Hierbei geht es um die wirtschaftliche Aufteilung von Toleranzen bezüglich eines erforderlichen Funktionsschließmaßes. Bei der praxisfernen arithmetischen Tolerierung ist dies bekanntlich kein Problem, da hier nur proportional heruntergebrochen werden muss. Nach der realistischen Prozesstolerierung mit statistischen Toleranzen ist hier jedoch ein aufwändigeres Vorgehen erforderlich.

Ohne Herleitung soll für den Fall nur normalverteilte Maße die folgende Aufteilungsregel angegeben werden:

$$T_i = \frac{T_s}{u_s \sqrt{\sum \frac{\alpha_i^2}{u_i^2}}} \cdot \alpha_i . \qquad (12.22)$$

Hierin bezeichnen:

u_s = einseitiger Streuungsweitenfaktor für Schließmaß
u_i = einseitiger Streuungsweitenfaktor für jedes Einzelmaß
α_i = Toleranzrelationsfaktor

Über den Toleranzrelationsfaktor wird die Genauigkeit jeder Einzeltoleranz und damit eine kostengünstige Herstellung gesteuert.

Zur Erläuterung der Aufteilung soll das vorhergehende Beispiel herangezogen werden, das leider wegen zu großer Toleranzunterschiede nicht ganz realistisch ist. Die Toleranzrelationsfaktoren liegen hiernach bei $\alpha_1 = 15$, $\alpha_2 = 1$, $\alpha_3 = 10$ und $\alpha_4 = 20$. Das Teil 2 gilt es somit mit Abstand am genausten herzustellen, und zwar mit $C_{pk} = 1{,}0$ und dem Streuungsweitenfaktor $u_2 = 6$, welches vereinfachend auch für alle anderen Maße gelten soll. Die Teiletoleranz bestimmt sich so zu

$$T_i = \frac{T_s}{6\sqrt{\frac{\alpha_1^2}{u_1^2} + \frac{\alpha_2^2}{u_2^2} + \frac{\alpha_3^2}{u_3^2} + \frac{\alpha_4^2}{u_4^2}}} \cdot \alpha_i = \frac{0{,}27}{\sqrt{726}} \cdot 1 = \pm 0{,}01 \text{ mm} . \qquad (12.23)$$

Aus der Synthese über alle Teile folgen dann die schon im Bild 12-6 ausgewiesenen Einzeltoleranzen.

Literatur

[1] Klein, B.: Toleranzmanagement im Maschinen- und Fahrzeugbau. Oldenbourg-Verlag, München 2006

[2] Klein, B.: Statistische Tolerierung. Hanser-Verlag, München 2002

13 MTM/ProKon

Die Idee, industrielle Abläufe unter Einbindung des Menschen rationalisieren zu wollen, hat eine lange Tradition und war über einen langen Zeitraum auch erfolgreich. Insbesondere in der Nachkriegszeit wurde die menschliche Arbeitskraft als Maschinenersatz eingesetzt, um Serienfertigungen für den wachsenden Bedarf zu ermöglichen. In diesem Umfeld entstanden Methoden zur Zeiterfassung[*] und später Bewegungsanalyse (SvZ = System vorbestimmter Zeiten) mit dem Begleitumstand der Leistungsentlohnung nach einem Zeitraster [1], welches heute jedoch als inhuman eingestuft wird.

13.1 Methodische Abgrenzung

Als Vorläufer planbarer Abläufe gilt *REFA* (Reichsausschuss für Arbeitszeitermittlung), mit dessen Hilfe man seit 1924 versucht hat, Arbeit mittels Zeitanalysen und -vorgaben effizienter zu gestalten. Mit der maschinellen Automatisierung hat jedoch REFA in der AV und Fertigung an Bedeutung verloren. Die Zeitmessung per Stoppuhr hat sich als wenig objektiv und meist auch nicht als repräsentativ für Tätigkeiten erwiesen. Heute ist REFA mehr auf die Organisation und Gestaltung von Wertschöpfungsketten in Unternehmen ausgerichtet.

Als konkurrierender Ansatz wurde schon 1884 von den Amerikanern *Gilbreth* und später *Segur* (1919–1924) eine neue Methode vorgeschlagen, die sich eben nicht auf Zeitstudien, sondern auf Grundbewegungen von arbeitenden Menschen stützt. Insbesondere Gilbreth hat erkannt, dass jede manuelle Tätigkeit in fünf Elementarbewegungen zerlegt werden kann, die sich in Zyklen wiederholen. Diese Elementarbewegungen werden innerhalb bestimmter Grenzen von fast allen Menschen mit dem gleichen Zeitaufwand ausgeführt. Damit konnte eine neue Richtung des Arbeits- und Zeitstudiums definiert werden, nämlich die Ausführung von Elementarbewegungen zu gliedern und in tabellarischer Form zusammenzustellen. In den 40er-Jahren wurde auf der Basis des Gilbreth-Ansatzes von den Arbeitswissenschaftlern *Maynard*, *Schwab* und *Stegemerten* das MTM-Verfahren (Methods-Time-Measurement = Methoden-Zeit-Messung) entwickelt und 1948 veröffentlicht. Die Definition war bisher:

> „MTM ist ein Verfahren, bei dem manuelle Bewegungsabläufe in ihre Grundbewegungen gegliedert werden. Jeder Grundbewegung ist ein Normzeitwert zugeordnet, der in seiner Höhe durch die erfassten Ausprägungen der Einflussgrößen (vor-)bestimmt ist".

---

[*] Anschriften: REFA-Bundesverband, Darmstadt (www.refaly.de), Deutsche MTM-Vereinigung, Hamburg (www.dmtm.com)

13.2 Bewegungsstudien am Menschen

Basis dieser Methode waren Filmaufnahmen (z. B. 16 Bilder/Sek.) von industriellen Montagen, deren Sequenzen somit abgrenzbar und messbar waren. Der Vorteil dieser Technik ist insbesondere darin zu sehen, dass mit MTM auch Arbeitsaufgaben bewertbar sind, die erstmalig durchgeführt werden. Mit REFA ist dies m. E. nicht möglich. Insofern liegt der Vorteil in der alternativen Planung von Arbeitsabläufen. Demgemäß zielt die MTM-Methode heute mehr auf die Beschreibung, Strukturierung, Analyse/Synthese und Planung von Geschäftsprozessen.

Die Unterschiede zwischen REFA, MTM und PDMAS zeigt Bild 13-1 noch einmal von der jeweiligen Grundintention. Hierbei wird sichtbar, dass PDMAS eine andere bzw. weitergesteckte Zielperspektive verfolgt. Der Schwerpunkt liegt mehr in der Konzeptsimulation zur Findung eines zweckmäßigen und kostengünstigen Designs unter Prozessgesichtspunkten. Während die REFA- und MTM-Ansätze mehr auf die organisatorischen Aspekte der Fertigung ausgerichtet sind.

Bild 13-1: Verfahren zur Messung der menschlichen Arbeitsleistung bzw. Beurteilung von Prozessen

13.2 Bewegungsstudien am Menschen

Mittels MTM-Analysen ist festgestellt worden, dass die so genannten voll beeinflussbaren Abläufe bei Montagen zu etwa 80–85 % aus den in Bild 13-2 aufgeführten *fünf Grundbewegungen* bestehen, die meist auch einen festen Bewegungszyklus bilden. Diese lassen sich weiter in die Bewegungsfolgen „Aufnehmen" und „Platzieren" untergliedern.

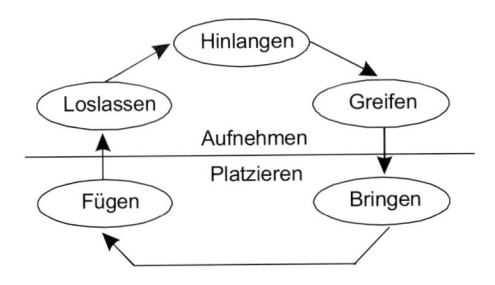

Bild 13-2: MTM-Grundbewegungszyklus [2]

Neben diesen Grundbewegungen kommen noch *drei Grundtätigkeiten* der Hand: Drücken, Trennen, Drehen und *zwei Blickfunktionen*: Blick verschieben und Prüfen vor. Überlagert wird dies durch Verlagerung des Oberkörpers mit *zehn Körperbewegungen*. Das gesamte Spektrum der Grundbewegungen zeigt zusammengefasst Bild 13-3.

Die "fünf" Grundbewegungen				
Hinlangen	Greifen	Bringen	Fügen	Loslassen
Bewegen der Hand zu einem Gegenstand	einen Gegenstand unter Kontrolle nehmen	Bewegen eines Gegenstandes mit der Hand	In- oder Aneinanderfügen von Gegenständen	Aufheben der Kontrolle über einen Gegenstand

Die "drei" Grundtätigkeiten der Hand	Die "zwei" Blickfunktionen
Drücken, Trennen, Drehen	Blick verschieben, Prüfen

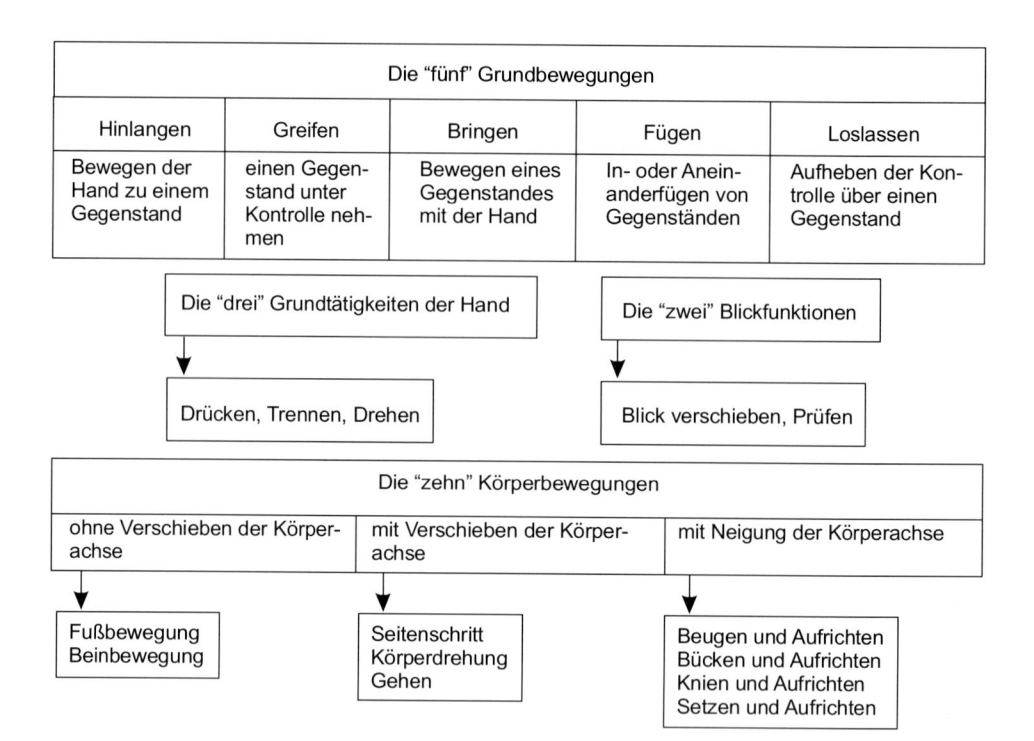

Die "zehn" Körperbewegungen		
ohne Verschieben der Körperachse	mit Verschieben der Körperachse	mit Neigung der Körperachse
Fußbewegung Beinbewegung	Seitenschritt Körperdrehung Gehen	Beugen und Aufrichten Bücken und Aufrichten Knien und Aufrichten Setzen und Aufrichten

Bild 13-3: MTM-Spektrum der Grundbewegungen [2]

Für diese Grundbewegungen sind im Weiteren Zeitwerte (siehe MTM-Karte 101 A) ermittelt und tabelliert worden. Als Einheit wurde dazu 1 TMU = 0,036 s (Time Measurement Unit = Zeitmesseinheit) gewählt.

Da sich insbesondere bei einfachen oder ständig wechselnden Arbeiten das System der Grundwerte als zu aufwändig erwiesen hat, wurde mit dem MTM-Standard-Datenverfahren ein gerafftes Analyseprinzip geschaffen, welches den Bedürfnissen der Praxis besser gerecht wird. Dies wurde im Wesentlichen dadurch erreicht, indem Grundbewegungen zu größeren Bewegungsfolgen zusammengefasst und weiter Bewegungsbereiche klassifiziert wurden. Darauf begründete MTM-Weiterentwicklungen sind als

- UAS (Universelles Analysier-System)

und

- MEK (MTM für Einzel- und Kleinserienfertigung)

bekannt. Alle diese Ansätze verfolgen den primären Zweck einer besseren Arbeitsorganisation.

13.3 Produktoptimierung mit ProKon

Ein für den Konstrukteur sehr geeignetes Instrument in der frühen Produkt- und Prozessplanung ist *ProKon* (*Pro*duktionsgerechte *Kon*struktion), welches von der MTM-Datenbasis abgeleitet ist. ProKon versteht sich als Initiator von konstruktiven Maßnahmen zur Verbesserung von Produktprozessen (Fertigung und Montage) auf der Basis von bewertbaren Erschwernissen. Die Methode ist sowohl auf Einzelfertigung, Klein- und Großserie anwendbar und beruht auf dem standardisierten Handmontageprinzip von starren und flexiblen Teilen.

Von ProKon existieren zwei Methodenausprägungen, und zwar das Ur-„ProKon1" zur „exakten (Zeit-)Analyse" und das „vereinfachte ProKon2" zum qualitativen Variantenvergleich. Gemäß der Zielsetzung (Bewertung der Qualität einer Konstruktion im Hinblick auf Montagetauglichkeit) ist es natürlich wichtig, auch hier strukturiert nach einem Arbeitsplan vorzugehen.

1. Schritt: Projektvorbereitung

Zielvorgabe definieren
interdisziplinäres Team bilden
Informationen über das Objekt einholen
(insbesondere Zeichnungen, Explosionsdarstellung, evtl. Stückliste, falls vorhanden Hardwaremodell/Prototyp)

2. Schritt: Klären des Produktaufbaus und Montageablaufs

Erstellung eines Montagediagramms
Strukturierung des Produktaufbaus, Diskussion von Schwachstellen in der Konstruktion, Auflisten von Problemen in der Montage/Demontage

3. Schritt: Analyse des IST-Konstruktionsstandes

Erfassen aller Einzelteile und der Baugruppenstruktur in einem standardisierten Analyseblatt

ProKon1: Bewertung jedes Einzelteils bzw. des durchzuführenden Montageablaufs mit MTM-(ähnlichen) Zeittabellen für

- Greifen und Vorrichten mit einer Hand/zwei Händen,
- Greifen und Vorrichten mit Greifwerkzeug,
- Fügen

und

- Prozesse.

Quantifizierung des Montageaufwandes in Schwierigkeitspunkte (PE-Bewertung[*] = gerundete TMU-Zeitmesseinheiten)

ProKon2: Bewertung jedes Einzelteils bzw. des Montage-Ablaufs aus dem Blickwinkel „Montage-Erschwernisse"; Gewichtung aller Erschwernisse mit Schwierigkeitspunkten (lassen sich in Minuten/Sekunden umrechnen)

4. Schritt: Re-Design einer Konstruktion

Im Team sind konstruktive Verbesserungen zur Vereinfachung der Montage zu suchen, und zwar primär durch

- Teilevereinfachung,
- Positionierhilfen,
- Teilevereinheitlichung,
- Reduzierung der Teilezahl,
- Reduzierung und Vereinheitlichung von Fügeachsen,

⋮

5. Schritt: Neubewertung

Die neu entwickelte Konstruktion oder die Varianten sind mit den ProKon-Tabellen erneut zu bewerten. Falls die Zielvorgabe nicht erreicht wurde, sind kreativ neue Lösungen zu suchen.

Die beiden alternativen ProKon-Vorgehensweisen [3] sollen im Weiteren beispielhaft dargestellt werden.

6. Schritt: Dokumentation

Die Problemanalyse, die Verbesserungsmaßnahmen und die Tabellen sind in einem Kurzbericht zusammenzufassen.

13.3.1 ProKon1-Prinzip

Wie vorstehend hervorgehoben dient ProKon1 zur zeitlichen Bewertung einer Konstruktion und leistet demzufolge das gleiche wie DFA®, jedoch mit einer vereinfachten Vorgehensweise. Die aus MTM abgeleiteten Tabellen (siehe Anhang) ermöglichen eine quantitative Bewertung des Montageaufwandes und geben somit Hinweise auf besondere Schwierigkeiten und Kostentreiber. Anhand eines kleinen Beispiels soll die ProKon1-Bewertung dargestellt werden.

Das Beispiel zeigt im umseitigen Bild 13-4 den Ist-Zustand einer Spindeleinheit [4] für einen Linearantrieb. Die Einheit ist extrem „aufwändig" konstruiert und erfüllt die Funktion mit 24 Einzelteilen.

---

[*] PE = ProKon-Einheiten

13.3 Produktoptimierung mit ProKon

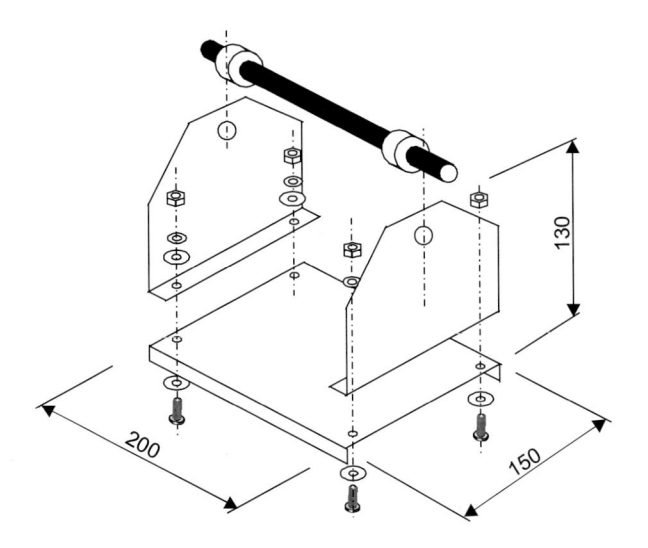

Bild 13-4: Teilespektrum einer Spindeleinheit [5]

Wie bei allen Montageaufgaben ist es sinnvoll sich den Montageablauf zu visualisieren. Im Bild 13-5 ist das entsprechende Montagediagramm in MTM-Nomenklatur entwickelt worden.

1	Grundplatte aufnehmen (1 x)
2	Seitenteil zuführen (2 x)
3	Unterlegscheibe zuführen (4 x)
4	Schraube einführen (4 x)
5	Unterlegscheibe aufstecken (4 x)
6	Federring aufstecken (4 x)
7	Mutter ansetzen (4 x)
8	Mutter von Hand andrehen (4 x)
9	Spindel in Seitenteil einführen (1 x)
10	Mutter mit Elektroschrauber festziehen (4 x)

SPINDEL-EINHEIT KPL.

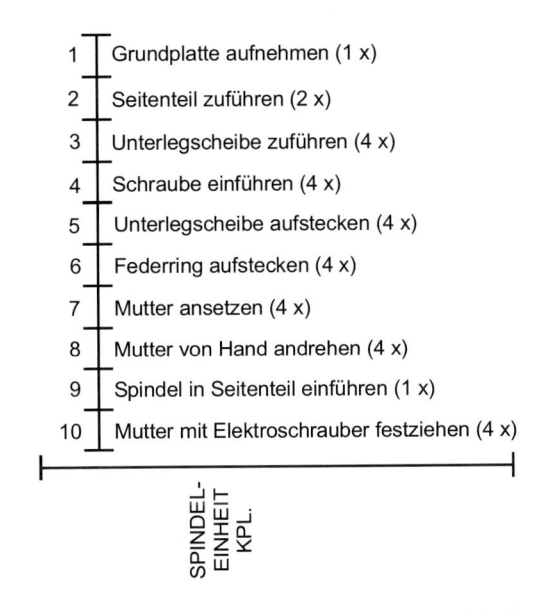

Bild 13-5: Montagediagramm für Handmontage einer Spindeleinheit

Die weitere Bewertung des zeitlichen Montagaufwandes erfolgt in Tabellenform gemäß umseitigen Bild 13-6. Die eingetragenen Codes ergeben sich durch die Abarbeitung der folgenden Schritte:

- Grundplatte „greifen und vorrichten mit einer Hand" und zu einem Montageplatz „bringen" (siehe MTM/ProKon1-Tabelle C 1 im Anhang). Da das Teil über die *Längs- und Querachse* zum Vorrichten vorbereitet werden muss, ergibt sich

    Code EE1 → 48 PE

- Grundplatte „ein-fügen" *ohne* Behinderung im Raum, mit *großer* Toleranz in Hilfsvorrichtung *ohne Festhalten* mit *einer* Fügestelle

    Code FA1 → 6 PE

- Seitenteil „greifen und vorrichten mit einer Hand" und zum Montageplatz „bringen". Teil über die *Längs- und Querachse* vorrichten, daher

    Code EF1 → 64 PE

- „An-fügen" an Grundplatte *ohne* Behinderung im Raum, eng mit einer Fügestelle

    Code FB3 → 27 PE

• Bei der Montage von Schrauben ist bei MTM als Besonderheit zu berücksichtigen, dass jegliches Fügen immer auf den Montageort bezogen wird.

Soll beispielsweise eine Schraube mit einer Unterlegscheibe montiert werden, so ist die MTM-Logik: Scheibe auf das Gewindeteil *„anfügen"*, Schraube durch die Scheibe in das Gewinde *„einfügen"*.

- *Unterlegscheibe* „greifen und vorrichten mit einer Hand" und zum Montageplatz (Grundplatte) bringen

    Code EA2 → 44 PE

„An-fügen" ohne Behinderung, und zwar lose auf einer Fügestelle

    Code FA1 → 6 PE

etc.
⋮

13.3 Produktoptimierung mit ProKon

ProKon-Montageanalyse: Spindeleinheit/Ist-Zustand									Bl. 1
Schritt	Vorgang	Häufigkeit	Greifen und Vorrichten		Fügen		Prozesse		Σ Greifen + Fügen + Prozess	Anzahl Werkzeuge	Gesamt PE
			Code	PE	Code	PE	Code	PE		PE	
1	Grundplatte	1	EE1	48	FA1	6			54	0	54
2	Seitenteil	2	EF1	64	FB3	27			91	0	182
3	Unterlegscheibe	4	EA2	44	FA1	6			50	0	200
4	Schraube	4	ED2	50	FA1	6			56	0	224
5	Unterlegscheibe	4	EA2	44	FA1	6			50	0	200
6	Federring	4	EA2	44	FA1	6			50	0	200
7	Mutter	4	EA2	44	FA3	17			61	0	244
8	Mutter von Hand andrehen	(4)	-	-	-	-	P1	50	200	0	200
9	Spindel	1	EA1	39	FB4	53			92	0	92
10	Mutter mit Akku-Schraube festziehen	(4)	-	-	-	-	P3	150	600	40	640
		24 T									2.236
											107 sec.

Bild 13-6: ProKon1-Analyseblatt für Spindeleinheit, alte Version
(1 PE ≈ 0,048 sec.) bei stehender Montage,
(1 PE ≈ 0,042 sec.) bei sitzender Montage

Der Aufwand ist mit 2.236 PE bzw. 107 sec. bei stehender Montage und mit einer einfachen Hilfsvorrichtung natürlich sehr hoch.

Die Analyse zeigt dann auch, dass die Kostentreiber in der gewählten Verbindungstechnik begründet sind. Die Verbindungstechnik hat einen Umfang von 86 % der gesamten Montagezeit. Es muss also auf alle Fälle eine neue Lösung mit einem deutlich vereinfachten Aufbau gefunden werden. Ein Team von Fachleuten hat dann die im Bild 13-7 dargestellte Version kreiert, welche nur noch aus zwei Einzelteilen besteht.

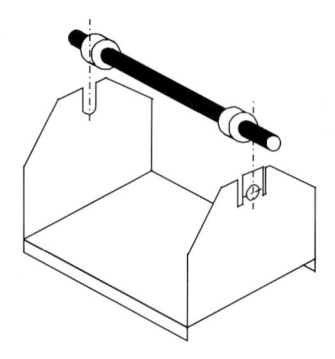

Bild 13-7: Optimierte Version der Spindeleinheit [4]

Auch auf diese Lösung wird wieder die MTM/ProKon1-Bewertung (siehe Bild 13-8) angewendet, und es zeigt sich mit 99 PE bzw. 4,8 sec. Montageaufwand eine ca. 96%ige Verbesserung. Anzumerken ist hierzu, dass sich mit einer Veränderung der Teilegeometrie und einer anderen Montage selbstverständlich auch die MTM-Codes verändern, was bei der überarbeiteten Version auch berücksichtigt wurde. Dies zeigt sich sowohl bei der Grundplatte als auch bei der Spindelmontage. Bei der durchgeführten Analyse bestand übrigens zu keinem Zeitpunkt die Vorgabe, eine reale und durchoptimierte Montage abzubilden. Ziel war es, nur eine Montage unter logischen Gesichtspunkten durchzuspielen. Unterstellt ist hierbei, dass dann auch die reale Montage einfacher wird. Erfahrungsgemäß deckt ProKon1 ein Einsparpotenzial zwischen 20−30 % auf, wovon in der Praxis aber meist nur die Hälfte umgesetzt wird, weil dies mit kleineren Anpassungen möglich ist. Eine vollständige Potenzialaktivierung erfordert regelmäßig Produkt-, Werkzeug- und Prozessänderungen, deren Umsetzung oftmals nicht einfach möglich ist.

			ProKon-Montageanalyse/Soll-Zeit								Bl. 2
			Greifen und Vorrichten		Fügen		Prozesse		Σ Greifen + Fügen + Prozess	Anzahl Werkzeuge	Gesamt PE
Schritt	Vorgang	Häufigkeiten	Code	PE	Code	PE	Code	PE			
1	Grundplatte	1	EE1	48	FA1	6			54		54
2	Spindel	1	EA1	39	FA1	6			66		45
		2									99
											4,8 sec.

Bild 13-8: ProKon1-Analyseblatt für Spindeleinheit, neue Version

13.3 Produktoptimierung mit ProKon

Zur Anwendung kann herausgestellt werden:
- ProKon verlangt eine analytische Betrachtung des Objekts.
- Die Komplexität der Struktur und die Kostentreiber werden bewusst.
- Im Vorgriff verkürzt die Analyse die nachfolgende Fertigungsplanung.
- Durch die ergriffenen Maßnahmen entfallen spätere Überarbeitungen.

Die Vorgehensweise wirkt integrierend:
- Der Entwickler/Konstrukteur muss sich in Fertigungsabläufe eindenken.
- Sehr früh werden mögliche Problempunkte erkannt.
- Die Methode zielt darauf, dass letztlich ein zweckmäßiger Kompromiss zwischen E + K, Fertigungsplanung/Fertigung sowie QS gefunden werden muss.

Im Vergleich zu anderen Methoden ist von Vorteil:
- ProKon ist schnell und einfach zu erlernen,
- ist ein transparentes Werkzeug, welches zielgerichtete Optimierungen ermöglicht,
- zeigt eine gute Übereinstimmung mit der Praxis,
- verlangt keine Kenntnisse über die Arbeitsprozessgestaltung.

ProKon sei daher besonders SE-Teams empfohlen, die meist mit unterschiedlichen Kompetenzen ausgestattet schnell zu Aussagen geführt werden müssen.

13.3.2 ProKon2-Prinzip

ProKon2 [6] ist mit dem Ziel erstellt worden, die Bewertung von Objekten noch zu vereinfachen. Hierzu hat man ein sehr kompaktes Analyseblatt entwickelt, welches die MTM-relevanten Montage-Erschwernisse strukturiert und mit Gewichtungswerten belegt. Nachfolgend ist eine leicht modifizierte Darstellung wiedergegeben.

Der zuvor festgelegte Montageablauf wird dazu in vertikaler Richtung übertragen und in horizontaler Richtung bewertet. Für jedes Teil muss dazu der Basiswert angegeben und alle Montage-Erschwernisse analysiert bzw. durch Häufigkeiten bewertet werden.

Aus allen Bewertungsspalten wird dann eine gewichtete Teilsumme gebildet, und diese werden in der letzten Spalte zu einem relevanten Gesamtwert aufaddiert. Die Höhe des Gesamtwertes ist ein Maß für die Montagetauglichkeit. Hierbei gilt die folgende Tendenz: Je kleiner der PE-Wert ist, desto besser ist die Montagetauglichkeit des Objekts bezüglich einer Vergleichsvariante.

13 MTM/ProKon

Analyseblatt Montage ☐ Ist / ☐ Ideal / ☐ Real

Prof. Dr. B. Klein, Uni. Kassel

Baugruppe/Modul:

SE-Team:

Montage-folge:	Grundwert + 1. Fügestelle		Montage-Erschwernisse											Justage/Prüfen	Prozesse				Anzahl der Werkzeuge	min. Teilezahl
	Gewicht > 8 daN	Gewicht < 8 daN	Hauptabmessung > 300 x 300 mm	Teildimension > 800 mm	Anzahl der Fügestellen = 2	= 3	> 3	mit Behinderung der Sicht	im Raum	falsche Einbaulage möglich	mit Festhalten	Nachrichten beim Fügen	ohne Positionierhilfen	Änderung Füge-/Befestigungsrichtung pro Achse (x, y, z)		P1	P2	P3	Pi		
Abdeckkappe		1	1		1			1			1		1								
Maschinenschrauben	4										4					4		4			
Schraubenwerkzeug																				1	
Σ Häufigkeit		5	1		1			1			5		1			4		4		1	
Wichtungswert in PE	40	40	10	100	10	15	40	15	35	15	20	10	40	20	100	50	300	150		40	
Σ Gesamt	200	200	10		10			15			100		15			200		600		40	

Gesamtwert[*] in PE: **1190**
Gesamtwert in Zeit: **57,12**

[*] Umrechnung Gesamtwert: „sitzende Montage": 0,0007 Min. = 0,042 sec., „stehende Montage": 0,0008 Min. = 0,048 sec.

Bild 13-9: Montage-Analyseblatt nach [7] für Befestigung einer Abdeckkappe

13.3 Produktoptimierung mit ProKon

In das Analyseblatt sind beispielhaft schon einige Einträge vorgenommen worden, die bestimmten Regeln und einer speziellen Systematik gehorchen. Für eine Montagesimulation greifen zunächst die folgenden *Grundregeln* [8]:

GR 1: Alle Einzelteile und Baugruppen müssen nacheinander bewertet werden.

Das heißt, bei ProKon wird jedes Bauteil (gegebenenfalls jede Baugruppe) einzeln erfasst und bewertet. Dieses Prinzip gilt auch dann, wenn zwei Bauteile mit zwei Händen gleichzeitig montiert werden können.

Weiter ist vereinbart, dass eine Montage immer nur am Montageort bzw. an der Fügestelle bewertet wird. Diese Festlegung widerspricht manchmal der Praxis. Am Beispiel der Montage einer Schraube mit Unterlegscheibe in ein Gewindeloch lässt sich dies aber erläutern.

Es ist allgemein üblich, die Unterlegscheibe auf die Schraube zu stecken und danach beide Teile zusammenzumontieren. Die ProKon-Denkweise ist aber anders: Zunächst wird die Unterlegscheibe auf das Teil „an-gefügt" und danach die Schraube durch die Unterlegscheibe in das Gewinde „ein-gefügt". Diese Betrachtung hilft, den Fokus immer auf die konstruktiven Merkmale eines Bauteils zu richten.

GR 2: Mögliche arbeitsgestalterische Maßnahmen werden nicht berücksichtigt.

Innerhalb von MTM bezeichnen arbeitsgestalterische Maßnahmen alle organisatorischen Bemühungen der AV oder FPL, ein Bauteil möglichst wirtschaftlich und human herzustellen sowie optimal montieren zu können.

Oft werden Bauteile so konstruiert, dass für die Fertigung und Montage spezielle Werkzeuge, Sondervorrichtungen und Fügehilfen geschaffen werden müssen. Grundsätzlich verfolgt eine ProKon-Analyse das Ziel, alle besonderen Hilfsmittel zu eliminieren. Nur in den Fällen, wo eine Montage von Bauteilen ohne Vorrichtung überhaupt nicht möglich wäre, ist dies im Diskussions- und Kreationsprozess zu berücksichtigen.

Die mit ProKon gewonnen Erkenntnisse helfen im Allgemeinen auch, eine halbautomatische Montage zu optimieren.

GR 3: Ist für die Montage eines Bauteils mehr als ein Mitarbeiter notwendig, so muss dies als „Häufigkeit" gewichtet werden.

Durch die ProKon-Einheiten wird immer nur die Montage *eines* Bauteils durch *einen* Mitarbeiter berücksichtigt. Falls eine Konstruktion aber im Gewicht und in der Dimensionalität so schwer oder so groß ist, dass zwei bzw. mehrere Mitarbeiter für die Montage benötigt werden, so muss dies als Häufigkeit umgesetzt werden. Die mit ProKon gewonnenen Erkenntnisse helfen im Allgemeinen, auch eine haltautomatische Montage zu optimieren.

Alle Einträge in das ProKon-Analyseblatt sollen nunmehr im Detail (entsprechend [3]) erläutert und festgelegt werden:

1. Grundwert:	Der „Grundwert" wird für jedes Teil (oder Baugruppe) vergeben und bewertet die allgemeinen konstruktiven Merkmale, wie Geometrie, Gewicht und (erste) Fügestelle. Damit ist die Montageeignung vorbewertet.
2. Hauptabmessungen:	„Die *Grenzwerte* > 300 x 300 mm definieren die Abmessungen eines Teils bzw. Moduls, ab denen das Fügen erschwert wird".
	Sind beispielsweise die Länge und Breite eines Teils jeweils > 300 mm, die Höhe (= Stärke) aber nur 10 mm, dann gelten die Länge und Breite als Hauptabmessungen. Dimensionen > 300 mm (sperrige Teile) beeinflussen entscheidend das Handling beim Fügen.
3. Teiledimension:	„Die *längste Dimension* > 800 mm gibt einen Hinweis auf ein besonders aufwändiges Teilehandling".
	Falls die Länge eines Teils oder Moduls > 800 mm ist, stellt dies eine besondere Handlingsschwierigkeit dar, was gegebenenfalls den Einsatz einer zweiten Person erforderlich macht.
4. Anzahl der Fügestellen:	„Die *Fügestellenanzahl* beschreibt die durch die Konstruktion vorgegebene Anzahl von Stellen, an die das Teil/Modul an- bzw. eingefügt[*)] werden muss, um die endgültige Position zu erreichen".

Bewertungsregeln:

- Eine Fügestelle ist bereits mit dem Grundwert erfasst.

- Muss ein starres Teil an 2 Fügestellen, deren Abstand $\leq$ 100 mm ist, (an-/ein-)gefügt werden, so ist zusätzlich zum Grundwert noch ein Nachrichten zu berücksichtigen. Bei einem flexiblen Teil (Kabel, Dichtung etc.) ist zum Grundwert stets noch eine 2. Fügestelle zu berücksichtigen.

- Wenn ein Teil von Hand über eine große Fügetiefe geführt werden muss, so ist mit P1 ein zusätzlicher Prozess zu bewerten.

- Falls ein zu montierendes Teil an mehreren Fügestellen neu aufgenommen und fixiert werden muss, um die anderen Stellen fügen zu können, dann muss je Fixierpunkt ein Grundwert und die anderen Fügestellen mit ihrer Häufigkeit bewertet werden.

[*)] „An-Fügen" (Fläche auf Fläche), „Ein-Fügen" (Bolzen in Bolzen)

13.3 Produktoptimierung mit ProKon

eine Fügestelle

zwei Fügestellen

mehrere Fügestellen

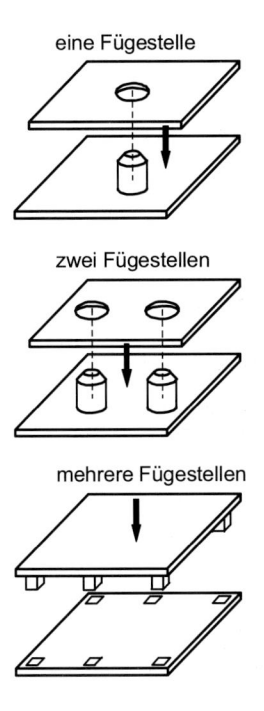

5. Behinderung: „Mit *Behinderung* ist ein Vorgang einzustufen, bei dem eingeschränkte Sicht oder Raumverhältnisse vorliegen".

Behinderung der Sicht bedeutet, dass das Blickfeld für den auszuführenden Montagevorgang eingeschränkt ist, d. h., die Fügestelle kann nicht oder nur bedingt eingesehen werden. Der Fügevorgang muss „blind" ausgeführt werden und erfordert den Tastsinn.

Behinderung im Raum bedeutet, dass nur ein eingeschränkter Raum für den Montagevorgang zur Verfügung steht. Die Zugänglichkeit zur Fügestelle ist entweder im Umfeld oder an der Fügestelle direkt eingeschränkt. Hierdurch werden zusätzliche Hilfs- und Korrekturbewegungen erforderlich.

Bewertungsregeln:

- Wenn eine Behinderung in Sicht *oder* Raum gegeben ist, wird dies mit der Häufigkeit 1 bewertet. Ist hingegen eine Behinderung in Sicht *und* Raum gegeben, müssen beide Arten mit der Häufigkeit 1 bewertet werden.
- Werden alle Fügestellen durch das zu positionierende Teil verdeckt, so ist nur eine Behinderung in der Sicht zu bewerten.

Es ist anzustreben, dass der Montageort immer frei zugänglich ist.

6. Einbaulage: „Eine *falsche Einbaulage* bezieht sich auf einen Montagevorgang, bei dem ein Teil oder Modul in mehr als einer Einbaulage gefügt werden kann, aber nur *eine* Einbaulage *richtig* ist". Deshalb sollte so konstruiert werden, dass ein falscher Einbau unmöglich ist.

7. Festhalten: „Mit *Festhalten* bewertet man einen Montagevorgang, bei dem das zu fügende Teil bzw. der Modul nach dem Fügen noch keine stabile Lage hat".

Meist wird die endgültige Lage erst durch das nachfolgende Fügen von Schrauben hergestellt, sodass erst danach losgelassen werden kann.

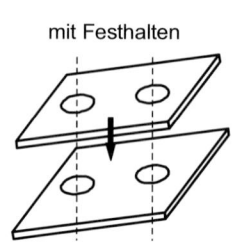

mit Festhalten

8. Nachrichten: „*Nachrichten* beim Fügen bewertet einen Montagevorgang, wenn die an der Fügestelle konstruktiv vorgesehenen Positionier- und Fügehilfen noch zusätzliche Nachricht- und Korrekturbewegungen notwendig machen".

Unter Nachrichten werden Maßnahmen verstanden, die erforderlich sind, um ein Teil in seine endgültige Position zu bringen. Ursachen sind meist nicht ausreichend konstruktiv gestaltete Positionier- und Fügehilfen.

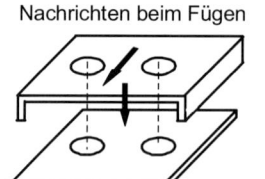

Nachrichten beim Fügen

9. Positionierhilfen: „*Ohne Positionierhilfen* bewertet man einen Montagevorgang, bei dem weder am Teil noch an der Fügestelle Positionierhilfen, z. B. Anschläge oder Führungen, vorhanden sind".

Eine fehlende Positionierhilfe stellt in jedem Fall eine Montage-Erschwernis dar, weshalb zweckgerechte Hilfen stets konstruktiv berücksichtigt werden sollten.

13.3 Produktoptimierung mit ProKon

ohne Positionierhilfe   mit Positionierhilfe

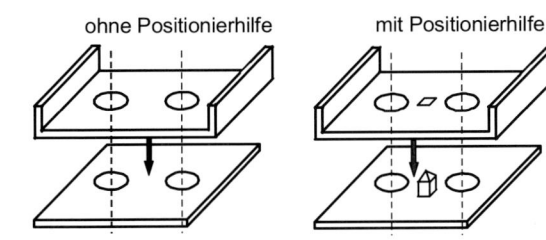

10. Änderung der Füge-/
    Befestigungsrichtung: „*Änderung der Fügerichtung* während eines Fügevorganges wird dann erforderlich, wenn ein Teil in mehr als einer Fügerichtung entlang einer definierten Fügeachse gefügt werden muss".

    Eine Änderung der Fügerichtung wird häufig an räumlich beengten Montage-Orten erforderlich. Die Bewegungsrichtungen beschreibt man am zweckmäßigsten an den Koordinatenachsen.

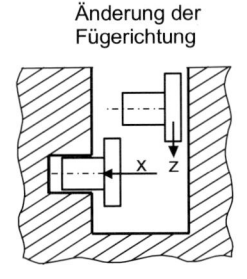

    Änderung der Fügerichtung

11. Justagen/ Prüfungen: „*Justagen und Prüfungen* beschreiben (konstruktiv bedingte) Vorgänge, die vor der Ausführung der nachfolgenden Aktivitäten zwingend erforderlich sind". Da hierdurch der Montagevorgang unterbrochen wird, sind dies *nicht wertschöpfende* Tätigkeiten (Verschwendungen).

    Bewertungsregeln:

    - Macht ein abgeschlossener Fügevorgang, beispielsweise durch große Toleranzen, eine visuelle Prüfung von Hand notwendig und ist damit ein zusätzliches Ausrichten verbunden, so muss weiter Justage/Prüfung bewertet werden.
    - In der Bewertung Justage/Prüfung sind auch Einstellarbeiten einzuordnen.

12. Prozesse: „Prozesse sind alle Vorgänge, die eine Verbindung bewirken."

Anmerkung: Während dieser Phase entsteht eine Wartezeit, in der keine andere (manuelle) Tätigkeit durchgeführt werden kann.

Prozesse werden gemäß ihrer Erschwernisklasse in P1 bis P10 eingeordnet.

13. Anzahl verwendeter
   Werkzeuge: „Wenn in Montagen verschiedene Werkzeuge zu benutzen sind, so ist deren Anzahl durch eine Häufigkeit zu erfassen". Mehrere Werkzeuge sind dann erforderlich, wenn zur Befestigung eines Teils unterschiedliche Befestigungselemente verwandt werden.

Eingeschlossen in diese Bewertung sind auch Werkzeugwechsel (z. B. Bohrerwechsel, Schraubennuss oder Ähnliches).

14. Min. Teile: „Anwendung des Vorklärungs- und Leitfragendialogs"

Die beschriebene ProKon-Analyse ist zunächst an einem vorhandenen *Ist-Zustand* durchzuführen. Jede Montageerschwernis beruht hierbei auf konstruktive Merkmale, die unbedingt verbessert werden sollten. Meist führt hier eine Funktionszusammenfassung und/oder Teileintegration zum Ziel. Das Ergebnis dieser Diskussion wird eine Überarbeitung sein, die als *ideale Lösung* einfach ist und extrem wenig Teile hat. Hier muss bedacht werden, dass dies oft mit hohen Werkzeugkosten verbunden ist, weshalb als *reale Lösung* ein Kompromiss einzugehen ist.

13.3.3 Befestigungs- und Verbindungstechnik

In vielen vorausgegangenen Darstellungen ist immer wieder belegt worden, dass *Befestigen* und *Verbinden* sehr zeitkritische Vorgänge sind, die regelmäßig als Kostentreiber wirken. Die einzelnen Techniken müssen aber differenziert bewertet werden, welches schon im Kapitel 4.5 sichtbar wird. Das geläufige Schrauben ist eine der teuersten Verbindungstechniken überhaupt. Hier darf nämlich nicht nur die Herstellung eines Loches ohne/mit Gewinde betrachtet werden, sondern die Schraube geht letztlich als Zulieferteil (Bestellung, Logistik, Lagerung) in die Kalkulation ein.

Gemäß diesem Tenor ist im umseitigen Bild 13-10 eine Auswahl von „Verbindungsprozessen" wiedergegeben, die ebenfalls wieder mit ProKon-Einheiten bewertet worden sind. Naturgemäß kann eine derartige Liste nicht vollständig sein, da es eine große Vielzahl von Verbindungstechniken gibt und diese auch einer Weiterentwicklung unterliegen.

Sollte eine neue Technik zu bewerten sein, die zu den gelisteten Techniken ähnlich ist, so kann die Prozessbewertung übernommen oder gegebenenfalls interpoliert werden.

13.3 Produktoptimierung mit ProKon

Vorgang	Verrichtung/Werkzeug	MTM-Prozesse P1	P2	P3
Einrastvorgang von Hand z. B. clipsen bzw. Deckel, Klappen, Türen usw. öffnen und schließen		x		
Schraube befestigen — Maschinenschraube	mit Handwerkzeug		x	
	mit E-Schrauber			x
Blechschraube (oder Schrauben und Muttern, die wie eine Blechschraube gehandhabt werden, bzw. angefädelte Mutter festziehen)	mit E-Schrauber			x
Schraube anfädeln	von Hand	x		
	mit Handwerkzeug		x	
	mit E-Schrauber			x
Schraube auf Drehmoment festziehen (Werkzeugwechsel beachten)	Momentenschlüssel	x		
Nieten	Handzange		x	
	Pistole und Einzelzuführung (von Hand)		x	
	Pistole/Magazin	x		
Taumelnieten				x
Präge-/Klemm-/Kant-/Bördel- und/oder Stanzvorgang				x
Nahtschweißen/Steppschweißen/Löten	von Hand		x	
Medium auftragen (Öl, Fett, Kleber, Farbe, Primer usw.)	Punkt/Strich je 10 cm	x		
	Fläche < 100 cm^2		x	
	Fläche > 100 cm^2			x
Aufkleber anbringen (Etikett, Dämmmatte usw.)	< 100 cm^2			x
	> 100 cm^2		x	
Biegen, umformen	von Hand	x		
Stellteile bewegen (Hebel, Schalter, Kurbel usw.)	von Hand	x		
Handlingsgerät/Lasthebemittel (Großteile mit Handlingsgerät umsetzen)				x
	je Werkzeug + PE = 40	50	300	150

Bild 13-10: Prozesszuordnung von Befestigungs- und Verbindungstechniken nach standardisierter MTM-Nomenklatur abweichend zu [7]

Die Einzeltechnologien werden bei MTM in die drei Kategorien P1, P2 und P3 eingeteilt und erfassen die Vorgänge Befestigen und/oder Verbinden, also alles, was zur Herstellung einer Verbindung gehört. Alle anderen mit der Montage des Funktionsträgers zusammenhängenden Tätigkeiten müssen extra bewertet werden (s. Anhang C5). Eine Übersicht dazu gibt Bild 13-11, welche Bewertungen aus der Automobilindustrie wiedergibt.

Vorgang	Prozess P1, P2 oder P3	PE	Schraubvorgänge mit E-Schrauber			mit Handwerkzeug (Ring- oder Gabelschlüssel usw.)	Clipsvorgänge	
			Blechschraube	Schraube oder Mutter mit Positionierhilfe	Schraube oder Mutter ohne Positionierhilfe		Clip von Hand einrasten	Clip mit Werkzeug einrasten
aufnehmen und platzieren		40	40	40	40	40	40	40
festhalten		20	20	20	20	20	20	20
ohne Positionierhilfe		15			15	15		
Gewinde von Hand anfädeln	P1	50			50	50		
einrasten/-schlagen/-schrauben (Blechschraube)	P1	50	50				50	50
Schraubvorgang mit Handwerkzeug (Gabel- oder Ringschlüssel, Schraubendreher usw.)	P2	300				300		
Schraubvorgang mit E-Schrauber	P3	150		150	150			
Anzahl Werkzeuge		40	40	40	40	40		40

Bild 13-11: Bewertung von Prozessschritten für Verbindungen nach [7]

13.3.4 Ausschöpfung von Verbesserungspotenzialen

Aus der Diskussion der ProKon-Kriterien wird ersichtlich, dass sich ein Montageprozess vereinfachen lässt, wenn die Konstruktionsgeometrie produktionsgerecht angepasst wird. Die Erfahrung zeigt, dass hier die verschiedensten Ansätze immer wieder zu Verbesserungen führen, weshalb die folgende Aufzählung auch als Assoziation anzusehen ist und einige Problempunkte in das Blickfeld rücken soll:

- Bauteile bewusst einfach gestalten
    - einfache Geometrieelemente nutzen,
    - Konstruktionsgeometrie lässt nur eine Fügerichtung zu,
    - Bauteil kann nur in einer bestimmten Lage gefügt werden
- Vorsehen von Positionierhilfen
    - Anbringen von Füge- bzw. Zentrierhilfen (Fasen, Zentrierungen, Prägungen)
- Schaffung von Bauraum
    - Versehen von ausreichendem Freiraum für Werkzeuge,
    - Zugänglichkeit entsprechend ergonomischer Notwendigkeiten ermöglichen
- Vereinfachung von Fügevorgängen
    - Reduzierung von Fügestellen,
    - Vereinheitlichung von Fügeachsen (bevorzugt von oben),
    - Vereinheitlichung von Befestigungsrichtungen
- Vereinheitlichung von Bauteilen
    - möglichst wenige und gleichartige Bauteile,
    - Geometrieelemente für Handhabung und Fügung standardisieren,
    - Reduzierung von Vorrichtungen und deren Kosten
- Vereinheitlichung der Verbindungstechnik
    - nur eine Verbindungsart wählen
    - möglichst gleichartige Montagewerkzeuge
    - einfache Montagewerkzeuge vorsehen
- Funktionsintegration anstreben
    - Minimierung der Anzahl an Bauteilen,

- viele Bauteile zusammenfassen,
- alle Befestigungs- und Verbindungselemente integrieren

Diese Betrachtungsweise richtet sich zunächst auf den Ist-Zustand eines Konzeptes oder der ausgeführten Konstruktion. Mit dem Fokus auf die aufgezählten Verbesserungsansätze wird man ein Ideal kreieren können, welches meist wenige oder teurere Werkzeuge und Einrichtungen benötigt. Unter Berücksichtigung der Einsatzsituation und Möglichkeiten wird man oft diesen Weg nicht konsequent gehen können, so dass am Ende ein Soll-Zustand übrig bleibt, der zwar nicht das Optimum darstellt, aber dennoch eine deutliche Verbesserung beinhaltet.

Meist ist der neue Soll-Zustand wieder ein kleiner Schritt zurück, weil sich Kosten zu Nutzen nicht rechnen lassen. Eine Teilumsetzung lässt sich auch nur dann begründen, wenn die Restlebensdauer einer Objektes verlängert werden kann. Für eine völlige Neukonstruktion ist oftmals ein ganzer Lebenszyklus (zwischen 4–6 Jahren) erforderlich, um die Investitionen wieder amortisieren zu können.

13.4 ProKon-Vergleiche

Mit dem DFA- und dem ProKon-Ansatz stehen für das montagegerechte Konstruieren zwei Methoden zur Verfügung, die von ihrer Intention sehr unterschiedlich sind, wenngleich die erreichten Endergebnisse sich nur wenig voneinander unterscheiden. Vielfältige Analysen zeigen, dass eine ProKon-Analyse jedoch nur ein Drittel des Zeitaufwandes einer vergleichbaren DFA-Analyse erfordert.

Ein weiterer Vorteil von ProKon besteht darin, dass die Vorgehensweise von Konstrukteuren sehr schnell erlernt und bereits bei geringer Anwendungspraxis schon effektiv angewandt werden kann. Die Systematik ist logisch aufgebaut und bietet so gut wie keine Fehlinterpretationsmöglichkeiten, weshalb die Erkenntnisse eine hohe Praxistauglichkeit haben.

Demgegenüber verfolgt DFA die Philosophie des Spezialistentums. Die Vorgehensweise kann nur von einem sehr geübten Anwender fehlerfrei angewandt und in einer akzeptablen Zeit zu einem Ergebnis geführt werden. Es ist daher zwingend die Ausbildung eines DFMA-Moderators erforderlich, der nach einer längeren Trainingsphase Projektteams fachgerecht anleiten kann.

Insbesondere weist der BDI/DFA-Baustein eine Vielzahl von Fehlerquellen auf, die in der schon als *über*-detailliert anzusehenden Methodik besteht. Der Ablauf gestaltet sich im Prinzip so, dass ein Projektteam jede zu analysierende Geometrie zunächst durch ein Umfassungsvolumen, eine Lageorientierung und danach durch eine Klassifizierung beschreiben muss. Hieraus folgt ein Identifizierungscode für jedes Teil. Diese Teile können dann quantifiziert werden durch 5 Handhabungstabellen, 4 Fügetabellen, 2 Verbindungstabellen, 1 Prozesstabelle und 1 Teileakquisitionstabelle. Zweckmäßig ist es, diese Daten in einem Formblatt zu ordnen und auszuwerten. Bei größeren Umfängen wird somit letztlich nur

13.5 ProKon-Perspektive

eine softwaretechnische Auswertung übrig bleiben, die vom Moderator vorgenommen wird, wobei das Projektteam weitestgehend passiv ist.

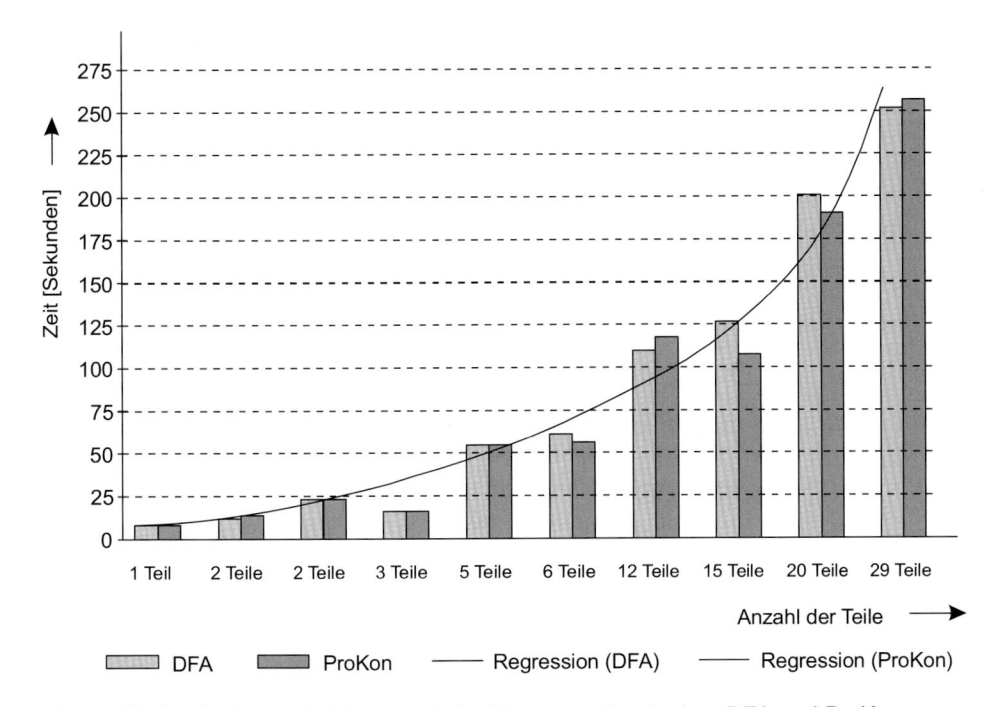

Bild 13-12: Methodenvergleich anhand der Montagezeit zwischen DFA und ProKon

Insgesamt vermittelt das BDI/DFA-Konzept eine hohe Genauigkeit, welche sich in der Anwendung aber nicht bestätigen lässt, welches u. a. durch Bild 13-12 belegt werden kann. So wurden von einem Analyseteam aus geübten Anwendern mehrere Projekte über einen Zeitraum von mehreren Wochen bearbeitet und ausgewertet. Bei der durchgeführten qualitativen und quantitativen Bewertung konnte so gut wie kein Unterschied festgestellt werden.

Das Resümee aus dem Methodenvergleich ist somit, das BDI/DFA-Konzept ermittelt mit einem deutlich höheren Aufwand das gleiche Ergebnis wie MTM-ProKon. Projektteams kann somit eine Orientierung gegeben werden, wie mit geringem Aufwand ein gutes Ergebnis erzielt werden kann.

13.5 ProKon-Perspektive

Alle vorstehenden Darlegungen hatten zum Ziel, dass unter dem herrschenden Kostendruck alle Produkte möglichst bedarfsgerecht entwickelt und kostengerecht angeboten werden sollen. Kunden verlangen heute eine hohe Qualität zu fairen Kosten-Nutzen-Konditionen. Dieses Ziel lässt sich nur mit *produktions-*

gerechten Konstruktionen [9] erreichen, die einfach im Aufbau sind, wenig Teile haben, leicht zu montieren sind und sich somit auch einfach herstellen lassen.

Im Durchschnitt der Maschinen- und Fahrzeugbaumontagen entfallen nur 50−60 % der Zeitpotenziale auf wertschöpfende (Kern-)Tätigkeiten, ca. 25−30 % auf nichtwertschöpfende Tätigkeiten und 10−25 % auf (Zeit-)Verschwendung. Eine Aufschlüsselung der eingehenden Einzeltätigkeiten zeigt Bild 13-13. Der Fokus muss natürlich darauf gerichtet werden, einen hohen relativen Anteil an wertschöpfenden Tätigkeiten umzusetzen. Die beiden anderen Aufwandskategorien lassen sich über das Produktdesign zwar auch, aber nicht alleine beeinflussen.

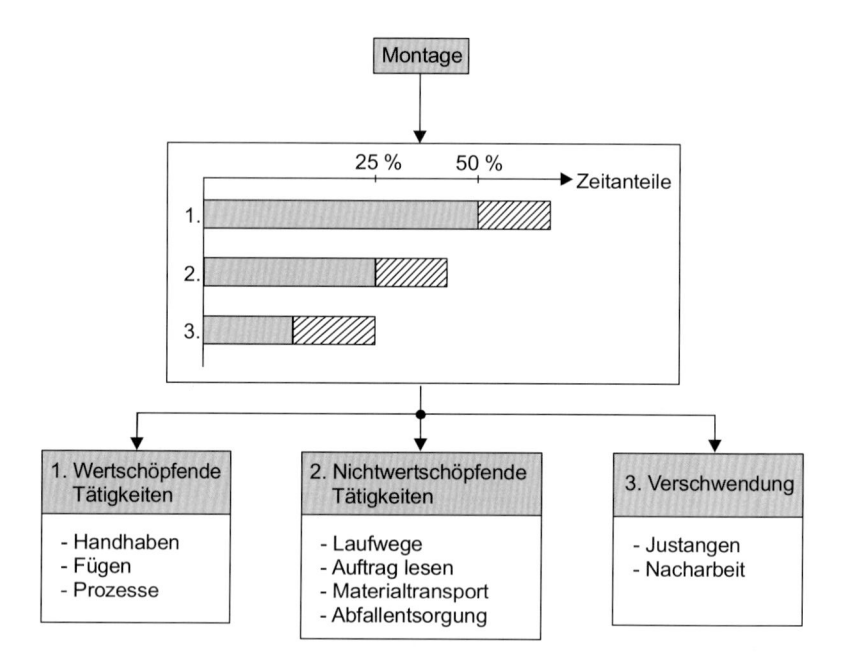

Bild 13-13: Tätigkeits- und Zeitwichtungen bei Montagen nach MTM

Vor diesem Hintergrund ist ProKon ein hervorragendes Werkzeug für den Entwicklungsprozess. Ein großes Potenzial wird dann aktiviert, wenn in einem frühen Konzeptstadium ein kleines interdisziplinäres Team zielgerichtete Strukturanalysen durchführt.

In Relation zu der klassischen DFA®-Technik von Boothroyd/ Dewhurst beträgt der Analyseaufwand mit ProKon2 nur etwa 1/3(!) der Zeit, bei einer geringen zeitlichen Unschärfe. Für Richtungsentscheidungen im Konzeptstadium dürften diese aber keine größeren Nachteile haben.

Literatur

[1] Bokranz, R.; Landau, K.: Produktivitätsmanagement von Arbeitssystemen. Schäffer-Poeschel-Verlag, Stuttgart 2006

[2] N.N.: MTM-Information. Deutsche MTM-Vereinigung, Hamburg

[3] Klein, B.; Sanzenbacher, G.: Kostenreserven ausschöpfen durch produktionsgerechte Konstruktion (ProKon). In: Konstruktion, April 2008, S. 83–93

[4] N.N.: MTM-ProKon1. Deutsche MTM-Vereinigung, Hamburg

[5] Boothrody, G.: Design for Assembly – The Key to Design for Manufacture. Int. Journal of Advanced Manufacturing Technology, Vol. 2, No. 3, 1987

[6] Sanzenbacher, G.: PROKON – wenig Aufwand große Wirkung. Personal, MTM- Report 2003

[7] N.N.: ProKon2 – Produktionsgerechte Konstruktion, Anwendungsbereich Montage. Deutsche MTM-Vereinigung, G/JD, Stuttgart

[8] N.N.: ProKon2 – Anwendungsbereich Montage. Deutsche MTM-Vereinigung, C/JF, Stuttgart

[9] Klein, B.: Abbau von Überkomplexität in Produkten und Prozessen. In: Konstruktion, Oktober 2004, S. 75–81

14 Product Design for Poka-Yoke

14.1 Senkung der Fehlerhäufigkeit

Im Laufe der 90er-Jahre haben die Japaner (insbesondere Toyota) vielfältige Initiativen ergriffen auch die Fertigungsprozesse zu verbessern. Der Schwerpunkt war dabei auf eine „Null-Fehler-Produktion" ausgerichtet. Ein leitender Mitarbeiter von Toyota, Dr. Shigeo Shingo, hat sich in der Folge mit der „Entstehung von Fehlern aus menschlichen Handlungen" beschäftigt. Mit Poka-Yoke[*)] wurden danach Produktgestaltungsprinzipien sowie technische Vorkehrungen zur Vermeidung versehentlicher und zufälliger Fehler in der Montage geschaffen.

Ausgangsbasis für das Poka-Yoke-Prinzip ist die Tatsache, dass kein Mensch fehlerfrei arbeitet und insofern auch kein von ihm hergestelltes System ohne besondere Vorkehrungen völlig fehlerfrei ist. Im folgenden Bild 14–1 sind durchschnittliche menschliche Fehlhandlungsraten für eine Reihe einfacher Tätigkeiten aufgelistet.

Fehlhandlungen von Menschen	Häufigkeit	
	ppm	%
unkorrektes Ablesen von Geräten	5.000	0,5
unkorrektes Löten, Schweißen, Kleben von Verbindungen	6.500	0,65
fehlerhaftes Anziehen von Schraubverbindungen	4.800	0,48
falsche Montage von Teilen	17.000	1,70
unkorrektes Verbinden von Schläuchen	4.700	0,47
Verfahrensfehler beim Lesen von Instruktionen	64.500	6,45

Bild 14–1: Menschliche Fehlhandlungsraten in Montageprozessen [1] (ppm = Parts per Million)

In der abgeschätzten absoluten Höhe dürften die meisten Fehler zu nicht fähigen Prozessen führen. Wichtig für das Verständnis von Maßnahmen ist die *Kausalkette für Fehler*. Man muss zwischen den jedem Fehler vorausgehenden Fehlhandlungen (Ursachen) und den daraus folgenden Fehlern am Produkt (Wirkungen) unterscheiden. Die Fehlhandlungen (Irrtümer) des Menschen resultieren aus Unaufmerksamkeit, Vergessen, Missinterpretieren, Verwechseln, Vertau-

---

[*)] Poka (jap.) = zufälliger, unbeabsichtigter Fehler,
 Yoke (jap.) = Vermeidung oder Verminderung oder „foolproofing" (= Narrensicher machen)

14.1 Senkung der Fehlerhäufigkeit

schen, Falschablesen und zählen zu den typischen menschlichen Schwächen (Murphys Gesetze).

Es ist natürlich selbstredend, dass mit diesen relativ hohen vorgeprägten Fehlhandlungsraten keine uneingeschränkte Kundenzufriedenheit zu erreichen ist. Man muss demgemäß vorausdenkend planen, um *Eindeutigkeit* in der *Fertigung, Montage* und im Gebrauch von Produkten herzustellen. Zielführende Verbesserungen sollten mit möglichst einfachen Mitteln am Design, an Werkzeugen und Vorrichtungen vorgenommen werden.

Dies ist im Grunde nicht neu, auch in Deutschland nicht. Zum fertigungs- und montagegerechten Konstruieren gehörte schon immer das Leitmotiv, alle Fehlerquellen aus

- Verwechseln und Vertauschen infolge zu kleiner Unterschiede bei Teilen,
- umgekehrt oder vertauscht einbaubarer Teile,
- fehlerhaftes Anbringen,
- Zusammenbau mit unsicheren Befestigungen

sowie

- Verformungen bei schwierig handhabbaren Teilen

so sicher wie möglich auszuschließen. Neu ist hingegen die Systematisierung des Fehlervermeidungsprinzips, welches sich durch die ganze Konstruktion, Fertigungsplanung, Betriebsmittelbaus, Fertigung, Montage bis hin zum Kundengebrauch zieht. In allen Stufen ist es somit oberstes Bestreben, ein Produkt „narrensicher" zu machen. Im Rückschluss kommt daher dem *Design-Poka-Yoke* eine zentrale Bedeutung zu, da hier stets zukunftsbezogene Maßnahmen festgelegt werden müssen, die letztlich eine wertvolle Know-how-Basis bilden. Ziel ist es, im präventiven Sinne durch konstruktive Vorkehrungen einen Irrtum entdeckbar und einen daraus entstehenden Fehler unmöglich zu machen. Prinzipien dazu sind beispielsweise:

- Codierung von Stecker,
- unterschiedliche Befestigungen für Rechts- und Linksteile,
- asymmetrische Gestaltung von Teilen,
- Anbringung von Führungsflächen und Positionieranschlägen,
- Nutzung geometrischer Erkennungsmerkmale,
- Prüfbarmachen von Verbindungen,
- Ermöglichung von Sichtkontrollen,
- ⋮

Insofern liegt Fehlervermeidung zu einem großen Teil in der Hand der Konstrukteure und Planer, in dem das Design für Montage und Service zweckgerechter ausgeführt wird.

14.2 Poka-Yoke-Strukturen

Oberstes Ziel aller Vorkehrungen zur Prävention ist „Einfachheit", weshalb man eher von (Überwachungs-)Einrichtungen und weniger von (Überwachungs-)Systemen sprechen sollte. Forderung muss sein, dass mit einem einfachen Aufbau alle Merkmale sicher und eindeutig erfasst werden können und die Einrichtung sich wirtschaftlich in Montageprozessen integrieren lassen.

Eine Poka-Yoke-Einrichtung besteht immer aus einer einfachen Messfunktion, einer Auslösefunktion und einem von der Auslösefunktion angestoßenen Reguliermechanismus.

Poka-Yoke-Elemente		
Messfunktion	Auslösefunktion	Regulierfunktion

Sensoren und Sensorsysteme
• End- und Näherungsschalter
• Sensor für Position
   Dimension
   Form
   Druck
   Temperatur
   Vibration
   Farbe
   Strom
• Zähler
• Zeitüberwachungseinrichtungen
• Lichtschranken
• Bildverarbeitung
• (Checklisten)
	Kontakt-Prinzip
	• Abweichungen werden über geometrische Kenngrößen (Lage, Vorhandensein) erkannt, Führungsstifte, Kodierungen
	
	Festwert-Prinzip
	• Abweichungen werden durch das Überprüfen des Erreichens einer bestimmten Zahl von Teil-Arbeitsfolgeschritten erkannt (z. B. Zahl verbauter Teile)
	
	Schrittfolge-Prinzip
	• Check von erforderlichen Standardbewertungsfolgen
		Steuern
		• Fehlerträchtige Situation wird direkt ausreguliert
		
		Abschalten
		• Bei Abweichungen werden Maschinen abgeschaltet bzw. Spann- oder Transportvorrichtungen blockiert.
		
		Alarm
		• optische und akustische Hinweise auf fehlerträchtige Situation bzw. Auftreten eines Fehlers

Bild 14–2: Elemente von Poka-Yoke nach [2]

Als *Messmechanismen* sind alle möglichen Formen von Sensoren, von einfachen Endschaltern, Zählern, Zeitüberwachungseinrichtungen und Lichtschranken bis hin zu Low-cost-Bildverarbeitungssystemen denkbar. Die *Auslösefunktion* stellt Fehlhandlungen nach drei Prinzipien fest: Kontakt-, Festwert- oder Schrittfolgeprinzip:

- Beim *Kontaktprinzip* werden Fehlhandlungen, welche zu Fehlern führen können, bzw. in zweiter Linie Fehler unmittelbar nach Operationsende über geometrische Kenngrößen erkannt und eine Regulierfunktion angestoßen. Der Kontakt kann berührend oder berührungslos sein.

- Als *Festwertprinzip* versteht man das Erreichen der Fehlerfreiheit über Plausibilitätsprüfungen, wie der Anzahl der Operationen oder Ähnliches, z. B. die vollständige Bereitstellung aller notwendigen Montageteile durch einen einfachen „Vorhandensein-Test".
- Beim *Schrittfolgeprinzip* sollen Fehlhandlungen über einen Check von erforderlichen Standardbewegungsfolgen mit einfachen Messelementen (Endschalter, Zähler) verhindert werden, z. B. das Sicherstellen der richtigen Montageteile durch Prüfung der „Entnahme" aus Gitterboxen durch Freigaben.

Verbunden sind diese Prinzipien immer mit einer *Regulierfunktion* an einer Poka-Yoke-Einrichtung. Diese kann in Form der Abschaltung einer Maschine, durch Blockieren von Spann- und Transporteinrichtungen sowie optischer oder akustischer Warnungen erfolgen.

In Japan werden technische Hilfsmittel vielfach mit der Werker-Selbstprüfung verbunden. Letztlich führt eine konsequente Poka-Yoke-Philosophie im Unternehmen zu einem deutlich höheren Qualitätsniveau (Fehlerquellenüberwachung). Ziel ist es, die Fehlerquelle zu lokalisieren, um bleibende Abhilfemaßnahmen am Produkt oder den Einrichtungen durchführen zu können.

14.3 Null-Fehler-Strategie

Der Poka-Yoke-Ansatz sollte nicht isoliert auf die Konstruktion und Planung konzentriert werden, sondern viel effektiver ist es, Werkerteams bei der Suche nach der Null-Fehler-Produktion einzubinden. Die wirksamsten technischen Lösungen können meist nicht von produktionsfernen Fachleuten erdacht werden, sondern entstehen durch tatsächliches Tun am Band oder in der Montage.

Der damit verbundene Aufwand an Steuerung und Regelung lässt sich bei einer automatisierten Großserienfertigung stets gut rechtfertigen. Problematischer ist dies jedoch bei einer Kleinserien- oder Einzelteilfertigung, bei denen nur ein geringer Aufwand getrieben werden kann.

Zu den grundlegenden Prinzipien, um mit wenig Aufwand eine fehlerfreie Produktion zu erreichen, gehören:

- die *Fehlerquelleninspektion*, um Fehlhandlungen bereits an ihrem Ursprung zu entdecken, bevor sie Fehler verursachen können;
- die *100 %-Prüfung* hinsichtlich Fehler mit möglichst kostengünstigen Erkennungsvorrichtungen

sowie

- Vorsehen einer *Sofortmaßnahme* zum Stoppen eines Arbeitsvorgangs, wenn eine Fehlhandlung entdeckt wird.

Es ist natürlich selbstredend, dass eine Fehlerquelleninspektion zur Vermeidung von Fehlern am wirksamsten ist. Am zweitwirksamsten ist aus der Sicht des Kunden die 100 %-Kontrolle, da somit die Wahrscheinlichkeit, ein fehlerbehaftetes Produkt zu erhalten, so gut wie ausgeschlossen ist. Unternehmen neigen dagegen eher zu einer Stichprobenprüfung (AQL = 0,1 % - Average Quality Level), welche natürlich kostengünstiger ist. Dies bedeutet aber, dass von 1.000 Kunden einer ein fehlerhaftes Produkt erhält, welches für diesen Kunden unakzeptabel ist.

Ein in Japan vielfach praktiziertes Vorgehen ist das Anhalten eines Prozesses durch Betätigen einer Reißleine (Abschaltprinzip). Entdeckt ein Werker in der Herstellung oder Montage einen Fehler, so hat er die Berechtigung einen Prozess anzuhalten. Der Prozess darf danach erst wieder anlaufen, wenn der Fehler behoben ist.

14.4 Poka-Yoke in der Produktion

Die Aktivitäten eines Unternehmens sind darauf gerichtet, Produkte in der vom Kunden gewünschten Menge und Qualität herzustellen. Dies geschieht gewöhnlich in einem arbeitsteiligen Prozess:

- Gemäß Vorgabe (*Information*) werden *Zukaufteile* und *Material* nach Zeichnung und Stückliste beschafft.
- Diese werden dann mithilfe von *Maschinen* und Einrichtungen be- und verarbeitet,
- wobei Werker (*Menschen*) bestimmte Dinge in Übereinstimmung mit Arbeitsanweisungen (*Information*) nach festgelegtem Vorgehen (*Methoden*) ausführen.

Das Zusammenwirken dieser fünf Kernelemente (s. auch Bild 14–3) und die Kontrolle über diese Elemente legt fest, ob ein Produkt fehlerfrei hergestellt wird.

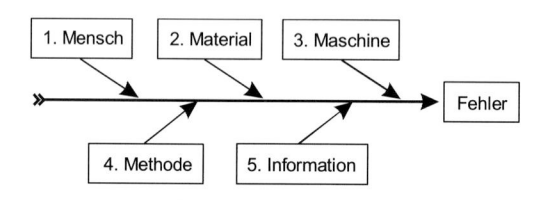

Bild 14–3: Ishikawa-Diagramm der Fehlerfaktoren in der Produktion

Die meisten in der Praxis festgestellten Fehler lassen sich gewöhnlich auf 10 Fehlerarten zurückführen. Gemäß ihrer Bedeutung kann die folgende Reihung durchgeführt werden:

1. Arbeitsgänge ausgelassen
2. Bearbeitungsfehler an Werkstücken
3. Fehlerhaftes Einlegen und Einspannen von Werkstücken
4. Fehlende Teile nicht eingebaut

14.4 Poka-Yoke in der Produktion

5. Falsche Teile eingebaut
6. Bearbeitung eines falschen Werkstücks
7. Bedienfehler an Maschinen
8. Einstellfehler an Maschinen
9. Einrichtefehler an Maschinen und Vorrichtungen
10. Unzureichende Vorbereitung des Personals

Alle diese Fehler wären zu verhindern, wenn zweckgerechte Hilfsmittel eingeplant würden. Genau hier ist der Ansatzpunkt von Poka-Yoke, in dem kreativ überlegt werden muss, wie die erforderliche Sicherheit in einem Prozess hineingebracht werden kann. Am wirksamsten haben sich die im Bild 14–4 aufgeführten Einrichtungen gezeigt.

1 = geometrische Zuordnung
2 = Warneinrichtung
3 = Tast-/Endschalter
4 = digitale Zähler
5 = Checklisten

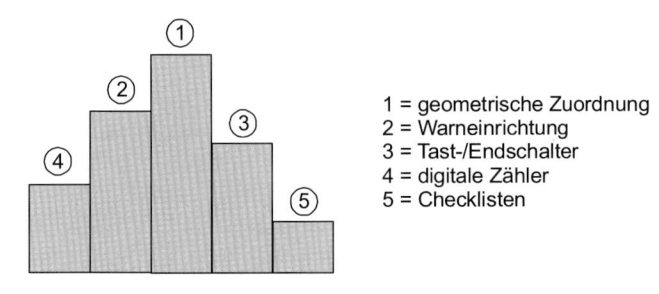

Bild 14–4: Die fünf Platzierungen der wirksamsten Poka-Yoke-Maßnahmen

Die größte präventive Häufigkeit (Platz 1) soll mit geometrischer *Zuordnung* bezeichnet werden. Hiermit ist gemeint, dass bei Werkzeugen oder Montagen das jeweilige Gegenstück über asymmetrische Geometrieelemente (z. B. unterschiedliche Pass- oder Führungsstifte) abgefragt wird.

Am zweithäufigsten (Platz 2) werden *Warneinrichtungen* zur Unterbrechung der Fehlerfortpflanzung eingesetzt. Das heißt, falls ein Werker einen Fehler entdeckt, löst er einen Alarm (Sirene, Blinklicht) aus, welcher als Zeichen für die sofort einsetzende kollektive Fehlersuche aufzufassen ist.

Mit dritter Häufigkeit (Platz 3) werden *Tast-* bzw. *Endschalter* eingesetzt. Diese dienen der Überwachung, ob ein Werkstück überhaupt in einer Station eingelegt ist und ob das Werkstück richtig eingelegt ist. Erst wenn diese Rückmeldungen vorliegen, kann überhaupt eine Maschinenaktivität erfolgen. Somit werden Fehlbearbeitungen und Störzustände in Prozessen verhindert, so dass keine Fehler entstehen können.

Als vierte Hilfe (Platz 4) können *digitale Zähler* mit Rückstellung angeführt werden, die durchgeführte Arbeitsgänge erfassen und danach ein Quittierungssignal geben. Dem Bediener wird damit eine Beobachtungshilfe über den Arbeitsablauf gegeben, bzw. ein neuer Ablauf kann nur gestartet werden, wenn eine vollständige Schleife durchlaufen worden ist.

Das wohl einfachste Hilfsmittel zur Überwachung von Arbeitsabläufen oder Prozessen stellt die *Checkliste* dar. Ein Bediener hat danach ein Formular auszufüllen und die Vorgaben Punkt für Punkt abzuhaken. Mit Checklisten wird gleichsam eine personalisierte Verantwortung geschaffen.

14.5 Design-Poka-Yoke

Trotz aller einfach zu realisierenden Fehlerverhinderungsmaßnahmen in der Produktion liegt der erfolgreichste Ansatz immer noch im Produktdesign. Aufgabe der Konstruktion muss es sein, durch robuste Produkte letztlich unanfällige Prozesse zu erhalten.

Unter *Robustheit* (Unempfindlichkeit) werden zweckgemäße Eigenschaften subsummiert, die auf das Handling, die Steifigkeit, den Werkstoff und die Rückwirkungen aus der Bearbeitung zielen. Robuste Produkte sollten narrensicher herstellbar sein, nur einfache Herstellprozesse benötigen und sich im Gebrauch zuverlässig verhalten.

Eine weitere günstige Eigenschaft mit präventiver Wirkung besteht in der *Identifizierbarkeit* von Teilen über das Gewicht, die Abmessungen und die geometrische Form. Diese Merkmale lassen sich mit einfachen Einrichtungen bereits zu Beginn eines Prozesses prüfen. Um dies letztlich rationell tun zu können, ist eine Standardisierung von Teilen anzustreben, wodurch die Anzahl an möglichen Fehlerquellen reduziert wird.

Robustheit und Identifizierbarkeit kann man nicht erprüfen und absichern, sondern muss in ein Produkt hineinkonstruiert werden. Genauso verhält es sich mit der Fehlerprävention, die ebenfalls im Vorfeld geschaffen werden muss.

Dies sind alles Prinzipien, die in KAIZEN [3] schon seit Jahren etabliert sind. Oberstes Ziel von KAIZEN ist, dass Kunden nur absolut fehlerfreie Produkte (TQC) erreichen. Jeder Mitarbeiter eines Unternehmens ist dazu aufgefordert, seinen Beitrag zu leisten. Dies beinhaltet auch den informellen Rückfluss aus der Werkstatt zum Konstrukteur. In Japan gilt beispielsweise das Prinzip: „Nimm auch vom niederen Rat an", womit die Aufforderung zur Kommunikation über alle Ebenen eines Unternehmens verbunden ist.

In diesem Zusammenhang lässt sich oft beobachten, dass Fachabteilungen bei Fehlerbehebungsproblemen sich mit der ersten naheliegenden Lösung [4] zufriedengeben. Im Qualitätsmanagement wird dieser Verhaltensweise beispielsweise durch die Fragetechnik „5-mal Warum" (s. auch Kaizen) entgegengewirkt. Dies bedeutet, dass ein Problem etwa fünf Mal oder mehr hinterfragt werden soll, was die Wahrscheinlichkeit erhöht, auf die eigentliche Ursache zu stoßen. Erst wenn die Wurzel eines Problems erkannt ist, können wirkungsvolle Gegenmaßnahmen ergriffen werden.

Im umseitigen Bild 14–5 ist beispielhaft ein prinzipieller Ablauf dargestellt, wodurch letztlich eine Konzeptionsschwäche in der tatsächlichen Auslegung offengelegt wird. Erst wenn diese behoben ist, ist das Problem bleibend gelöst.

14.5 Design-Poka-Yoke

> Problem: In einer Fertigungsstraße fällt wiederholt immer dieselbe Schleifmaschine aus. Die naheliegende Lösung ist jeweils den Schleifkopf aufzutauschen, welches zeitaufwendig und teuer ist.
>
> Anwendung der „5-mal Warum-Technik"
>
> 1. Frage: Warum ist die Maschine ausgefallen?
>   Antwort: Der Thermoschalter schaltet wegen Überlastung ab.
> 2. Frage: Warum wird die Maschine überlastet?
>   Antwort: Weil das Spindellager nicht ausreichend geschmiert wird.
> 3. Frage: Warum wird das Lager nicht richtig geschmiert?
>   Antwort: Weil die Ölpumpe zu wenig Öl fördert.
> 4. Frage: Warum funktioniert die Ölpumpe nicht richtig?
>   Antwort: Weil deren Dichtringe sehr früh verschleißen.
> 5. Frage: Warum verschleißen die Dichtringe?
>   Antwort: Warum verschleißen die Dichtringe?
>
> Lösung: Zusätzlich zu dem vorhandenen Grobfilter wird eine Feinfilterstufe vorgesehen. Sämtliche Schmutzpartikel können so ausgefiltert werden. Danach sind keine Maschinenstillstände mehr vorgekommen.

Bild 14–5: Anwendung der Fragetechnik „5-mal Warum"

Literatur

[1] Stausberg, M., Hrsg.: Qualitätsmanagement – Methoden – Überblick über Poka-Yoke-Systeme (Kap. 6.2). WEKA-Verlag, Augsburg 2002

[2] Hirano, H.: Poka-Yoke. Verlag Moderne Industrie, Landsberg/Lech 1992. Überblick über Poka-Yoke-Systeme

[3] Imai, M.: KAIZEN – Der Schlüssel zum Erfolg der Japaner im Wettbewerb. 2. Auflage, Ullstein-Taschenbuch, München 1993

[4] Traeger, D. H.: Grundgedanken der Lean Production. Teubner Studienskripte, Stuttgart 1994

15 Einführung von PDMAS im Unternehmen

15.1 Geplantes Vorgehen

PDMA ist bei den Quality-Engineering-Methoden anzusiedeln, deren Ziel in der Regel ist, „innovative Produkte, in kurzer Zeit zu geringen Kosten und mit einer guten Qualität" zu erzeugen. Damit sind alle Wünsche eines Unternehmens zur Verbesserung des Produkt-Entstehungs-Prozesses (PEP) umschrieben. Jedes Teilziel lässt sich mit Methoden wie FMEA, QFD, DoE und eben PDMAS erreichen.

Für die Mitarbeiter in den Unternehmen bedeutet dies, dass sie sich offensiv einem Lernprozess stellen und bereit sein müssen, neue Wege zu begehen. Diese Bereitschaft ist oft jedoch nicht vorhanden. Es ist eine menschliche Eigenart, dass wir gerne „den Weg des geringsten Widerstandes" einschlagen wollen. Dies macht sich im Abblocken von Veränderungen und besserer Planung bemerkbar.

Bezüglich vermehrter Planung lässt Berthold Brecht den Bettlerkönig in der Dreigroschenoper fabulieren:

> „Ja, mach nur einen Plan. Sei ein großes Licht. Mach dann noch'n zweiten Plan. Gehen tun sie beide nicht."

Damit ist die extreme Meinung formuliert worden, dass man jegliche Abläufe oder Zielerreichungsvorgänge nach eingefahrenen (intuitiven) Regeln ablaufen lassen sollte. Dies lässt sich aber im Unternehmensalltag nicht bestätigen. Es gibt sicherlich mehr Beispiele, die für ein geplantes bzw. strategisches Vorgehen sprechen.

PDMAS verlangt ebenfalls eine bestimmte systematische Vorgehensweise. Die wesentlichen Prinzipien dazu sind zu Anfang im Kapitel 3.2 als PDX-Phasen und im Kapitel 6.2 mit den 10 PDA-Arbeitsschritten umrissen worden. Die PDMAS-Prinzipien sind leicht zu verstehen und in ihrer Wirkung sehr einleuchtend.

15.2 Begünstigende Voraussetzungen

Methoden werden sich in einem Unternehmen langfristig nur behaupten, wenn ein Macht- und ein Fachpromotor vorhanden sind. Der Machtpromotor muss dafür sorgen, dass PDMAS gefordert und im Produkt-Entstehungs-Prozess festgeschrieben wird. Der Fachpromotor muss bei dieser Aufgabenteilung die methodische Seite abdecken. Hierzu gehört breites Interesse an der Methode zu wecken, Projekte anzustoßen und die Idee lange Zeit am Leben [1] zu erhalten.

15.3 Etablierung im Entwicklungsprozess

Eine weitere Voraussetzung für das Überleben einer Methode ist *Akzeptanz* durch die Anwender. Hiermit ist Erfolg verbunden. Kein Anwender wird Aufwand ohne Nutzen akzeptieren. Dieses K.-o.-Kriterium greift bereits beim ersten Projekt, weshalb das Pilotprojekt sehr sorgfältig ausgewählt werden muss.

Erfahrungsgemäß sollte das erste Projekt nicht allzu aufwändig sein, um in kurzer Zeit zu einem guten Ergebnis zu gelangen. Erfolgsbegünstigend ist auch, wenn das System in sich abgeschlossen ist und nicht zu viele Schnittstellen hat, womit oft Folgeänderungen verbunden sind. Auch sollte die Anzahl an Teilen nicht zu groß sein. Bei etwa 15–20 Teilen kann man meist mit PDA eine Reduzierung von 3–5 Teilen erreichen. Zum Zwecke des Controllings sollte das Pilotprojekt protokolliert und quantifiziert bewertet werden, damit bei PDMA resümierend mit Daten und Fakten argumentiert werden kann.

15.3 Etablierung im Entwicklungsprozess

Da die PDMA-Methodik mit der Erweiterung um Servicegerechtheit (PDS) und Umweltgerechtheit (PDR) schon einen erhöhten Anspruch an die Anwender stellt, hat sich eine schrittweise Einführung bewährt. Den größten Nutzen kann der Prozesskette Montage- und Demontageoptimierung mit zweckbestimmter Herstellung zugeordnet werden, so wie Bild 15–1 hervorgehoben.

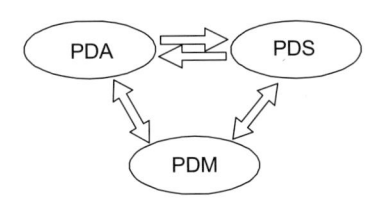

Bild 15–1: Prozesskette Montage- und Servicegerechtheit

In einer zweiten Stufe kann mit PDR auch die Umweltgerechtheit in den Entwicklungsprozess mit aufgenommen werden. Die PDR-Analyse hat einen sehr direkten Bezug zum Werkstoffeinsatz und zur Fügetechnik, weshalb es auch Rückwirkungen zu PDS (Demontage) bezüglich der Werkstofftrennung gibt. Die damit wirksame Verkettung zeigt Bild 15–2.

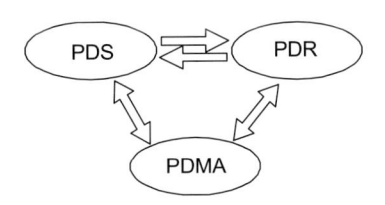

Bild 15–2: Prozesskette Umweltgerechtheit und Demontage

Anhand der vorgenommenen Betrachtungen wird ersichtlich, dass die Methoden untereinander sehr verknüpft sind und daher letztlich auch ganzheitlich eingesetzt werden sollten.

15.4 Barrieren und Anlaufschwierigkeiten

Oft ist die Vorstellung zu idealistisch, dass sich Menschen in der betrieblichen Arbeitswelt stets voll motiviert neuen Methoden und Arbeitstechniken zuwenden. Manchmal wird man auf eine natürliche Reserviertheit stoßen, deren Ursache in Enttäuschungen der Vergangenheit beruht. Hier sind dann aufwändige Aktivitäten eingeleitet, aber nicht zu Ende geführt worden, sodass sich eine insgesamt negative Erfahrung festgesetzt hat. Diese Abwehrhaltung muss erst argumentativ überwunden werden, um mit PDMAS eine neue Chance zu erhalten.

Was spricht insofern für PDMAS? Viele Wettbewerbsunternehmen wenden die Methode mit Erfolg an. Die Methode zielt auf das beständige Problem: Abbau von Überkomplexität, Senkung von Herstellkosten und bessere Organisation von Arbeitsabläufen. Sicherlich kann es sich kein Unternehmen leisten, ein derartiges Potenzial ungenutzt zu lassen, wenn es nicht Wettbewerbsnachteile hinnehmen will.

Als weiteres Gegenargument wird sehr oft auch angeführt, dass sich mögliche Kostenreduzierungen durch konzeptionelle Änderungen nicht eindeutig bewerten ließen. Tatsächlich kann dies PDMAS nicht leisten, da es keine Kalkulationsmethode ist. Die Basis ist eine Zeitschätzung für Montage-/Demontageabläufe, welches Konzepte relational vergleichbar macht. Gewöhnlich reicht dies aus, um Richtungsentscheidungen zu treffen, welche in konzeptionelle Überarbeitungen münden. Neue Konzepte werden hierbei im Team durch einen gesteuerten Leitfragendialog kreativ entwickelt, diese zeichnen sich durch eine verringerte Komplexität und weniger Einzelteile aus.

Wie schon erwähnt, sollte das erste PDMAS-Projekt vom Teileumfang nicht zu groß sein. Wenn ein System gewählt wird, ist darauf zu achten, dass ein geringer Standardisierungsgrad vorliegt, damit überhaupt ein Änderungsspielraum vorhanden ist. Systeme sind weiter aus Subsysteme und diese aus Einzelteilen aufgebaut. Bei PDA und PDS tastet man sich stets von *außen* nach *innen*, d. h., zuerst wird der Fokus auf das Zusammenwirken[*] des Basisteils mit den Subsystemen gerichtet. Danach wird der Aufbau der Subsysteme mit seinen Einzelteilen analysiert und die Struktur vereinfacht. Immer wenn von diesem Prinzip (siehe Bild 15–3) abgewichen wird, driften die PDX-Methoden ins Unsystematische ab. Es ist deshalb sinnvoll, etwas Vorarbeit in eine Projektsitzung zu inves-

---

[*] System   ≙ z. B. Fahrzeughimmel im Automobil
 Subsysteme: Haltegriffe, Sonnenblende, Leuchteneinheit etc.
 Teile   = Lagerbock (für Sonnenblende), Kunststoffgehäuse (als Träger für Leuchteneinheit) etc.

15.5 Projektmanagement

tieren, um vorher die Problempunkte zu identifizieren. Dies verhindert Leerlauf in Teamsitzungen und unterstreicht die Methodenkompetenz des Moderators.

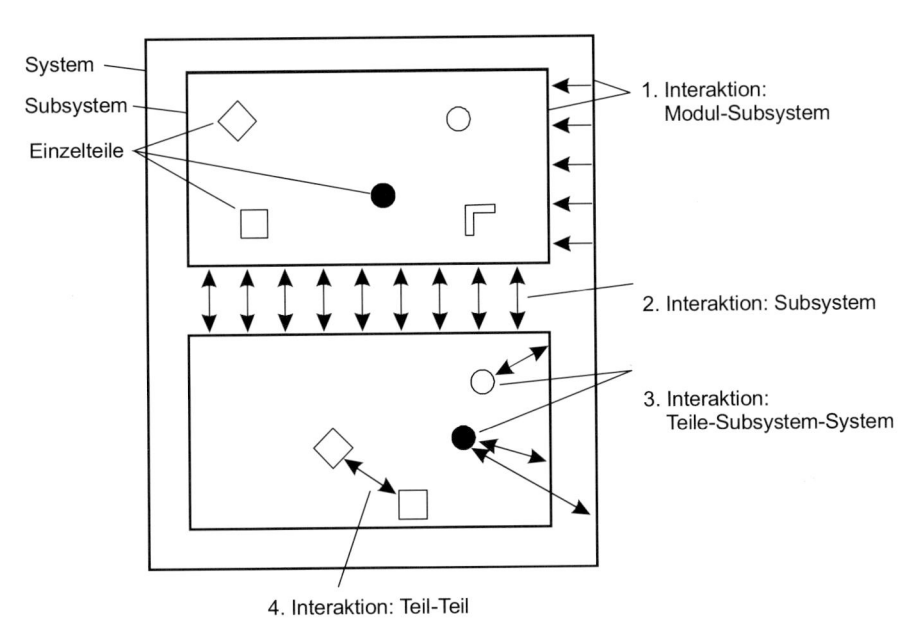

Bild 15–3: Verknüpfungssystematik von PDA bzw. PDS

Ein weiterer Hinweis ist, dass ein Projekt immer vollständig dokumentiert werden sollte. Es ist oft verlockend, unter dem herrschenden Zeitdruck eine PDA nach der Istanalyse zu beenden. Nachteilig ist, dass dann kein Controlling stattfindet und die gewonnenen Erkenntnisse zu einem späteren Zeitpunkt nicht mehr rekonstruierbar sind. Gemachte Erfahrungen gehen so verloren und können zu Doppelarbeit führen.

15.5 Projektmanagement

In den meisten Unternehmen wird heute Produktentwicklung im Rahmen von Projektmanagement betrieben. Wichtig ist hierbei eine ergebnisorientierte Ausrichtung in einem angepassten Organisationsrahmen.

Wesentliche Voraussetzungen für ein erfolgreiches Projektmanagement und die fallweise Nutzung von QE-Methoden sind:

- ein verantwortlicher Projektleiter, der die Aufgabe zu seiner eigenen macht,
- ein kompetenter Fachmoderator, der die Facetten einer Methodik überblickt und Anleitung geben kann,

und

- Teammitglieder, die engagiert eine neue Methode zum Erfolg führen wollen. Dies bedingt Informationen über die Zielsetzung und Fertigkeiten mit der Methode.

Zu den anwendungsspezifischen Grundprinzipien [2] gehören ferner:

- Vorgabe von quantifizierten Zielen (Ergebnisgrößen, Zeitrahmen),
- einen abgegrenzten Entscheidungsrahmen

und

- einsetzbare Ressourcen (Kapazität, Aufwandskonto etc.).

Wenn die aufgeführten Bedingungen erfüllt sind, besteht eine große Erfolgswahrscheinlichkeit, die Methodik PDMAS über ein Pilotprojekt etablieren zu können. Der wirtschaftliche Nutzen wird dann vielfach höher sein als bei der Wertanalyse oder der MTM bei vergleichsweise geringerem zeitlichen Aufwand.

Literatur

[1] Schwetlick, W.: Forschung und Entwicklung in der Organisation industrieller Unternehmen. Erich Schmidt Verlag, Berlin 1993

[2] Treacy, M.: Der Weg zur Spitze. Campus-Verlag, Frankfurt – New York 1995

16 Softwareeinblick

Zu den drei wichtigsten im Manuskript dargestellten methodischen Werkzeugen soll ein kurzer Einblick in Softwarelösungen gegeben werden.

16.1 DFMA (BDI)

Die wohl älteste und verbreitetste Softwarelösung zu DFMA dürfte wohl von der Firma BDI (Boothroyd Dewhurst, Inc. Rhode Island) stammen. Wie zuvor schon dargelegt, bedarf der methodische Ansatz und die Software eines speziell ausgebildeten Fachmanns. Dies ist unter anderem damit zu begründen, dass die Software ein breites Anwendungsspektrum (Manufacture, Assembly, Service, Environment) abdeckt und somit einen bzw. mehrere erfahrene Bediener erfordert. Für viele Unternehmen wird der komplexe Bearbeitungsablauf, der große Schulungsaufwand und der hohe Lizenzpreis letztlich dazu führen, sich mit der Methode nur theoretisch auseinanderzusetzen.

16.2 DfMAS 2000 (NBU)

Das Softwarepaket DfMAS 2000 (Version 3.0) von der Firma NBU (Norbert Binke, Heide) entspricht in seinem methodischen Konzept weitestgehend dem textlichen Teil und den Übungen des vorliegenden Manuskriptes. Der Schwerpunkt ist auf die häufigsten Anwendungen DFA und DFS gelegt worden, wobei die möglichen Handlungen durch eine mitlaufende Kalkulation abgesichert werden. Durch die Ablaufgliederung in eine Ist-, Real- und Idealstufe ist ein zielgerichtetes Vorgehen möglich, welches zum Erfolgsnachweis umfangreich dokumentiert werden kann.

Gegenüber der DFMA-Software zeigt DfMAS 2000 eine bessere Akzeptanz insbesondere bei KMUs, weil nicht nur der Anschaffungspreis günstiger, sondern auch der Lern- und Anwendungsaufwand deutlich geringer ist.

16.3 TiCon (MTM[*])

Die Software TiCon 3.0 (Deutsche MTM-Vereinigung, Hamburg) ist zur effizienten Unterstützung des MTM-Verfahrens (Methods Time Measurement) entwickelt worden. Zwecksetzung ist es, Anwendern bei der Gestaltung und zeitlichen Bewertung von betrieblichen Abläufen sowie beim Zeit- und Kostenmanagement eine wirksame Unterstützung zu geben. Alle für die Konstruktion, Planung und

---

[*] MTM = Methode, um die Produktivität von Arbeitssystemen zu optimieren

Fertigung eines Produktes relevanten Daten können in ihrer logischen Verknüpfung erstellt und dynamisch gepflegt werden. Diesbezüglich lässt sich ein Basismodul (TiCon-Base) um Arbeitspläne, Arbeitsvorgänge, Mehrstellenarbeit, Prozessbausteine, optimale Taktung und ergonomische Gestaltung erweitern.

Bezüglich des Manuskriptschwerpunktes sei insbesondere auf TiCon-ProKon verwiesen, welches die Arbeitsblätter zur „montagegerechten Konstruktion" gemäß ProKon (Version 2.0) bereitstellt.

16.4 ProKon-2 (Universität Kassel)

Der im Kapitel 13 des Manuskriptes dargestellte ProKon-2-Ablauf ist auch als reine Excel-Version verführbar. Das Programm ist als Projektmappe realisiert worden, d. h., es sind eigene Arbeitsblätter zur Dokumentation der Aufgabenstellung, zur eigentlichen ProKon-Analyse, für die Kommentierung und Merkblätter zur Verfolgung weiterer Aktivitäten geschaffen worden.

Eine Erweiterung stellen die als Textbauteile hinterlegten Analysekriterien dar, die eine sofortige Gewichtung der festzulegenden Montage-Erschwernisse im Analyseblatt ermöglichen. Selbstverständlich wird auch der Gesamtwert in ProKon-Einheiten oder Zeiteinheiten für eine sitzende oder stehende Montage direkt ermittelt.

(Download unter: www.uni-kassel.de/fb15/lbk/)

16.5 DFA (Universität Kassel)

Zu der in der Praxis am häufigsten angewandten DFA-Methode ist ebenfalls eine Excel-Version erstellt worden, die auch das Arbeitsmappenprinzip verfolgt. Innerhalb einer Arbeitsmappe können die Aufgabenstellung, die DFA-Analyse zu den Stufen „Ist, Ideal, Real" sowie die Folgeaktivitäten dokumentiert werden. Das DFA-Arbeitsblatt ist so erweitert worden, dass nicht nur das einfache Schrittfolgeprinzip, sondern auch eine strukturierte Baugruppenmontage aus mehreren Unterbaugruppen möglich ist. Zur Erweiterung gehört auch, dass eventuelle Operationen mit Elektro-/Elektronikteilen sowie die Teileakquisition erfasst werden können.

Selbstverständlich werden alle notwendigen Rechenoperationen einschließlich der Bestimmung der Designindex-Montage selbsttätig ausgeführt und als Werte ausgewiesen.

(Download unter: www.uni-kassel.de/fb15/lbk/)

17 Beispielanhang

Beispiel 1: Suche nach der minimalen Teilezahl

Ermitteln Sie exemplarisch den Montagezeitbedarf und durch Anwendung der PDA-Leitfragen die minimale Teilezahl. Das Objekt zeigt einen Druckregler[*], der als Stellglied in einer Steuerung eingebaut ist und ein Ventil betätigt.

Intention des Beispiels: Der Leser soll den Umgang mit den Zeitkalkulationstabellen (A1 bis A12) und dem Leitfragen-Dialog trainieren.

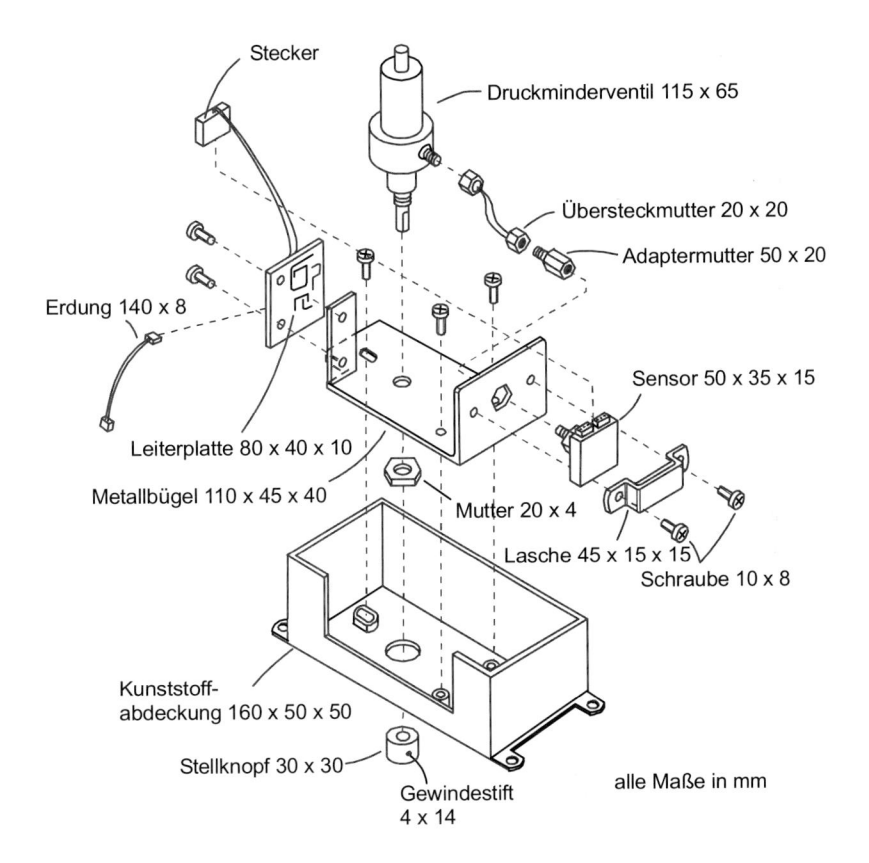

Stecker
Druckminderventil 115 x 65
Übersteckmutter 20 x 20
Adaptermutter 50 x 20
Erdung 140 x 8
Sensor 50 x 35 x 15
Leiterplatte 80 x 40 x 10
Metallbügel 110 x 45 x 40
Mutter 20 x 4
Lasche 45 x 15 x 15
Schraube 10 x 8
Kunststoffabdeckung 160 x 50 x 50
Stellknopf 30 x 30
Gewindestift 4 x 14
alle Maße in mm

Umseitig ist dazu das verwendende Formblatt wiedergegeben, in das schon eine logisch sinnvolle Montagereihenfolge eingetragen wurde.

---

[*] Quelle des Beispiels ist das Buch: Boothroyd/Dewhurst/Knight: Product Design of Manufacture and Assembly. M. Dekker-Inc., New York 2002

Zeitkalkulation*⁾:

Nr.	Teile/Prozesse	Anz. N	WAZ_i	Hand-habungs-code	HZ_i	Füge-code	FZ_i	MZ_i	LFD-Ideal	MT
1	**Metallbügel**									
2	Druckminder-ventil									
3	Mutter									
4	*Neuorien-tierung*									
5	Sensor									
6	Lasche									
7	Schraube									
8	Adaptermutter									
9	Rohr									
10	Übersteck-mutter									
11	Leiterplatte									
12	Schraube									
13	Erdung									
14	*Neuorien-tierung*									
15	Stellknopf									
16	Gewindestift									
17	Abdeckung									
18	*Neuorien-tierung*									
19	Schraube									

Mithilfe des Design-Index-Assembly

$$DIA = $$

lässt sich die Ausführungsqualität der Konstruktion einordnen.

---

*⁾ Legende: N = Anzahl der Teile, WAZ_i = Werkzeugakquisitionszeit, HZ_i = Handhabungszeit, FZ_i = Fügezeit, MZ_i = Montagezeit, LFD-Ideal = Leitfragen-Dialog für ideale Version, MT = min. Teilezahl

17 Beispielanhang

Mögliche Alternative für das Übungsbeispiel Druckregler[*]

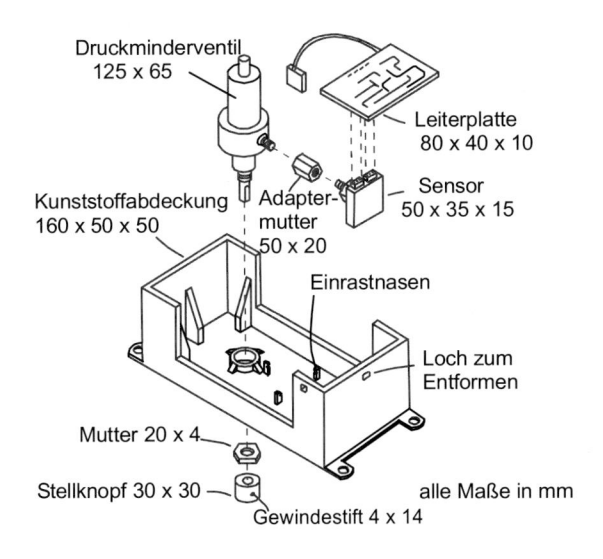

Druckminderventil 125 x 65
Leiterplatte 80 x 40 x 10
Kunststoffabdeckung 160 x 50 x 50
Adaptermutter 50 x 20
Sensor 50 x 35 x 15
Einrastnasen
Loch zum Entformen
Mutter 20 x 4
Stellknopf 30 x 30
Gewindestift 4 x 14
alle Maße in mm

Zeitkalkulation:

Nr.	Teile/Prozesse	Anz. N	WAZ_i	Hand-habungs-code	HZ_i	Füge-Code	FZ_i	MZ_i	MT
1	**Abdeckung**								
2	Druckminderventil								
3	Mutter								
4	Stellknopf								
5	Gewindestift								
6	Neuorientierung								
7	Adaptermutter								
8	Sensor								
9	Leiterplatte								
							Total:		

Design-Index-Assembly:

---

[*] nach Boothroyd/Dewhurst/Knight, Dekker-Inc., New York 2002

Musterlösung für das Übungsbeispiel Druckregler

Nr.	Teile/ Prozesse	Anz. N	WAZ_i	Handhabungs-code	HZ_i	Füge-code	FZ_i	MZ_i	LFD-Ideal	MT
1	Metallbügel	1	-	30	2,0	00	1,5	3,5	-	1
2	Druckminderventil	1	-	30	2,0	00	1,5	3,5	-	1
3	Neuorientierung	-	-	-	-	610	-	4,5	-	-
4	Mutter	1	3,0	00	1,1	39	8,0	12,1	NNN	0
5	Sensor	1	-	30	2,0	01	2,5	4,5	NJJ	1
6	Lasche	1	-	20	1,8	06	5,5	7,3	NNN	0
7	Schraube	2	3,0	11	1,8	62	5,7	18,0	-	0
8	Adaptermutter	1	3,0	00	1,1	38	6,0	10,1	NNN	0
9	Rohr	1	-	10	1,5	09	7,5	9,0	NNN	0
10.	Übersteckmutter	2	3,0	-	-	38	6,0	15,0	-	0
11	Leiterplatte	1	-	30	2,0	00	1,5	3,5	-	1
12	Schraube	2	3,0	11	1,8	62	5,7	18,0	NNN	0
13	Erdung	1	-	30	2,0	30	2,0	4,0	-	0
14	Neuorientierung	-	-	-	-	610	-	4,5	-	-
15	Stellknopf	1	-	00	1,1	01	2,5	3,6	NNJ	1
16	Gewindestift	1	3,0	12	2,25	38	6,0	11,25	NNN	0
17	Abdeckung	1	-	30	2,0	00	1,5	3,5	NNN	0
18	Neuorientierung	-	-	-	-	610	-	4,5	-	-
19	Schraube	3	3,0	11	1,8	39	8,0	32,4	NNN	0
		21	21,0					172,75		5

Design-Index-Assembly: DIA = 8,7 %

$$MZ_i = WAZ_i + N_i \cdot (HZ_i + FZ_i) + NOZ_i$$

17 Beispielanhang

Nr.	Teile/Prozesse	Anz. N	WAZ_i	Handhabungscode	HZ_i	Füge-Code	FZ_i	MZ_i	MT
1	**Abdeckung**	1	-	30	2,0	00	1,5	3,5	1
2	Druckminderventil	1	-	30	2,0	00	1,5	3,5	1
3	Mutter	1	3,0	00	1,1	39	8,0	12,1	0
4	Stellknopf	1	-	00	1,1	01	2,5	3,6	1
5	Gewindestift	1	3,0	12	2,25	38	6,0	11,25	-
6	Neuorientierung	1	-	-	-	610	-	4,50	-
7	Adaptermutter	1	3,0	00	1,1	38	6,0	10,1	0
8	Sensor	1	-	30	2,0	01	2,5	4,5	1
9	Leiterplatte	1	-	30	2,0	00	1,5	3,5	1
		8				Total:		56,55	5

Design-Index-Assembly: DIA = 26,5 %

Resümee: Die Ausgangsversion des Stellantriebs umfasst 21 Einzelteile.

Anhand des Design-Indexes mit einem DIA = 8,7 % ist die Konstruktion als viel zu komplex einzustufen. Theoretisch lässt sich die gleiche Funktionalität auch mit einer minimalen Teilezahl von MT = 5 unabhängigen Einzelteilen darstellen.

Die konstruktive Überarbeitung zeigt eine reale Ausführung mit MT = 8 Einzelteilen, welches einem DIA = 26,5 % entspricht. Dieser Wert charakterisiert schon eine recht gute Lösung.

Beispiel 2: REFA®-Zeitkalkulation

Das Verfahren REFA® steht für eine möglichst realistische *Fertigungszeitermittlung* bei der industriellen Teileherstellung und kann daher als Basis für PDM-Kalkulationen herangezogen werden.

Intention des Beispiels: Der Leser soll eine Methode der Zeiterfassung bei industriellen Herstellverfahren kennen lernen.

1. REFA®-Schema der Auftragszeit-Ermittlung

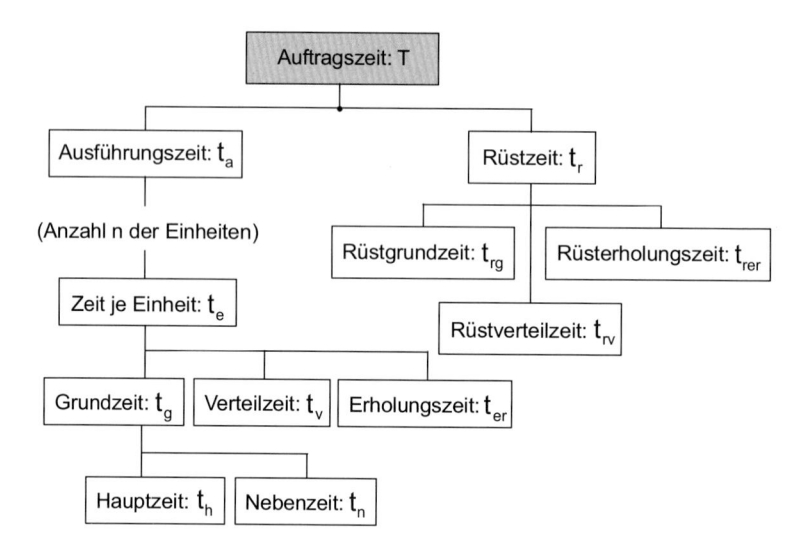

```
                    Auftragszeit: T
                   /              \
        Ausführungszeit: tₐ      Rüstzeit: t_r
                |                 /    |    \
        (Anzahl n der Einheiten)  Rüstgrundzeit: t_rg   Rüsterholungszeit: t_rer
                |                           |
        Zeit je Einheit: t_e        Rüstverteilzeit: t_rv
           /    |    \
    Grundzeit: t_g   Verteilzeit: t_v   Erholungszeit: t_er
        /    \
  Hauptzeit: t_h   Nebenzeit: t_n
```

Hierin bezeichnen:

- Die *Auftragszeit* T ist die für die Erledigung eines Auftrages insgesamt angefallene Zeit. Ihre Gliederung entspricht der Unterteilung in „Vorbereitung der Auftragsausführung (d. h. Rüsten)" und „Ausführung des Auftrags".
- Die *Ausführungszeit* t_a umfasst die Ausführungsarbeiten an allen Einheiten eines Auftrages.
- Die *Rüstzeit* t_r fällt an zur Vorbereitung der Betriebs- und Hilfsmittel (Arbeitsplatz, Maschine, Werkzeug) und deren Rückversetzung in den ursprünglichen Zustand. Die Rüstzeit kommt unabhängig von der Stückzahl nur einmal je Auftrag vor.
  Beispiel: Zeichnung lesen, Auftrag mit Meister besprechen, Maschine einstellen, umstellen und in den Normalzustand zurückversetzen, Werkzeuge holen und wieder abliefern
- Die *Grundzeiten* t_g bzw. t_{rg} umfassen die anfallenden Zeiten, die durch Berechnung oder durch Zeitaufnahme ermittelt werden können.

- Die *Verteilzeit* t_v bzw. t_{rv} fällt für unregelmäßig auftretende Zeiten an, die bei der Zeitberechnung oder Zeitaufnahme nicht ordnungsgemäß erfasst werden können. Gewöhnlich werden sie dann durch einen prozentualen Zuschlag den Grundzeiten t_g und t_{rg} zugewiesen.

  Beispiel: Arbeitsplatz und Maschine säubern, Maschine schmieren, Maschine bei Arbeitsbeginn in Gang setzen und bei Arbeitsschluss abstellen, unvorhergesehenes Werkzeugschärfen oder Werkzeug austauschen, Schmiermittel holen, Gespräche mit Vorgesetzten, eigene Bedürfnisangelegenheiten

- Die *Hauptzeit* t_h ist der Teil der Grundzeit je Einheit, bei der ein unmittelbarer Fortschritt im Sinne des Auftrages entsteht. Bei spanender Fertigung ist es die Zeit, in der der Werkstoff zerspant wird. Die Hauptzeit kann eine Maschinenzeit oder eine Handzeit sein.

- Die *Nebenzeit* t_n ist der Teil der Grundzeit je Einheit, der zwar regelmäßig auftritt, aber nur mittelbar zu einem Fortschritt im Sinne des Auftrages beiträgt. Nebenzeiten sind meist Handzeiten.

  Beispiel: Auf- und Abspannen von Teilen, Messen, regelmäßiger Werkzeugaustausch

2. Fertigung einer Welle

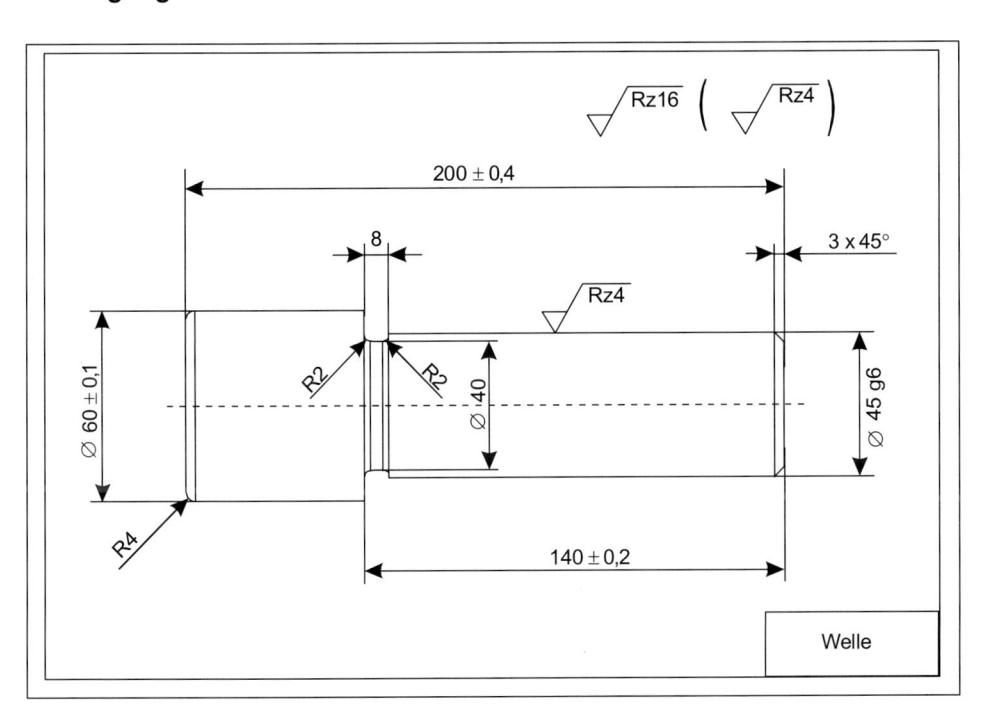

Auftragsdaten:

- Arbeitsvorgang drehen
- Werkstoff St 50-2 (neu: E 295)
- Rohmaße ⌀ 65 x 405 (für Wellen)
- Rohgewicht 10,6 kg
- Stückzahl n = 2

Rüsten:

	Minuten
Auftrag rüsten	7,0
Maschine rüsten	10,0
Werkzeuge rüsten	5,0
Rüstgrundzeit $t_{rg} =$	
Rüstverteilzeit (14 % von t t_{rg}) $t_{rv} =$	
Rüstzeit $t_r =$	

Ermittlung der Vorgabezeit:

Hauptzeit t_h	Minuten
Maschinenzeit	17,0
Handzeit (Fase, Rundungen)	2,0

Nebenzeit t_n	Minuten
Spannen, Schnitte anstellen, messen	11,0
Grundzeit $(t_h + t_n)$ $t_g =$	
Verteilzeit ($t_v = 7\%$ v. t_g) $t_v =$	
Zeit je Einheit $(t_g + t_v)$ t_e	
Ausführungszeit für 2 Stück $t_a =$	
Rüstzeit $t_r =$	
Auftragszeit $T =$	

Musterlösung für das Übungsbeispiel REFA®-Zeitkalkulation

Rüsten:

		Minuten
Auftrag rüsten		7,0
Maschine rüsten		10,0
Werkzeuge rüsten		5,0
Rüstgrundzeit	t_{rg} =	22,0
Rüstverteilzeit (14 % von t_{rg})	t_{rv} =	3,0
Rüstzeit	t_r =	25,0

Ermittlung der Vorgabezeit:

Hauptzeit t_h	Minuten
Maschinenzeit	17,0
Handzeit (Fase, Rundungen)	2,0

Nebenzeit t_n		Minuten
Spannen, Schnitte anstellen, messen		11,0
Grundzeit $(t_h + t_n)$	t_g =	30,0
Verteilzeit (t_v = 7 % v. t_g)	t_v =	2,1
Zeit je Einheit $(t_g + t_v)$	t_e =	32,1
Ausführungszeit für 2 Stück	t_a =	64,2
Rüstzeit	t_r =	25,0
Auftragszeit	T =	89,2

Beispiel 3: Optimierung einer Verbindung

Bei der Fa. AUDI[*] soll die Endmontage von Pkw-Scheinwerfern optimiert werden, da dies am Band einen hohen Zeitaufwand bedeutet.

Intention des Beispiels: Dem Leser soll die Vorgehensweise des Konzeptvergleichs vermittelt werden.

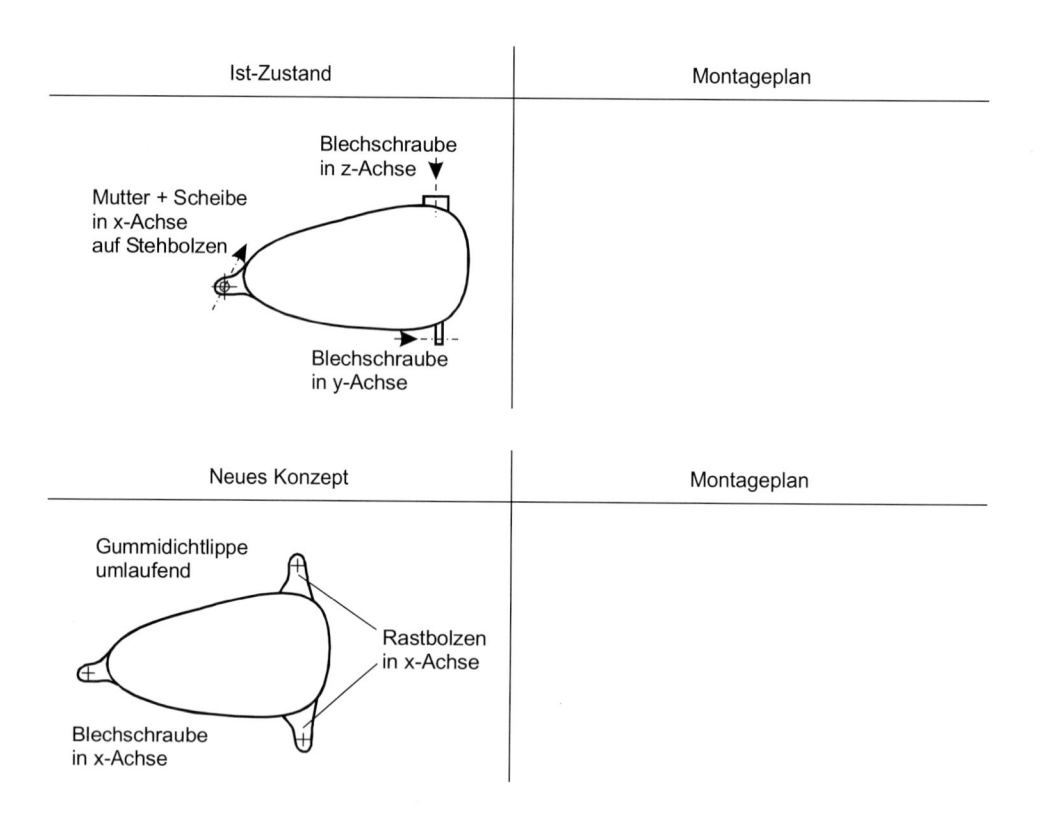

Ist-Zustand	Montageplan
Mutter + Scheibe in x-Achse auf Stehbolzen; Blechschraube in z-Achse; Blechschraube in y-Achse	

Neues Konzept	Montageplan
Gummidichtlippe umlaufend; Rastbolzen in x-Achse; Blechschraube in x-Achse	

Maße:

- Scheinwerfer-Hüllkörper 400 x 180 x 150
- Blechschraube M4 x 16 ($\varnothing$ 8,4 x 20/P = 0,7)
- Mutter M4 ($\varnothing$ 7,66 x 3,2)
- Scheibe $\varnothing$ 4 ($\varnothing$ 9 x 0,9)
- fester Rastbolzen $\varnothing$ 4
- fester Stehbolzen $\varnothing$ 4
- Gewicht Scheinwerfer kpl. 3,8 kg

---

[*] Dieses PDA-Beispiel ist von der Fa. AUDI bzw. im MTM-Handbuch veröffentlicht worden.

17 Beispielanhang

Bewerten Sie beide Lösungen mit PDA hinsichtlich Zeit und Kosten (Basis 65 €/h als Werksbrutto-Stundensatz).

Zeitkalkulation nach PDA-Methode

IST-Zustand der Scheinwerferbefestigung:

Teile/Prozesse	Werkzeug WAZ_i	Handhaben HZ_i	Fügen FZ_i	Montagezeit MZ_i
1. Gehäuse einsetzen				
2. Blechschraube in z-Achse				
3. Blechschraube in y-Achse				
4. Scheibe aufsetzen				
5. Mutter festziehen				

Neues Konzept der Scheinwerferbefestigung:

Teile/Prozesse	Werkzeug WAZ_i	Handhaben HZ_i	Fügen FZ_i	Montagezeit FZ_i
1. Gehäuse aufsetzen				
2. Blechschraube in x-Achse				

Zu den ermittelten Montagezeiten (MZ) muss bei „Fabrikmontage" großer Teile noch die Teileakquisitionszeit (TAZ)[*] hinzugerechnet werden. Für beide Ausführungsformen gilt:

Code (für Scheinwerfergehäuse, A 12):

Damit betragen die gesamten Montagekosten für

Ist-Zustand:

Neues Konzept:

---

[*] Zur Teileakquisition siehe Kapitel 7.6.

Ersparnis:

Musterlösung für das Übungsbeispiel Optimierung einer Befestigung

IST-Zustand der Scheinwerferbefestigung:

Teile/Prozesse	Werkzeug WAZ_i	Handhaben HZ_i	Fügen FZ_i	Montagezeit MZ_i
1. Gehäuse einsetzen	-	93 = 3,0	28 = 10,5	13,50
2. Blechschraube in z-Achse	3,0	10 = 1,5	62 = 5,7	10,20
3. Blechschraube in y-Achse	3,0	10 = 1,5	62 = 5,7	10,20
4. Scheibe aufsetzen	-	03 = 1,7	20 = 5,5	7,20
5. Mutter festziehen	3,0	02 = 1,9	62 = 5,7	10,60
				51,70 sec.

Neues Konzept der Scheinwerferbefestigung:

Teile/Prozesse	Werkzeug WAZ_i	Handhaben HZ_i	Fügen FZ_i	Montagezeit MZ_i
1. Gehäuse aufsetzen	-	93 = 3,0	28 = 10,5	13,50
2. Blechschraube in x-Achse	3,0	10 = 1,5	62 = 5,7	10,20
				23,70 sec.

Teileakquisitionszeit für Gehäuse (orientiert auf Paletten):

A 12/Code 11: TAZ = 6,3 sec.

Relativer Kostenvergleich

Ist-Zustand:

$$MoK_1 = (51,70 + 6,3) \cdot \frac{65\ \text{€/Std.}}{3.600} = 1,05\ \text{€}$$

Neues Konzept:

$$\text{MoK}_2 = (23{,}70 + 6{,}3) \cdot \frac{65 \text{ €/Std.}}{3.600} = 0{,}54 \text{ €}$$

Ersparnis: ≈ 48 %

Resümee: Durch alleinige Überarbeitung der Verbindungstechnik konnte der Zeitaufwand für die Scheinwerfermontage nahezu halbiert werden. Diese Erkenntnis lässt sich verallgemeinern, da sich Verbindungen sehr oft als die dominanten Kostentreiber erweisen.

Beispiel 4: MTM® versus PDMAS am Fall Klemmschelle

Die drei dargestellten Klemmschellen[*] zur Aufnahme von Kabel sollen in einer Wand befestigt werden. Der Montageaufwand in Zeiteinheiten und Kosten (50 €/Std. für Handwerker) soll zum Vergleich mit MTM/ProKon 1 und PDMA gegenübergestellt werden.

Intention des Beispiels: Dem Leser sollen Parallelen zwischen den Methoden gezeigt und ein Gefühl für die Aussagegenauigkeit vermittelt werden.

IST-Zustand	Variante A	Variante B
Montage-Ablauf: • Dübel in (vorgebohrtes) Loch einsetzen • Klemmschelle ansetzen • Schraube ansetzen und eindrehen	Montage-Ablauf: • Klemmschelle mit angespritztem Dübel in (vorgebohrtes) Loch einsetzen • Schlagbolzen ansetzen und einschlagen	Montage-Ablauf: • Klemmschelle in (vorgebohrtes) Loch einsetzen und einschlagen

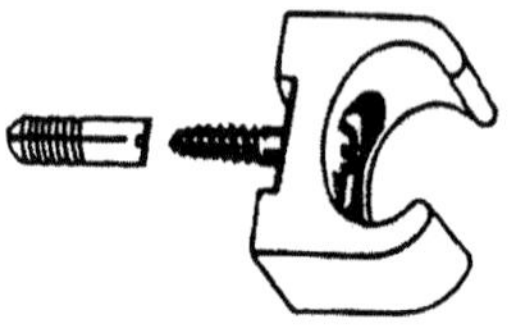

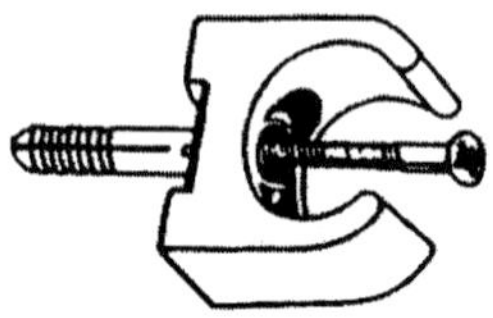

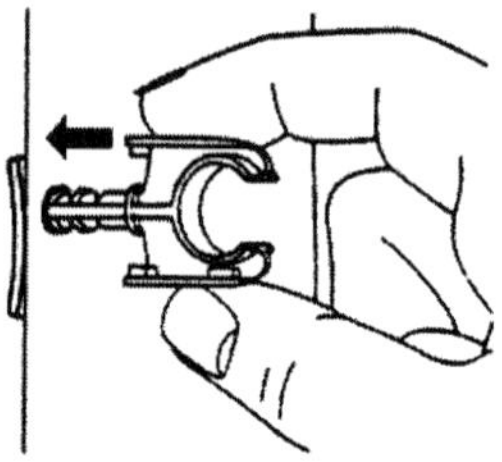

Bild 17–1: Darstellung der drei Varianten einer Klemmschelle zur Befestigung von Kabeln am Mauerwerk

Dimension:
- Dübel ∅ 8 mm, 40 mm lang
- Schraube M6 x 40
- Klemmschelle 25 x 23 x 15

---

[*] Das Beispiel ist mit freundlicher Genehmigung von MTM aus dem ProKon-Handbuch (Stand C/JF) entnommen und angepasst worden.

17 Beispielanhang

Zeitkalkulationstabelle

Ist-Zustand:

ProKon1-Vorgänge	Greifen	Fügen	Prozess	Werkzeug	Montieren
1. Dübel einsetzen und andrücken					
2. Klemmschelle ansetzen					
3. Schraube eindrehen					
4. Schraubwerkzeug festziehen					

Kosten:

PDA-Vorgänge	Werkzeug WAZ_i	Handhaben HZ_i	Fügen FZ_i	Montagezeit MZ_i
1. Dübel einsetzen und andrücken				
2. Klemmschelle ansetzen				
3. Schraube eindrehen				
4. Schraubwerkzeug festziehen				

Kosten:

Resümee:

Variante A*⁾:

ProKon1-Vorgänge	Greifen	Fügen	Prozess	Werkzeug	Montieren
1. Klemmschelle ansetzen					
2. Schlagbolzen ansetzen, einschlagen					

Kosten:

PDA-Vorgänge	Werkzeug WAZ_i	Handhaben HZ_i	Fügen FZ_i	Montagezeit MZ_i
1. Klemmschelle ansetzen				
2. Schlagbolzen ansetzen, einschlagen				

Kosten:

Resümee:

Variante B**⁾:

ProKon1-Vorgänge	Greifen	Fügen	Prozess	Werkzeug	Montieren
1. Klemmschelle ansetzen					
2. Eindrücken bzw. einschlagen					

Kosten:

---

*⁾ Die Erfahrung zeigt, dass sich bei vielen Einzelteilen die Zeitdifferenzen zwischen MTM und PDA ausgleichen; bei wenigen Teilen wird man hingegen Unterschiede feststellen.

**⁾ 1 PE (ProKon-Einheit) ≈ 0,048 sec. bei stehender Montage
≈ 0,042 sec. bei sitzender Montage

17 Beispielanhang

PDA-Vorgänge	Werkzeug WAZ$_i$	Handhaben HZ$_i$	Fügen FZ$_i$	Montagezeit MZ$_i$
1. Klemmschelle ansetzen				
2. Eindrücken bzw. einschlagen				

Kosten:

Resümee:

Musterlösung für das Übungsbeispiel Klemmschelle [*)]

Bauteile	Leitfragen-Dialog			Vorklärungs-Dialog	
	LFD1	LFD2	LFD3	VKD1	VKD2
IST-Zustand:					
1. Klemmschelle (= Basisteil)	-	-	-		NEIN
2. Schraube	JA	JA	NEIN	-	NEIN
3. Dübel	NEIN	NEIN	NEIN	NEIN	
Variante A:					
1. Klemmschelle mit angespritztem Dübel	-	-	-		NEIN
2. Schraube	JA	JA	NEIN	-	NEIN
Variante B:					
1. Klemmschelle mit angespritzter Spreizverbindung	-	-	-	-	-

Bild 17–2: Diskussion für Kernfragen zur Findung eines Minimalsystems

---

[*)] HZ = Handhabungszeit, WAZ = Werkzeugzeit, FZ = Fügezeit, MZ = Montagezeit

IST-Zustand:

ProKon1	Greifen	Fügen	Prozess	Werkzeug	Montieren
1. Dübel einsetzen und andrücken	ED1 = 44	FC1 = 43			87
2. Klemmschelle ansetzen	EF2 = 70	FA3 = 17			87
3. Schraube eindrehen	ED1 = 44	FC3 = 54			98
4. Schraubwerkzeug festziehen			P3 = 150	40	190
					462 PE x 0,048 = 22,2 sec.

PDA	WAZ_i	HZ_i	FZ_i	MZ_i sec.
1. Dübel einsetzen und andrücken		10 = 1,50	30 = 2,00	3,50
2. Klemmschelle ansetzen		20 = 1,80	06 = 5,50	7,30
3. Schraube eindrehen		-	62 = 5,70	5,70
4. Schraubwerkzeug festziehen	3,0			3,00
				19,50 sec.

Variante A:

ProKon1	Greifen	Fügen	Prozess	Werkzeug	Montieren
1. Klemmschelle ansetzen	EF2 = 70	FB1 = 16			86
2. Schlagbolzen ansetzen, einschlagen			P7 = 100	40	140
					226 PE x 0,048 = 10,8 sec.

PDA	WAZ_i	HZ_i	FZ_i	MZ_i sec.
1. Klemmschelle ansetzen		20 = 1,80	30 = 2,00	3,80
2. Schlagbolzen ansetzen, einschlagen	3,00	-	63 = 5,00	8,00
				11,00 sec.

17 Beispielanhang

Variante B:

ProKon1	Greifen	Fügen	Prozess	Werkzeug	Montieren
1. Klemmschelle ansetzen	EF2 = 70				70
2. Eindrücken bzw. einschlagen			P7 = 100		100
					170 PE x 0,048 = 8,2 sec.

PDA	Werkzeug WAZ_i	Handhaben HZ_i	Fügen FZ_i	Montagezeit MZ_i
1. Klemmschelle ansetzen		20 = 1,80		1,80
2. Eindrücken bzw. einschlagen	3,00	-	63 = 5,00	8,00
				9,80 sec.

Die Bewertung des IST-Zustandes zufolge der ProKon-Kriterien führt zu 462 PE (ProKon-Einheiten), was bei stehender Montage in etwa einer Montagezeit von 22,2 Sekunden gleichzusetzen ist.

Eine weiter interessierende Fragestellung besteht darin, die Komplexität des Systems zielgerichtet zu reduzieren. Wie zuvor ausgeführt, schlägt Boothroyd vor, das System einem Leitfragen-Dialog (LD) zu unterwerfen, welches gewöhnlich zur minimal erforderlichen Teilezahl führt. Diese Suche nach der einfachsten Lösung ist im vorangegangenen Bild festgehalten worden. Zunächst führt dies zur Variante A, welche nur noch aus zwei Teilen (Klemme mit angespritztem Dübel, Schraube) besteht. Der angewandte Leitfragen-Dialog führt zu keiner weiteren Teilereduktion, weil diese Fragetechnik primär auf Montageabläufe zielt, in denen nicht Befestigen und Verbinden dominieren. Hierauf ist der ergänzende Vorklärungs-Dialog (VD) abgestimmt, der darauf gerichtet ist, die Befestigungs- und Verbindungstechnik als hauptsächliche Komplexitäts- und Kostentreiber zu vereinfachen. Unterwirft man Variante A nunmehr dem Vorklärungs-Dialog, so führt dies zur Variante B als ideale, einstückige Lösung. Das Befestigungselement Dübel ist hierbei entfallen, die Funktion aber in das neu geschaffene Verbindungselement integriert worden.

Die gezeigten Optimierungsschritte machen sich natürlich auch quantitativ bemerkbar, so fällt die Montagezeit bei der Variante A auf 10,8 Sekunden (48,6 %) und bei Variante B auf 8,2 Sekunden (36,9 %). Diese theoretisch ermittelten Werte zeigen gegenüber einer Zeitermittlung nach REFA eine Abweichung von 7 %, womit die Anfangsaussage belegt ist, dass dieser Ansatz geeignet ist, noch latente Kostenpotenziale auszuschöpfen.

Beispiel 5: Optimierung einer Befestigung

In der kreativen Phase greift man sehr gerne zum „freien Gedankensturm", wozu die allseits beliebte Brainstorming-Methode gezählt wird. Hierbei ist erwünscht, dass in einem möglichst großen Suchraum nach neuen Ideen Ausschau gehalten wird. In vielen Fällen ist dies aber realitätsfremd, da meist Einschränkungen bezüglich der verfügbaren Ressourcen bestehen. Die kreative Denktechnik ASIT[*)] (Advanced Structurized Inventive Thinking) berücksichtigt diese Situation. Das Prinzip ist, eine geschlossene Welt mit ihren Ressourcen zu definieren, wobei es im Problemlösungsprozess aber „verboten" ist, Neues hinzufügen.

Die fiktive Aufgabenstellung sei: *Eine normale Schraube soll in einer Wand (aus Gasbetonsteinen) befestigt werden, um einfache Gegenstände tragen zu können. (Ein Bohrer sei nicht verfügbar und ein Dübel unbekannt.)*

Intention des Beispiels: Der Leser soll die Idee hinter ASIT kennen lernen und die vier Techniken einüben.

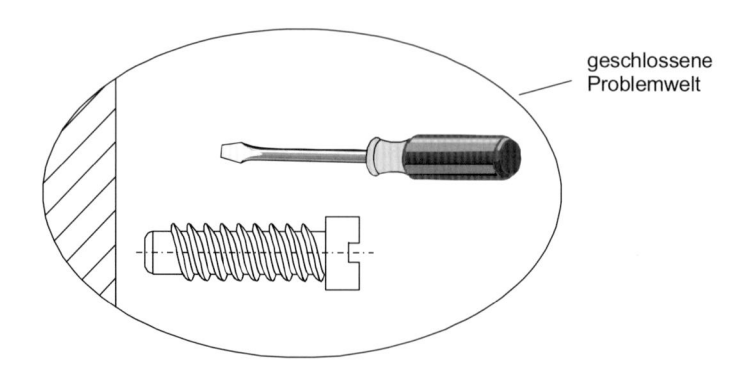

Bild 17–3: Problemsituation einer Schraubenbefestigung

Zur geschlossenen Welt gehören: *die Wand, eine Schraube und ein Schraubwerkzeug.*

1. Anwendung der *Vereinheitlichungstechnik*

   „Ein Problem muss mit den verfügbaren Ressourcen und den vorhandenen Objekten der Problemwelt gelöst werden. Die vorhandenen Objekte müssen dann weitere notwendige Funktionen erfüllen". Beispielsweise ist die Schraube so zu modifizieren, dass sie über einen abgestuften Bohr- und Schraubschaft verfügt. Alternativ kann es auch einen Schraubendreher geben, der ein Wechselteil (Schraub- und Bohrteil) hat.

[*)] ASIT nach R. Horowitz

17 Beispielanhang

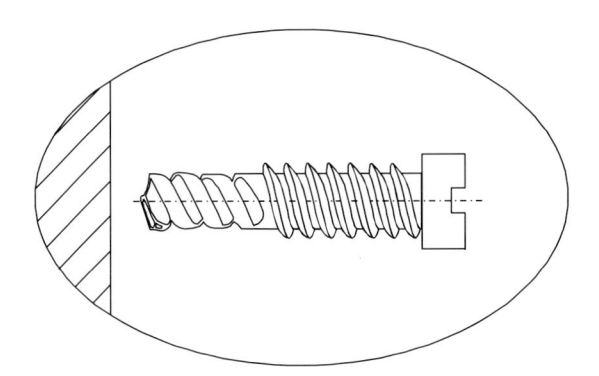

Bild 17–4: Schraube mit Bohr- und Befestigungsfunktion

2. Anwendung der *Vervielfältigungstechnik*

„Ein Problem muss mit den verfügbaren Ressourcen der Problemwelt gelöst werden, in dem ein Objekt dupliziert wird. Die Duplizierung kann ohne oder mit Veränderungen der Objekte erfolgen".

Beispielweise ist die Schraube so zu modifizieren, dass ein Prinzip „Schraube in Schraube" realisiert wird. Unterschiedliche Reibzustände können hierbei durch abgestufte Steigungen erzeugt werden.

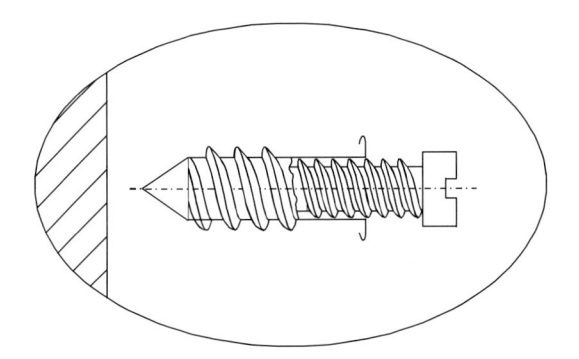

Bild 17–5: Prinzip äußere Schraubenhülse/innere Schraube

3. Anwendung der *Teilungstechnik*

„Ein Problem muss mit den verfügbaren Ressourcen der Problemwelt gelöst werden, in dem das als Einheit erscheinende Objekt aufgebrochen und neu arrangiert wird".

Beispielsweise ist die Schraube so zu modifizieren, dass eine äußere selbstschneidende Gewindehülse geschaffen wird, in die ein Stift rastend eingeführt werden kann.

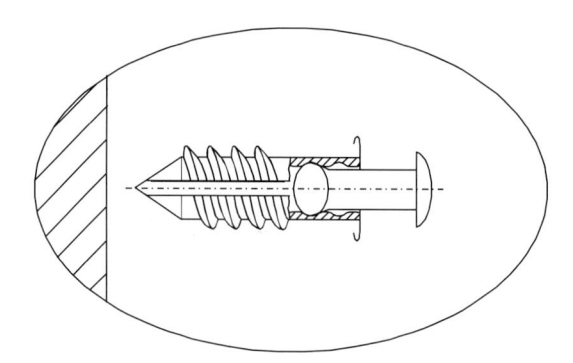

Bild 17–6: Prinzip einer Schneidhülse mit innerem Raststift

4. Anwendung der *Aufbrechungstechnik*

„Ein Problem muss mit den verfügbaren Ressourcen der Problemwelt gelöst werden, in dem bestehende Einheiten oder Symmetrien von Objekten aufgebrochen werden". Beispielsweise kann die Schraube so modifiziert werden, dass sie eine bohrerähnliche Spitze erhält und der Gewindeschaft als Furchwerkzeug (bildet ein Gewinde durch Materialverdrängung) ausgeführt wird.

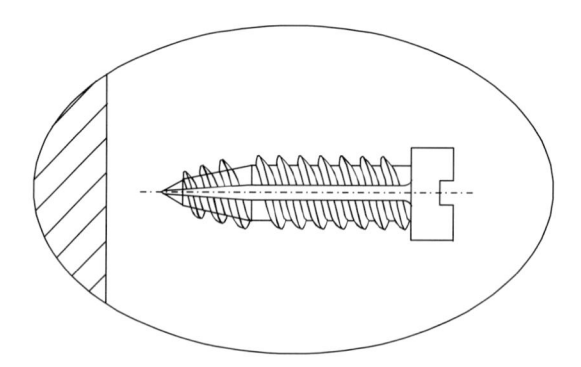

Bild 17–7: Schraube mit verschiedenen Gewindezonen zum Schneiden und Befestigen

18 Fallstudienanhang zur Systemoptimierung

Die Fallstudien verfolgen die Intention, dass hier Situationen in einem größeren Kontext dargestellt sind. Zur Problembearbeitung müssen oft verschiedene Ansätze genutzt werden.

Fallstudie 1: Ölpumpe für Pkw-Motor[*]

Bei VW-Fahrzeugen wurde bis 1997 eine kettengetriebene Ölpumpe eingesetzt, die separat am Motorblock befestigt war. Im Rahmen eines PDMAS-Pilotprojektes wurde diese Ölpumpe als Versuchsobjekt ausgewählt und von ihrer Konzeption und ihrem Aufbau infrage gestellt.

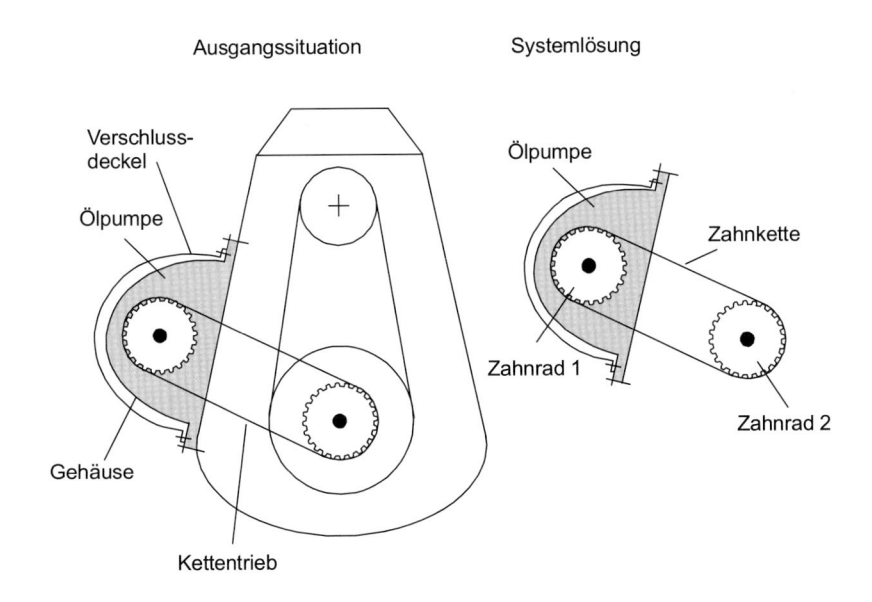

Bild 18–1: PDA-Aufgabe „Ölpumpe"

I. PDA mit konzeptionellem Fokus

Zielrichtung: Ist das bisher in der Serie eingesetzte Konzept verbesserungsfähig?

PDA-Leitfragen: 1. Muss sich ein Teil *relativ bewegen lassen*?
2. Muss für dieses Teil ein *anderes Material eingesetzt* werden?
3. Muss es ein *eigenständiges Teil* sein?

---

[*] Das Beispiel wurde von der Volkswagen AG, Wolfsburg, überlassen; es ist weitestgehend identisch mit der Dissertation von J. Spies, ETH-Zürich.

System/Teile	PDA-Leitfragen	Bemerkung
Motor kpl. + Ölpumpe kpl.		
Zahnrad 1		
Kette		
Zahnrad 2		

Das Ergebnis der konzeptionellen Analyse ist, dass der gewählte Aufbau nicht unbedingt zweckmäßig ist, da die Antriebslösung verzichtbare Teile (insbesondere Zahnkette) enthält. Eine bessere Lösung wäre ein Direktantrieb der Ölpumpe über die Kurbelwelle.

Verbessertes Konzept:

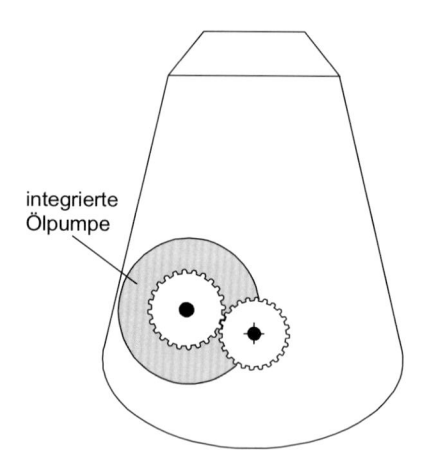

Bild 18–2: Konzeptverbesserung „Ölpumpe"

Bei dem Konzept der integrierten Ölpumpe entsteht natürlich eine neue Frage: Muss die Ölpumpe überhaupt ein eigenes Gehäuse haben oder kann das Motorgehäuse nicht gleichzeitig auch Ölpumpengehäuse sein?

Da dieser Schritt sehr groß ist, soll er zunächst ausgeklammert werden und die Aktivitäten ausschließlich auf eine "eigenständige Ölpumpe" gerichtet werden.

II. PDA mit Teilefokus

Die Ursprungsversion der Ölpumpe besteht aus relativ vielen Einzelteilen. Eine Auflistung der Teile gibt die Tabelle 18-1 wieder. Um möglichst schnell zu einem Ergebnis zu kommen, soll hier auf die Analyse der Montagezeiten verzichtet und nur exemplarisch der PDA-Leitfragen-Dialog auf jedes Teil angewandt werden.

Nr.	Teile/Prozesse	Stück	LFD1 / LFD2 / LFD3	Konsequenz	MT
1	Pumpengehäuse				
2	Pumpenrad, inneres				
3	Pumpenrad, äußeres				
4	Verschlussplatte				
5	Befestigungsschrauben				
6	Gehäusedichtung				
7	Steuerventil — Kolben — Feder — Anschlag				
8	Saugrohr				
9	Rohrflansch				
10	Metalldichtung				
11	Flanschschrauben				
12	Rohrhalter				
13	Halterschrauben				
14	Gehäuseschrauben				

Tabelle 18-1: Analyse der Ursprungsversion „Duocentric-Ölpumpe"

Das Ergebnis der systematischen Voranalyse ist, dass sich mit einem besseren Konzept etwa 14 Teile (= 50 %) einsparen lassen. Hierfür muss die konstruktive Gestalt aber noch erarbeitet werden.

III. PDA mit Optimierungsfokus

Bei VW hat sich ein Team von sieben Mitarbeitern mit der Verbesserung der Ölpumpe beschäftigt. In einer „*kleinen PDA*" lag der Schwerpunkt auf Änderungen, die möglichst schnell in die Serie einfließen sollten. Nahe liegend ist dann, gestalterische Details zu optimieren und die Verbindungstechnik infrage zu stellen.

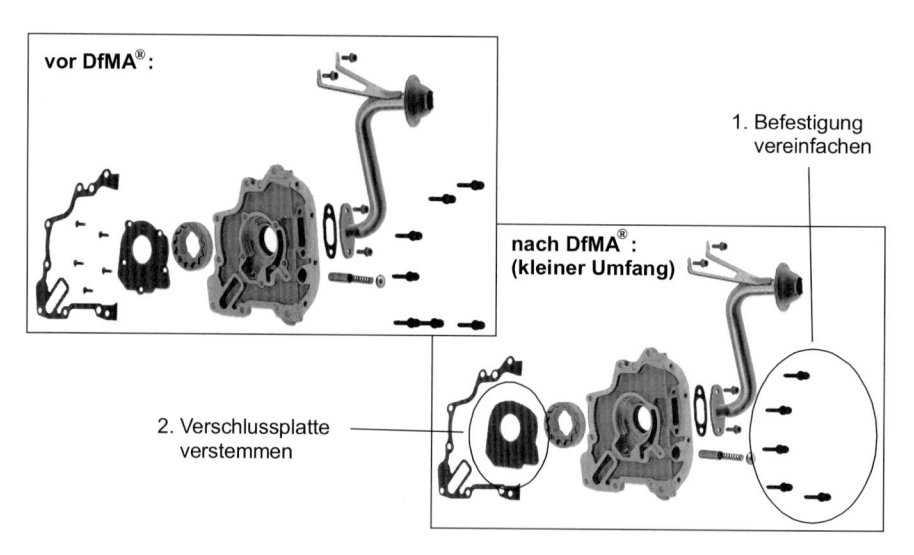

Bild 18–3: Ergebnis der „kleinen PDA"

Wie in Bild 18–3 dargestellt, waren die ersten Verbesserungen wirklich klein und sind im Grunde mehr eine Ratio-Maßnahme[*]:

1. *Pumpengehäuse verkleinert*, um es mit 5 Schrauben befestigen zu können (2 Schrauben entfallen)
2. *Verschlussplatte* mit Gehäuse *verstemmen* (hierdurch entfallen weitere 5 Schrauben)

Mit diesen beiden Änderungen sind 7 Einzelteile von 14 möglichen Teilen eingespart worden. Seitens einer Kostenreduzierung ist dies nur ein erster kleiner Schritt. Die Montagezeit reduziert sich um 16 % auf 343 Stück, womit der Design-Index bei DIA = 12 % liegt.

In einer sich hieraus anschließenden *„großen PDA"* sollte der Bogen weiter gespannt werden, in dem tiefere Eingriffe in das Konzept zugelassen werden sollten. Die umgesetzten konstruktiven Änderungen zeigt umseitig Bild 18–4.

---

[*] Ratio-Maßnahmen benötigen im Allgemeinen keine Systematik, stellen nur kleine Veränderungen dar und sind deshalb sofort umsetzbar.

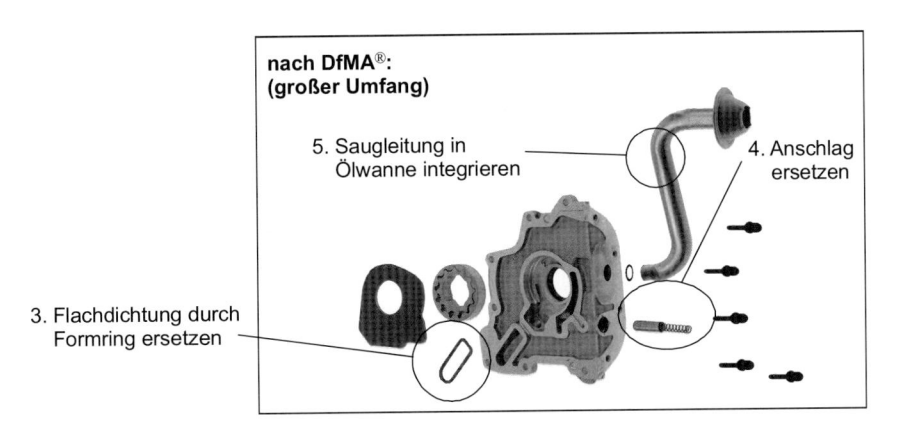

18 Fallstudienanhang zur Montageoptimierung

nach DfMA®:
(großer Umfang)

3. Flachdichtung durch Formring ersetzen
5. Saugleitung in Ölwanne integrieren
4. Anschlag ersetzen

Bild 18–4: Ergebnis der „großen PDA"

Zusätzlich zu den schon durchgeführten Maßnahmen mit den Positionen 1 und 2 konnten jetzt noch die folgenden Verbesserungen gefunden werden:

3. Ersetzen der Flachdichtung durch einen *Formring*, der nur den Hochdruckraum der Pumpe abdichtet
4. *Anschlag* des Steuerventils *in das Gehäuse integrieren*
5. Saugleitung bzw. Befestigung durch direkte Ölwannenabstützung realisieren. Hierdurch können relativ viele Teile entfallen

Das Resümee von VW, welches von dem hier nachvollzogenen Ablauf (z. B. hinsichtlich der Teilezahlen) etwas abweicht, zeigt die folgende Tabelle 18-2.

PDA Duocentric-Ölpumpe	vor PDA	nach kleine PDA	nach großer PDA
Teilekosten/Pumpe (%)	100	-6,8	-19,7
Werkzeug-/Anlagenkosten (%)	100	+57	+83
Gewicht pro Pumpe (g)	1.217	1.081	1.040
manu. Montagezeit (s)	411	343	269
DIA Index (%)	5,6	6,7	8,6
Teileanzahl (verschiedene)	19	18	14
Teileanzahl (absolut)	28	21	18

Tabelle 18-2: Auswertung der PDA-Analysen

Aus wirtschaftlicher und technologischer Sicht war die PDA erfolgreich, da über die große Stückzahl eine merkliche Kostenreduzierung erarbeitet werden konnte. Der Aufwand an Arbeitszeit und Änderungen im Fertigungsprozess ist hiergegen als gering einzustufen.

Musterlösung zur Fallstudie 1

I. PDA mit konzeptionellem Fokus

System/Teile	PDA-Leitfragen	Bemerkung
Motor kpl. Ölpumpe kpl.		sind gegebene und notwendige Systeme
Zahnrad 1	3 x nein!	Teile können entfallen bzw. integriert werden.
Kette	3 x nein!	
Zahnrad 2	3 x nein!	

II. PDA mit Teilefokus

Nr.	Teile/Prozesse	Stück	LFD1 / LFD2 / LFD3	Konsequenz	MT
1	Pumpengehäuse	1	-	Basisteil	1
2	Pumpenrad, inneres	1	JA, NEIN, NEIN	notwendiges A-Teil	1
3	Pumpenrad, äußeres	1	NEIN, NEIN, NEIN	könnte integriert werden; soll aber nicht!	-
4	Verschlussplatte	1	JA, NEIN, JA	notwendiges A-Teil	1
5	Befestigungsschrauben	5	-	Befestigung kann anders erfolgen	-
6	Gehäusedichtung	1	NEIN, JA, NEIN	notwendiges A-Teil	1
7	Steuerventil		JA, NEIN, JA	muss als Subsystem vorhanden sein	
	— Kolben	1			1
	— Feder	1			1
	— Anschlag	1			1
8	Saugrohr	1	NEIN, NEIN, JA	Integration schwierig	1
9	Rohrflansch	1	NEIN, NEIN, NEIN	Flanschfunktion könnte integriert werden	-
10	Metalldichtung	1	NEIN, JA, JA	notwendiges A-Teil	1
11	Flanschschrauben	2	-	Befestigung kann anders erfolgen	-
12	Rohrhalter	1	NEIN, NEIN, NEIN	kann anders gelöst werden	-
13	Halterschrauben	2	-	entfallen mit Rohrhalter	-
14	Gehäuseschrauben	7	-	wahrscheinlich notwendig, Anzahl überprüfen	5
		Σ 28			14

18 Fallstudienanhang zur Montageoptimierung

Fallstudie 2: Namensschild zur Individualerkennung[*]

PDA steht als Werkzeug in einer Methodenkette. Hier mag aus QFD die Forderung zur Überarbeitung des Objektes resultieren. PDA soll hier exemplarisch mit ihrem Methodenpotenzial diskutiert werden.

1. Schritt: Projektvorbereitung im Team

Teambildung (Fachmoderator, 6–7 Teilnehmer/Aufgabe/Ziel/Einschränkungen/ Forderungen/Beschäftigung mit dem Problem/Informationsbeschaffung

2. Schritt: Analyse des Produkt-„Ist-Konzeptes"

Detaillierte Diskussion des Produktaufbaus anhand von Zeichnungen (bevorzugt Explosionszeichnungen), um insbesondere die Fügungen sichtbar zu machen.

Das Namensschild besteht aus 6 Einzelteilen. Der Zusammenbau erfolgt über 3 Unterbaugruppen in einer einfachen Vorrichtung:

1. Verbinden von Grundplatte und Zwischenlage
2. Verbinden von Federblech und Halterung

und

3. Komplettierung von Halterung, Verschluss und Kunststofftasche zum Namensschild

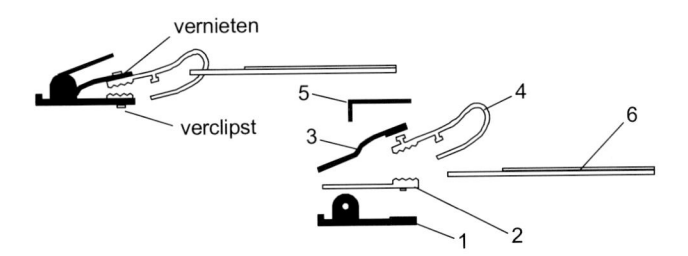

```
1 = Grundplatte (Blech) - 28 x 12 x 7
2 = Zwischenlage (Kunststoff) - 28 x 12 x 4
3 = Federblech - 29 x 10 x 5
4 = Halterung für Kunststofftasche - 60 x 13 x 7
5 = Verschluss mit integrierter Achse (Blech) - 25 x 11 x 5
6 = Kunststofftasche für Namensschild - 95 x 75 x 1
```

3. Schritt: Strukturbaum des „Ist-Konzeptes"

Erstellung des Montagediagramms. Obwohl es hierfür keine genormte Symbolik gibt, soll im vorliegenden Beispiel die MTM-Symbolik benutzt werden.

---

[*] Das Beispiel wurde mir in den Grundzügen von der Unternehmensberatung N. Binke, Heide, überlassen.

Montagediagramm:

4. Schritt: Ist-Zustand mit „minimaler Teilezahl" (MT)
Zeitkalkulationstabelle:

Nr.	OP-Nr.	Teile/Prozesse	N	WAZ_i	Handhabungscode	HZ_i	Fügecode	FZ_i	MZ_i	LFD	MT
1	1	Grundplatte									
2	2	Zwischenlage									
	3	Clipsen									
	4	GRUND-PLATTE KPL.									
3	5	Federblech									
4	6	Halterung									
	7	Nieten									
5	8	Verschluss									
	9	Biegen									
	10	CLIP KPL.									
6	11	Kunststofftasche									
	12	Einhängen, clipsen									
		NAMENSSCHILD KPL.									

18 Fallstudienanhang zur Montageoptimierung

Design-Index-Assembly: DIA =

Somit liegt eine schon recht gute Ausgangssituation vor, die aber noch verbessert werden kann.
Auf jedes Einzelteil werden nun die drei Leitfragen angewandt:
1. Die Grundplatte ist das *Basisteil*, welches als Trägerteil für alle anderen Teile dient und daher nicht in Frage gestellt werden kann

   (Man kann dies allerdings auch anders sehen, d. h., die Kunststofftasche ist das Basisteil! Mit diesem Fokus würde dies zu einer völlig anderen idealen Lösung führen.)

   Da eine Vorrichtung benutzt werden soll, gilt für das Bauteil „EIN-Fügen" mit *großer Toleranz* in die Vorrichtung. Für die anderen Teile gilt „AN-Fügen" (an das Basisteil) mit *enger Toleranz*.
2. Zwischenlage:
3. Federblech (da Zwischenlage entfällt, ist der relative Bezug die Grundplatte):
4. Halterung:
5. Verschluss (relativer Bezug zum Federblech):
6. Kunststofftasche (relativer Bezug zum Federblech):

Alternative:
Bei der alternativen Betrachtung soll die Kunststofftasche das Basisteil sein.

Nr.	Teile/Prozess	PDA-Leitfrage	Min. Teile Anz.
6	Kunststofftasche		
1	Grundplatte		
2	Zwischenlage		
3	Federblech		
4	Halterung		
5	Verschluss		

Die ideale Lösung wäre: die Kunststofftasche ist das Namensschild und wird ohne Zusatzteile befestigt.

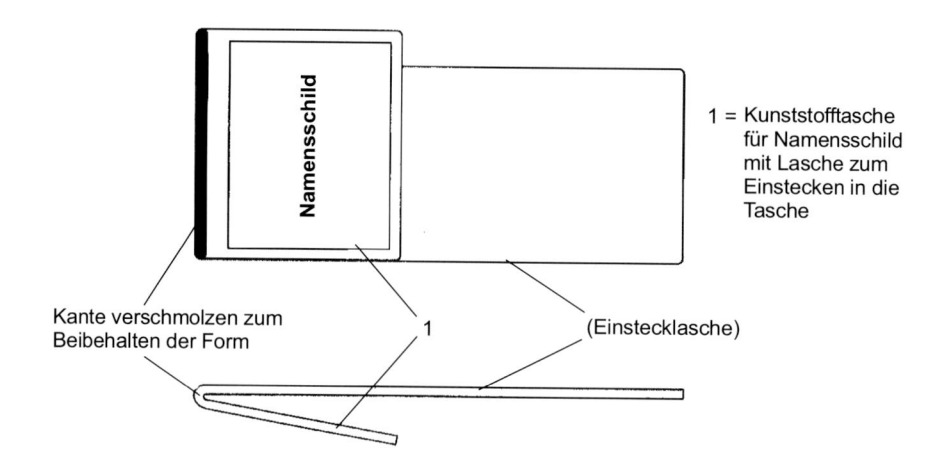

```
                    Namensschild
                                          1 = Kunststofftasche
                                              für Namensschild
                                              mit Lasche zum
                                              Einstecken in die
                                              Tasche

Kante verschmolzen zum      1    (Einstecklasche)
Beibehalten der Form
```

Bemerkung: Die gezeigte einstückige Lösung ist bei der Firma FAG eingeführt. Auf der Rückseite ist ein Lageplan (Mehrwert) des Unternehmens abgedruckt, welches einem Besucher die Orientierung erleichtert.

5. Schritt: Systemredesign bzw. Neukonzeption

Aus der ersten PDA-Analyse ist hervorgegangen, dass die Aufgabenstellung eines Namensschildes vom Prinzip her mit den 3 Teilen Grundplatte, Federblech und Kunststofftasche gelöst werden kann.

Wenn in etwa die Funktionsweise der Ausgangssituation erhalten bleiben soll, kann eine zweckmäßige Neukonzeption mit dem Prinzip der „geschlossenen Welt" versucht werden.

Von den vier richtungsgebenden ASIT-Techniken[*] zeigen allerdings nur die beiden Folgenden einen sinnvollen Weg auf:

Vereinheitlichungstechnik – führt zur Integration von Teilen bei gleicher Funktionserfüllung

Vervielfältigungstechnik – nutzt die Duplizierung gleicher Teile zur Funktionserfüllung

Die Diskussion hat dann zu der umseitigen realen Lösung geführt.

---

[*] siehe Kapitel 6.3

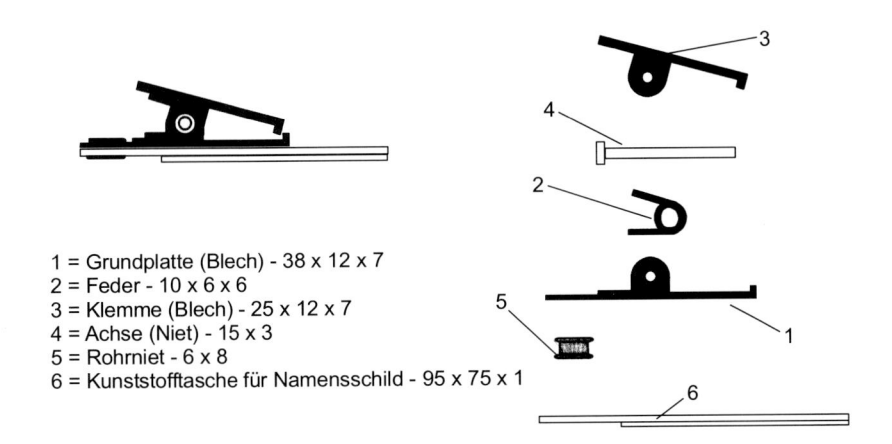

18 Fallstudienanhang zur Montageoptimierung

1 = Grundplatte (Blech) - 38 x 12 x 7
2 = Feder - 10 x 6 x 6
3 = Klemme (Blech) - 25 x 12 x 7
4 = Achse (Niet) - 15 x 3
5 = Rohrniet - 6 x 8
6 = Kunststofftasche für Namensschild - 95 x 75 x 1

Das Funktionsprinzip nutzt zwar den gleichen Umgang an Teilen, die jedoch durch Abwandlung geometrisch einfacher geworden und schneller zu montieren sind.

6. Schritt: Erfolgskontrolle

Zum Umfang der Erfolgskontrolle gehört, dass die reale Lösung eine tatsächliche, wirtschaftliche Verbesserung darstellt.

Montagediagramm:

Zeitkalkulationstabelle:

Nr.	OP-Nr.	Teile/Prozesse	N	WAZ_i	Handhabungscode	HZ_i	Fügecode	FZ_i	MZ_i	MT
1	1	Grundplatte								
2	2	Feder								
3	3	Klemme								
4	4	Achse								
	5	Vernieten								
	6	CLIP KPL.								
5	7	Rohrniet								
6	8	Kunststofftasche								
	9	CLIP KPL.								
	10	Einhängen, clipsen								
		NAMENSSCHILD KPL.								

Design-Index-Assembly: DIA =

Resümee: Auch diesen überraschenden Effekt macht die PDA transparent. Die neu konzipierte Lösung ist gar nicht besser als die Ausgangslösung, weil die beiden Nietprozesse extrem zeitaufwendig sind.

Stellt man das Prinzip der Aufteilung Clips und Kunststofftasche insgesamt in Frage, so entsteht die einstückige Lösung, die konkurrenzlos günstig ist

18 Fallstudienanhang zur Montageoptimierung

Musterlösung zur Fallstudie 2

Musterlösung für Ist-Zustand:

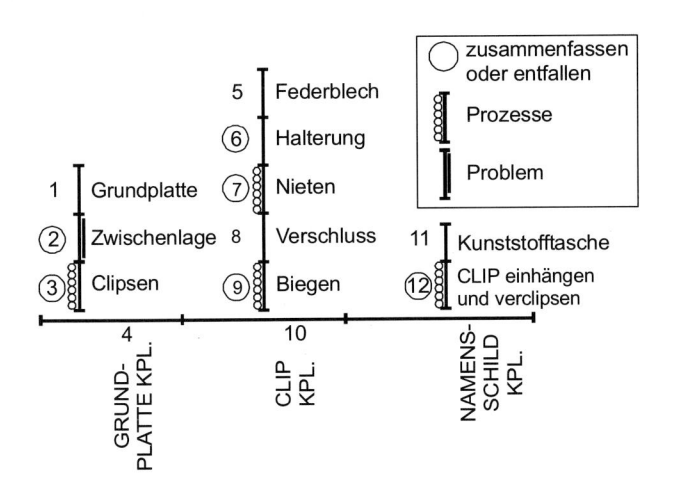

```
                    5 | Federbleech        ○ zusammenfassen
                                             oder entfallen
                   ⑥ | Halterung          ⫴ Prozesse
    1 | Grundplatte ⑦⫴ Nieten             | Problem
    ② ⫴ Zwischenlage 8 | Verschluss   11 | Kunststofftasche
    ③ ⫴ Clipsen      ⑨⫴ Biegen        ⑫⫴ CLIP einhängen
                                             und verclipsen
    ─────4─────────────10──────────────────────
       GRUND-         CLIP              NAMENS-
       PLATTE KPL.    KPL.              SCHILD KPL.
```

PDA-Zeitkalkulationstabelle für Ist-Zustand:

Nr.	OP-Nr.	Teile/Prozesse	N	WAZ_i	Handhabungscode	HZ_i	Fügecode	FZ_i	MZ_i	LFD	MT
1	1	Grundplatte	1		30	2,0	00	1,5	3,5	-	1
2	2	Zwischenlage	1		30	2,0	06	5,5	7,5	NNN	0
	3	Clipsen	-				60	4,0	4,0		
	4	GRUND-PLATTE KPL.	-						15,0		
3	5	Federblech	1		30	2,0	06	5,5	7,5	NJN	1
4	6	Halterung	1		30	2,0	06	5,5	7,5	NNN	0
	7	Nieten	-	3,0			60	4,0	7,0		
5	8	Verschluss	1		30	2,0	06	5,5	7,5	NNN	0
	9	Biegen	-	3,0			60	4,0	7,0		
	10	CLIP KPL.	-						36,5		
6	11	Kunststofftasche	1		33	2,5	60	4,0	6,5	NJN	1
	12	CLIP verclipsen	-				60	4,0	4,0		
		NAMENS-SCHILD KPL.							-		
			6						62,0		3

Design-Index-Assembly: $DIA = \dfrac{3 \cdot 3}{62,0} \cdot 100 \approx 14,5\ \%$

Alternative:

Nr.	Teile/Prozess	PDA-Leitfrage	Min. Teile Anz.
6	Kunststofftasche	-	1
1	Grundplatte	NNN	0
2	Zwischenlage	NNN	0
3	Federblech	NNN	0
4	Halterung	NNN	0
5	Verschluss	NNN	0
			1

Musterlösung für Real-Zustand:

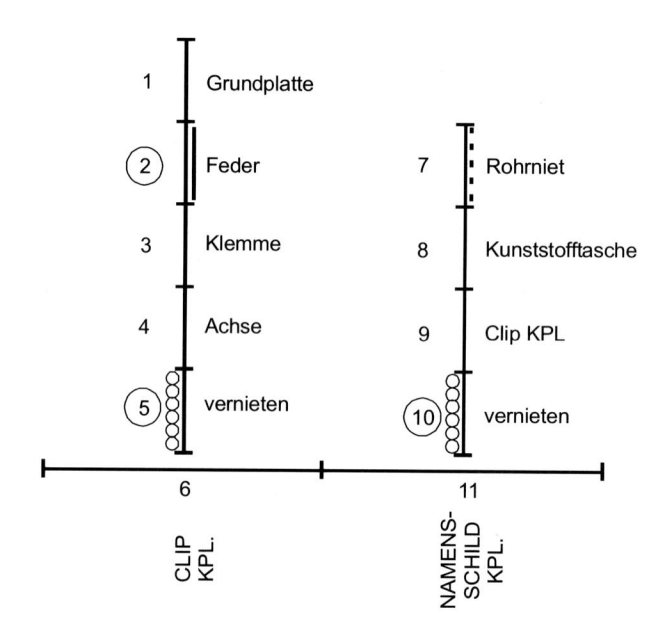

Nr.	Teil/Prozess	Nr.	Teil/Prozess
1	Grundplatte	7	Rohrniet
2	Feder	8	Kunststofftasche
3	Klemme	9	Clip KPL
4	Achse		
5	vernieten	10	vernieten
6	CLIP KPL.	11	NAMENSSCHILD KPL.

18 Fallstudienanhang zur Montageoptimierung

Zeitkalkulationstabelle für Real-Zustand:

Nr.	OP-Nr.	Teile/Prozesse	N	WAZ_i	Hand-habungs-code	HZ_i	Füge-code	FZ_i	MZ_i	MT
1	1	Grundplatte	1	-	30	2,0	00	1,5	3,5	1
2	2	Feder	1	-	21	2,1	00	1,5	3,6	
3	3	Klemme	1	-	30	2,0	06	5,5	7,5	1
4	4	Achse	1	-	11	1,8	30	2,0	3,8	
	5	Vernieten	-	3,0			61	7,0	10,0	
	6	CLIP KPL.	-						28,4	
5	7	Rohrniet	1	3,0	01	1,4	32	4,0	8,4	
6	8	Kunststofftasche	1	-	33	2,5	30	2,0	4,5	1
	9	CLIP KPL.	-						-	
	10	Einhängen, clipsen	-				60	4,0	4,0	
		NAMENSSCHILD KPL.							-	
			6						45,30	3

Design-Index-Assembly: $DIA = \dfrac{3 \cdot 3}{45{,}30} \cdot 100 \approx 20\,\%$, d. h. eine schon merkliche Verbesserung des Ausgangszustandes

Lösungsergänzung

Umseitig ist zum Vergleich zu den ProKon1-Auswertungen einmal eine ProKon2-Auswertung des Ist-Zustandes nach dem Prinzip der alleinigen Bewertung der Montageerschwernisse angefügt worden. Vom Zeitaufwand her lässt sich eine ProKon2-Auswertung viel schneller durchführen. Manchmal muss dafür aber eine mehr oder weniger große Abweichung in Kauf genommen werden. Im vorliegenden Fall besteht eine geringe Diskrepanz zwischen 62 Sekunden und 59,2 Sekunden, welches für Konzeptvergleiche aber sicherlich nicht entscheidend sein dürfte.

Bei mehreren Projekten in der Automobilindustrie hat sich gezeigt, dass ProKon1 im Durchschnitt $\pm 5\,\%$ bei MZ zur REFA-Referenz (Zeitaufnahme für Servicearbeiten) und ProKon2 etwa $\pm 7\,\%$ Abweichung aufwies.

Analyseblatt Montage ☐ Ist / ☐ Ideal / ☐ Real

Prof. Dr. B. Klein
Universität Kassel

Baugruppe / Modul:

SE-Team:

Montage-Ablauf:	Grundwert						Montage-Erschwernisse											min. Teile-Zahl MT
	Gewicht des Teils		Hauptab-messung > 300x300 mm	Teile-Dimension >800 mm	Anzahl der Fügestellen			mit Behinderung		falsche Einbau-lage möglich	mit Fest-halten	Nach-richten beim Fügen	ohne Posi-tionier-hilfen	Änderung Füge-/ Befesti-gungs-richtungen pro Achse (x, y, z)	Justage/ Prüfen	Prozesse			
	<8 daN	>8 daN			= 2	= 3	>3	der Sicht	im Raum							P1	P2	P3	P_i	Anzahl Werk-zeuge
Grundplatte	1												1							1
Zwischenlage	1				1						1	1								0
Clipsen	0															1				1
GRUNDPLATTE kpl.																				-
Federblech	1										1		1							1
Halterung	1				1					1	1									0
Nieten	0										1	1	1				1			1
Verschluss	1				1					1	1									0
Biegen	0															2				-
CLIP kpl.	1															1				1
Kunststofftasche	1										1		1							-
Clipsen	0															1				-
NAMENSSCHILD kpl.	0																			-
Σ Häufigkeit	7	0	0	0	3	0	0	0	1	4	6	2	3	0	2	4	1	0	0	3
Gewichtungswert	40	55	10	100	10	15	40	15	35	15	20	10	15	20	100	50	300	150	0	40
Σ Gesamt	280	0	0	0	30	0	0	0	35	60	120	20	45	0	200	200	300	0	0	120

Gesamtwert*) in PE: 1410
Gesamtwert in Zeit: 59,2

*) Umrechnung Gesamtwert: "stehende Montage": 0,0008 Min. = 0,048 sec.
"sitzende Montage": 0,0007 Min. = 0,042 sec.

18 Fallstudienanhang zur Montageoptimierung 203

Fallstudie 3: Haltegriff für Automobile

In dem Bild 18–5 ist ein Haltegriff für Automobile dargestellt, der mit 30 Mio. St./ Jahr hergestellt wird. Aus Komfortgründen wird der Haltegriff mit zwei Lagern zum automatischen Rückstellen ausgerüstet. Ein Lager ist federgespannt und ein Lager ist gedämpft.

Diese Situation wird allgemein als unbefriedigend angesehen, weil auch die Befestigung und Verbindung im Fahrzeug als zu aufwändig empfunden wird. Im Rahmen einer Kostenanalyse soll daher der Haltegriff in seinem Aufbau und in seiner Funktionalität in Frage gestellt werden.

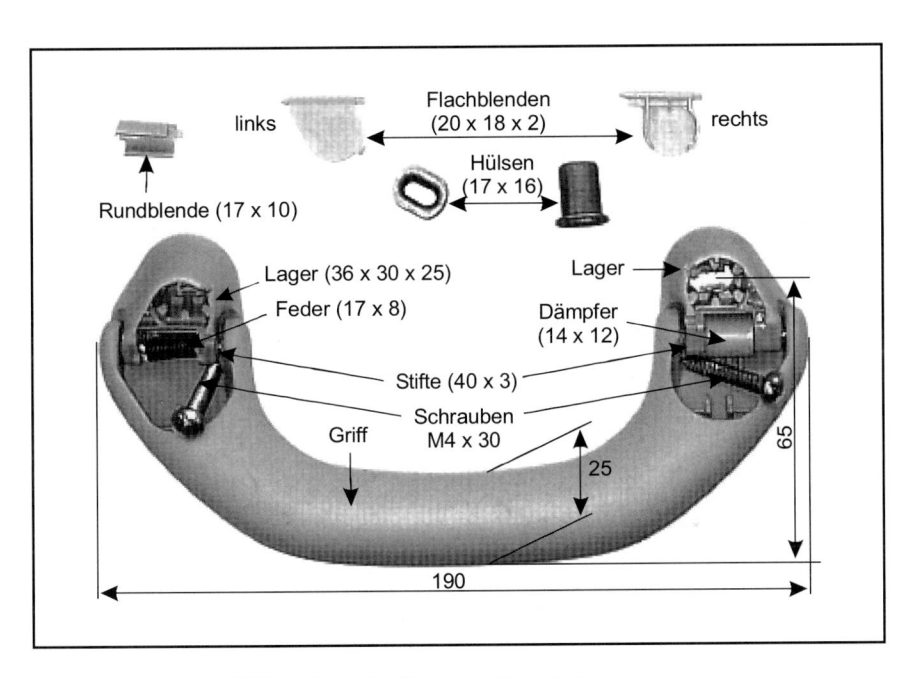

Bild 18–5: Pkw-Haltegriff (Version A) mit seinen Einzelteilen

Die Montage ist ein zweistufiger Prozess, d. h., der Haltegriff wird an einem Arbeitsplatz zusammengebaut und in einem Transportgestell am Band bereitgestellt. Da es in der Vergangenheit immer wieder Toleranzprobleme am Dachholm gegeben hat, hat man mit einer angeschweißten Platte reproduzierbare Verhältnisse geschaffen. Die Befestigungs- und Verbindungssituation muss daher unbedingt mitbetrachtet werden. Für eine ganzheitliche Analyse ist der Kernfact-Dialog aus Kapitel 6 heranzuziehen. Dieser hat bekanntlich einmal den Fokus auf die Befestigungs- und Verbindungstechnik und einmal den Fokus auf die minimale Teilezahl eines Systems. Wenden Sie somit den Vorklärungs- und Leitfragendialog auf die Skizze in Bild 18–6 (Montagesituation) an und suchen Sie die Ideallösung bzw. versuchen Sie im Weiteren eine reale Lösung zu kreieren.

Die Einbauverhältnisse des Haltegriffs zeigt noch einmal Bild 18–6.

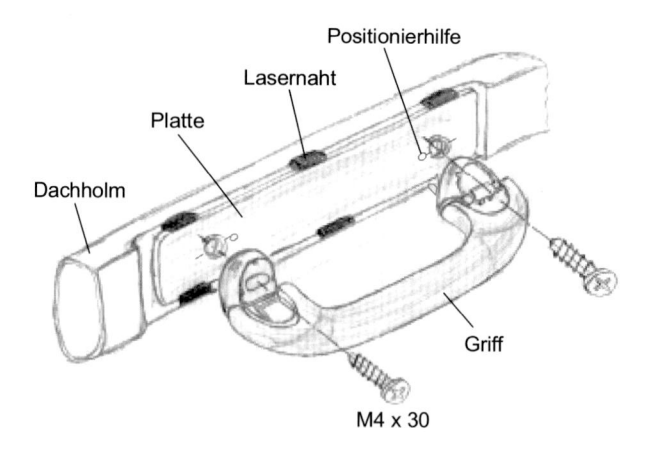

Bild 18–6: Montagesituation des Haltegriffs

Zunächst ist für den Griff alleine das Montagediagramm zu skizzieren.

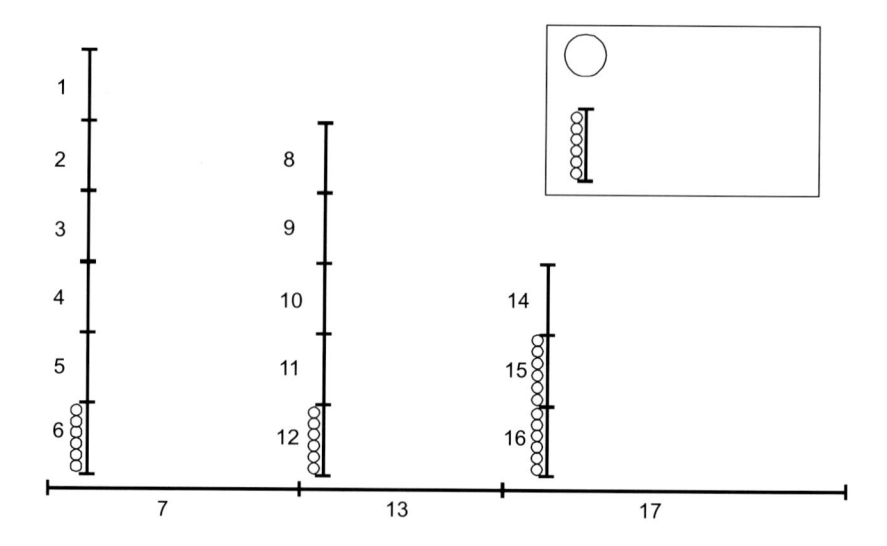

18 Fallstudienanhang zur Montageoptimierung

Suche nach der minimalen Teilezahl mittels des Kernfact-Dialogs:

Vorklärungsdialog

VKD1: Dient das Teil *nur* zur *Befestigung* anderer Teile?
 JA: Teil eliminieren / NEIN: Teil bleibt zunächst erhalten

VKD2: Dient das Teil *nur* zur *Verbindung* anderer Teile?
 JA: Teile direkt verbinden / NEIN: Teil bleibt zunächst erhalten

Wenn ein Teil bisher erhalten bleibt, so muss es einen anderen Zweck erfüllen, dann ...

Leitfragendialog:

LFD1: Müssen sich zwei miteinander in Beziehung stehende Teile *relativ zueinander bewegen* können?
LFD2: Müssen zwei zu verbindende Teile aus einem *anderen Material* sein als das bereits montierte?
LFD3: Muss ein Teil vom bereits montierten Teilen *getrennt sein*, weil sonst die Montage oder spätere Demontage anderer Teile unmöglich wird?

Ergebnis: 3 x NEIN = Kandidat (entfällt)/ 1 x JA = notwendiges Teil

---

Ist-Zustand:

Nr.	Teile/Prozesse	Anzahl N	Kernfacts-Dialog		MT
			VKD1 / VKD2	LFD1 / LFD2 / LFD3	
1	Platte	1			
2	Schraube	2			
3	Griff	1			
4	Lager (links)	1			
5	Feder	1			
6	Rundblende	1			
7	Lager (rechts)	1			
8	Dämpfer	1			
9	Stift	2			
10	Hülse	2			
11	Flachblende	2			
		15			

Als Ideal-Zustand sind zwei Minimalausführungen denkbar:

- Version B, bestehend aus einer Handschlaufe, welche an einen Lagerbock befestigt ist und durch einen Clip mit der Karosserie verbunden wird. Die minimale Teilezahl wäre MT = 3.
- Version C, bestehend aus nur einer Haltegriffschale, welche in einer Ausnehmung der Karosserie eingeclipst wird. Als absolute Minimallösung liegt MT = 1 vor.

Ideal-Zustand:

Nr.	Teile/Prozesse	Anzahl N	Kernfacts-Dialog		MT
			VKD1 / VKD2	LFD1 / LFD2 / LFD3	

Umseitig ist noch einmal das ProKon 2-Arbeitsblatt wiedergegeben, mit dem der Montageaufwand der diskutierten Versionen abgeschätzt werden kann.

Der Real-Zustand soll der vorstehende Haltegriff (Version A) sein, der aber einstückig als Version D ausgeführt werden soll. In diesem Fall entfällt die Einklappfunktion.

18 Fallstudienanhang zur Montageoptimierung

Real-Zustand:

Nr.	Teile/Prozesse	Anzahl N	Kernfacts-Dialog		MT
			VKD1 / VKD2	LFD1 / LFD2 / LFD3	

Analyseblatt Montage ☐ Ist / ☐ Ideal / ☐ Real

Prof. Dr. B. Klein, Uni. Kassel

Baugruppe / Modul:

SE-Team:

Montage-Ablauf:	Grundwert			Montage-Erschwernisse								Prozesse				Anzahl der Werkzeuge	min. Teilezahl
	Gewicht des Teils		Hauptabmessung > 300x300 mm	Teile-Dimension > 800 mm	Anzahl der Fügestellen			mit Behinderung		falsche Einbaulage möglich	mit Festhalten	Nachrichten beim Fügen	ohne Positionierhilfen	Änderung Füge-/ Befestigungsrichtungen pro Achse (x, y, z)	Justage / Prüfen	P1	P2	P3	Pi		
	≤ 8 daN	> 8 daN			= 2	= 3	> 3	der Sicht	im Raum												
Σ Häufigkeit																					
Gewichtungswert	40	55	10	100	15	10	40	15	35	15	20	10	15	20	100	50	300	150	Pi	40	
Σ Gesamt																					

Gesamtwert*) in PE:

Gesamtwert in Zeit:

*) Umrechnung Gesamtwert: "stehende Montage": 0,0008 Min. = 0,048 sec.
"sitzende Montage": 0,0007 Min. = 0,042 sec.

18 Fallstudienanhang zur Montageoptimierung

Musterlösung zur Fallstudie 3

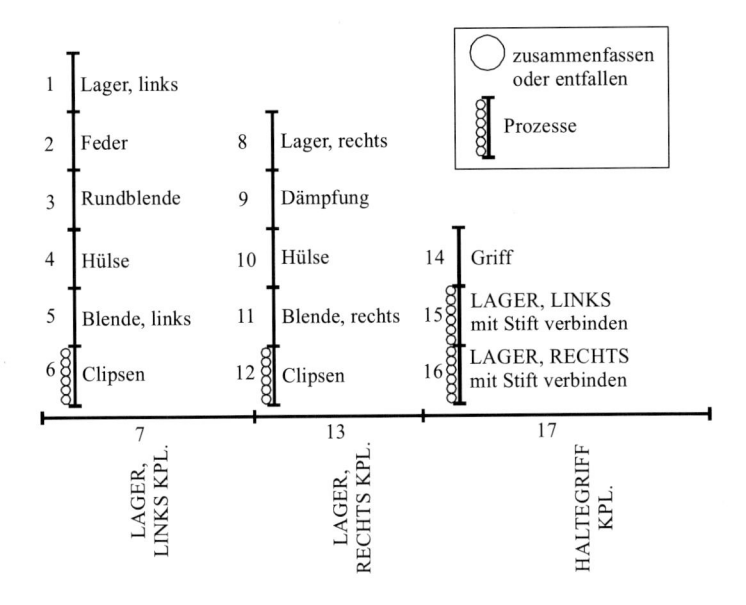

```
1  Lager, links
2  Feder              8  Lager, rechts      ○ zusammenfassen oder entfallen
3  Rundblende         9  Dämpfung           ▓ Prozesse
4  Hülse             10  Hülse             14  Griff
5  Blende, links     11  Blende, rechts    15  LAGER, LINKS mit Stift verbinden
6  Clipsen           12  Clipsen           16  LAGER, RECHTS mit Stift verbinden
7  LAGER, LINKS KPL. 13  LAGER, RECHTS KPL. 17 HALTEGRIFF KPL.
```

Ist-Zustand (Version A):

Nr.	Teile/Prozesse	Anzahl N	LFD1 / LFD2 / LFD3	MT
1	Platte	1	NEIN, NEIN, NEIN	-
2	Schraube	2	NEIN, JA, JA	2
3	Griff	1	-	1
4	Lager (links)	1	NEIN, NEIN, NEIN	-
5	Feder	1	NEIN, JA, JA	-
6	Rundblende	1	NEIN, NEIN, NEIN	-
7	Lager (rechts)	1	NEIN, NEIN, NEIN	-
8	Dämpfer	1	NEIN, JA, JA	-
9	Stift	2	NEIN, JA, JA	-
10	Hülse	2	NEIN, JA, NEIN	2
11	Flachblende	2	NEIN, NEIN, NEIN	-
		15		5

Ideal-Zustand (Version C):

Nr.	Teile/Prozesse	Anzahl N	LFD1 / LFD2 / LFD3	MT
1	Griffschale	1	-	1

Real-Zustand:

Nr.	Teile/Prozesse	Anzahl N	LFD1 / LFD2 / LFD3	MT
1	Griff	1	-	1
2	Hülse	2	-	-
3	Schraube	2	-	-
		5		1

Gegenüberstellung der Verfahren PDA und ProKon 2

Mit der nachfolgenden Übersicht sollen die Ergebnisse der beiden Verfahren PDA und ProKon aufgezeigt werden.

Zustand	Montagezeit in Sekunden	Anzahl der Teile	Designindex in %
Ist-Zustand	104,90	15	14,30
Real-Zustand	38,50	5	38,96
Ideal-Zustand	7,50	1	100

Tabelle 18-3: Gegenüberstellung der PDA-Analyse

19 Methoden- und Tabellenanhang

Dieser Anhang soll als Arbeitsunterlage für die Praxis dienen. Die Methoden PDMAS und MTM/ProKon1 sowie ProKon2 sind hier stark komprimiert.

Product Design for Manufacture, Assembly + Service
Tools:

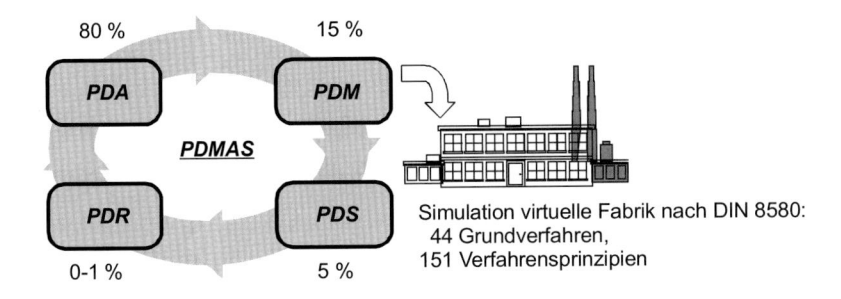

```
         80 %              15 %
        ┌─────┐          ┌─────┐
        │ PDA │          │ PDM │
        └─────┘          └─────┘
              PDMAS              Simulation virtuelle Fabrik nach DIN 8580:
                                 44 Grundverfahren,
        ┌─────┐          ┌─────┐ 151 Verfahrensprinzipien
        │ PDR │          │ PDS │
        └─────┘          └─────┘
         0-1 %             5 %
```

- PDA (Product Design for Assembly) = Montagegerechte Produktgestaltung
  Ziel: Optimierung der Montage durch Reduzieren der Teilezahl mittels Integration, einfachere Teilegeometrien und Fügeprozesse, Vereinheitlichung von Teilen, verbesserten Werkzeugeinsatz
- PDM (Product Design for Manufacture) = Fertigungsgerechte Produktgestaltung
  Ziel: Kostengünstige Herstellung mit geeigneter (stückzahlabhängiger) Technologie, angepasstem Investitions- und Werkzeugaufwand sowie geringen Lohnkosten
- PDS (Product Design for Service) = Servicegerechte Produktgestaltung
  Ziel: Minimierung des Demontage- bzw. Serviceaufwands durch leichte Zugänglichkeit (Hände, Werkzeug) sowie geringe Lohnkosten
- PDR (Product Design for Recycling) = Recyclinggerechte Produktgestaltung
  Ziel: Betrachtung der Life-Cycle-Phasen unter primären Ökologiebedingungen mit den Alternativen Wieder- oder Weiterverwendung bzw. Verwertung

PDA-Arbeitsplan (nach [1])
1. Schritt: Projektvorbereitung im interdisziplinären Team
2. Schritt: Analyse des Produkt-„Ist-Konzeptes"
3. Schritt: Strukturbaum des „Ist-Konzeptes"

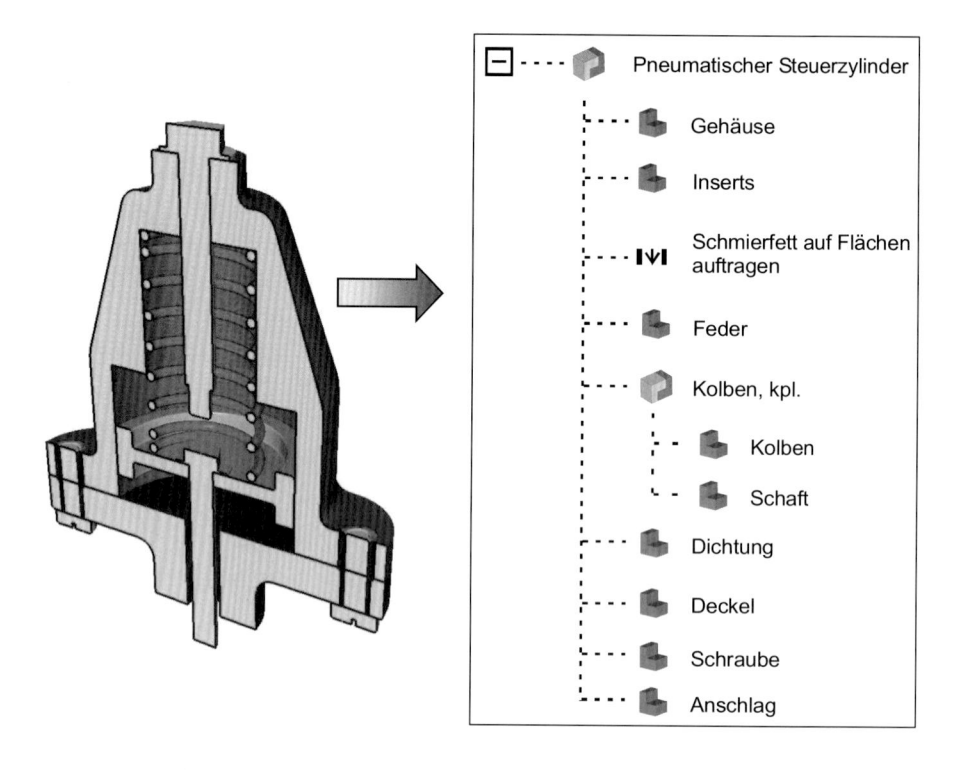

```
□ ---- 🔲 Pneumatischer Steuerzylinder
    ├--- 🔲 Gehäuse
    ├--- 🔲 Inserts
    ├--- |↓| Schmierfett auf Flächen auftragen
    ├--- 🔲 Feder
    ├--- 🔲 Kolben, kpl.
    │      ├- 🔲 Kolben
    │      └- 🔲 Schaft
    ├--- 🔲 Dichtung
    ├--- 🔲 Deckel
    ├--- 🔲 Schraube
    └--- 🔲 Anschlag
```

4. Schritt: Ideal-Zustand mit „minimaler Teilezahl" und Zeitkalkulation

PDA-Vorklärung:
- Dient das Teil nur zum Zweck der Befestigung anderer Teile?
  JA: Teil eliminieren / NEIN: Teil bleibt zunächst erhalten
- Dient das Teil nur zur Verbindung anderer Teile?
  JA: Teile direkt verbinden / NEIN: Teil bleibt zunächst erhalten

PDA-Leitfragen:
- Muss sich ein Teil relativ zu einem anderen bewegen?
- Muss für dieses Teil ein anderes Material eingesetzt werden?
- Muss es ein eigenständiges Teil sein? Erzeugt es als integriertes Teil einen Nachteil?

3 x NEIN = Kandidat bzw. C-Teil; min. 1 x JA = notwendiges A/B-Teil

19 Methoden- und Tabellenanhang

Auswertung der Montagezeit/DIA-Index:

$$DIA = \frac{MT \cdot BMZ}{MZ} \cdot 100 \, [\%]$$

5. Schritt: Idealdesign bzw. Neukonstruktion

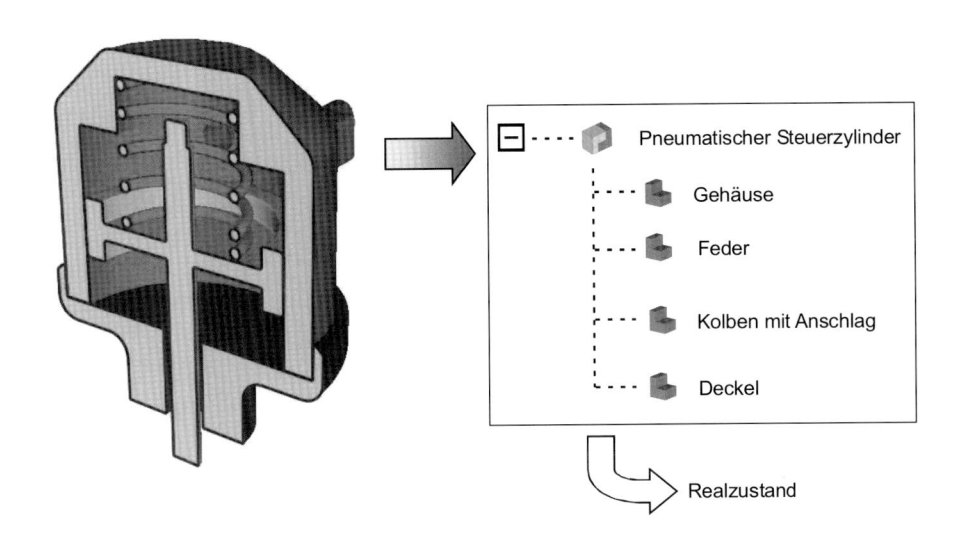

- Pneumatischer Steuerzylinder
- Gehäuse
- Feder
- Kolben mit Anschlag
- Deckel

Realzustand

6. Schritt: Realdesign und Erfolgskontrolle

eingesparte Teile	eingesparte Herstellkosten	entfallene Werkzeugkosten

Anhang: Zeitkalkulationstabellen für Handmontage

A. Zu PDA

Tabellen zur Abschätzung von Montagezeiten entsprechend der gebräuchlichen Systematik nach Boothroyd, Dewhurst und Knight[*]

Ausrichtung:

Durch Orientierungsoperationen (und zwar im Uhrzeigersinn) müssen Teile um ihre Symmetrieachsen zur Fügung ausgerichtet werden. Annahme ist immer, ein Teil wird falsch gehandhabt und muss durch Drehungen in eine fügefähige Lage gebracht werden.

---

[*] Quellen: Design for Assembly, VOA – Vereinigung für Begriffskunde, Den Haag 1988
Boothroyd, G.: Assembly Automation and Product Design, M. Dekker Inc,, New York 1992 (insbesondere S. 243−245)

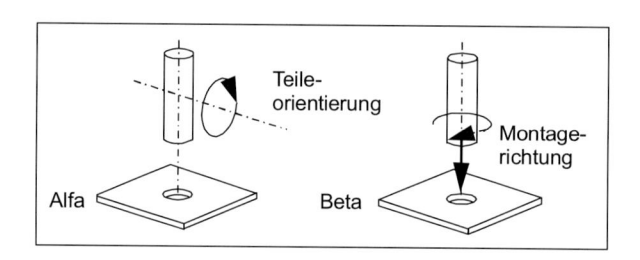

- *α-(Einbau)-Symmetrie*: Ist die erforderliche Rotation eines Teiles um eine senkrecht zur Montagerichtung stehende Achse.
- *β-(Ausricht)-Symmetrie*: Ist die erforderliche Rotation um die Teileachse, und zwar in Montagerichtung.

A1. Zweckorientieren bzw. Vorrichten von Teilen zur Fügung

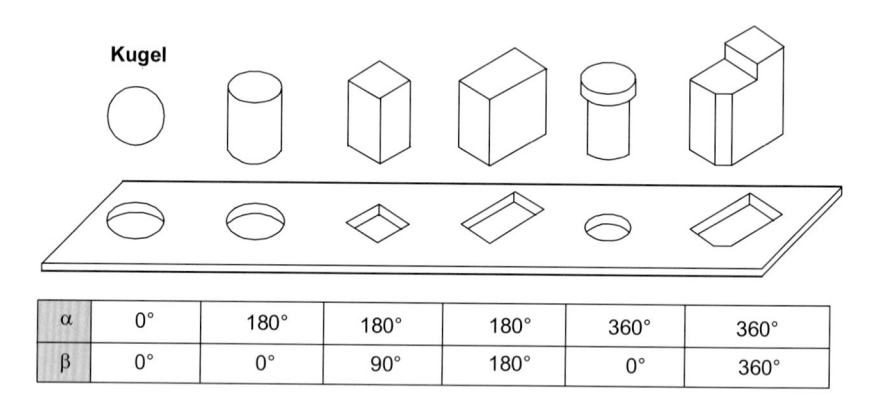

α	0°	180°	180°	180°	360°	360°
β	0°	0°	90°	180°	0°	360°

Anmerkung: 0° bis 90° = immer richtig, 180° = 2 x richtig, 360° = 1 x richtig
Sonderfall: $\alpha + \beta = 180°$, wenn Teile schon gerichtet angeliefert werden!

PDA–Grundbeziehungen[*]:

Montagezeit (Designanteil)

$$MZ_i = WAZ_i + N_i \cdot (HZ_i + FZ_i) + NOZ_i$$

gesamte Montagezeit

$$GMZ_i = MZ_i + N_i \cdot TAZ_i$$

---

[*] Quelle für Handhabungstabellen: VOA, Vereinigung für Begriffskunde, Den Haag 1988

19 Methoden- und Tabellenanhang

Handhabungscodes und -zeiten (in Sek.) in den nachfolgenden Tabellen

A2. Teile, die mit einer Hand und ohne Zuhilfenahme von Greifhilfen gehändelt werden können

Orientierung über sym. Winkel	Code	Teile sind leicht zu handhaben					Teile haben Handhabungsschwierigkeiten				
		Dicke > 2 mm*)		$D \leq 2$ mm			Dicke > 2 mm		$D \leq 2$ mm		
		längste Dimension L mm					längste Dimension L mm				
		L >15	$6 \leq L \leq 15$	L < 6	L > 6	$L \leq 6$	L > 15	$6 \leq L \leq 15$	L < 6	L > 6	$L \leq 6$
		0	1	2	3	4	5	6	7	8	9
$(\alpha + \beta) < 360°$	0	1,1	1,4	1,9	1,7	2,2	1,8	2,2	2,6	2,5	3,0
$360° \leq (\alpha + \beta) < 540°$	1	1,5	1,8	2,2	2,1	2,5	2,3	2,6	3,1	3,0	3,4
$540° \leq (\alpha + \beta) < 720°$	2	1,8	2,1	2,5	2,4	2,8	2,6	2,9	3,4	3,2	3,7
$(\alpha + \beta) = 720°$	3	2,0	2,3	2,7	2,5	3,0	2,7	3,1	3,5	3,3	4,0

*) Das Umschreibungsvolumen bezieht sich auf einen Körper (Länge x Breite x Dicke), der ein Teil eng umschließt [2]:

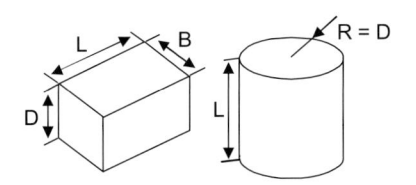

A3. Teile, die mit einer Hand gehändelt werden können, jedoch eine Greifhilfe (Zange, Pinzette o. ä.) benötigen

Orientierung über sym. Winkel	Code	Teile sind ohne optische Vergrößerung handhabbar				Teile müssen optisch vergrößert werden				Teilehandhabung erfordert andere Werkzeuge	Teilehandhabung erfordert Spezialwerkzeug
		Teile leicht greif- und handhabbar		Teile schwer greif- und handhabbar		Teile leicht greif- und handhabbar		Teile schwer greif- und handhabbar			
		Dicke >0,25	Dicke ≤0,25	Dicke >0,25	Dicke ≤0,25	Dicke >0,25	Dicke ≤0,25	Dicke >0,25	Dicke ≤0,25		
		0	1	2	3	4	5	6	7	8	9
$0 \leq \beta \leq 180°$	4	3,6	6,8	4,3	7,6	5,6	8,3	6,3	8,6	7,0	7,0
$\beta = 360°$	5	4,0	7,2	4,7	8,0	6,0	8,7	6,7	9,0	8,0	8,0
$0 \leq \beta \leq 180°$	6	4,8	8,0	5,5	8,8	6,8	9,5	7,5	9,8	8,0	9,0
$\beta = 360°$	7	5,1	8,3	5,8	9,1	7,1	9,5	7,8	10,1	9,0	10,0

A4. Teile, die mit einer Hand (evtl. mit Greifhilfe) gehändelt werden können, aber eine beidhändige Handlingsunterstützung benötigen, weil sie verklemmen, verhaken oder biegeschlaff sind

Code	Teile ohne zusätzliche Handhabungsprobleme					Teile mit zusätzlichen Handhabungsproblemen				
	$\alpha \leq 180°$			$\alpha = 360°$		$\alpha \leq 180°$			$\alpha = 360°$	
	L > 15	6 ≤ L ≤ 15	L < 6	L > 6	L ≤ 6	L > 15	6 ≤ L ≤ 15	L < 6	L > 6	L ≤ 6
	0	1	2	3	4	5	6	7	8	9
8	4,1	4,5	5,1	5,6	6,7	5,0	5,2	5,8	6,3	7,0

A5. Teile, bei denen zwei Hände oder zwei Personen oder mechanische Unterstützung zum Greifen und Bringen erforderlich sind

Code	Handhabung der Teile durch eine Person ohne Greifhilfen								Teile verhaken, verklemmen, sind biegeschlaff	Zwei Personen oder mechanische Unterstützung erforderlich
	Teile verklemmen, verhaken nicht und sind nicht biegeschlaff									
	Teilegewicht < 4,5 kg				Schwergewichtige Teile ≥ 4,5 kg					
	Teile leicht greif- und handhabbar		Teile schwer greif- und handhabbar		Teile leicht greif- und handhabbar		Teile schwer greif- und handhabbar			
	α ≤ 180°	α = 360°	α ≤ 180°	α = 360°	α ≤ 180°	α = 360°	α ≤ 180°	α = 360°		
	0	1	2	3	4	5	6	7	8	9
9	2,0	3,0	2,0	3,0	3,0	4,0	4,0	5,0	7,0	9,0

Fügecodes und -zeiten (in Sek.) in den nachfolgenden Tabellen*⁾

A6. Fügen von Teilen, wobei weder das Teil noch andere Teile nicht sofort abschließend gesichert sind

Halten und Sichern		nach dem Fügen kein Halten zur Aufrechterhaltung von Orientierung und Lage erforderlich				Halten während aufeinanderfolgende Vorgänge zur Aufrechterhaltung von Lage und Orientierung erforderlich			
Positioniern und Ausrichten		leicht auszurichten und zu positionieren während des Fügens		nicht leicht auszurichten und zu positionieren während des Fügens		leicht auszurichten und zu positionieren während des Fügens		nicht leicht auszurichten und zu positionieren während des Fügens	
Fügekraft		keine Fügekraft erfordl.	Fügekraft erfordl.	keine Fügekraft erfordl.	Fügekraft erfordl.	keine Fügekraft erfordl.	Fügekraft erfordl.	keine Fügekraft erfordl.	Fügekraft erfordl.
Zugänglichkeit der Montagestelle	Code	0	1	2	3	6	7	8	9
Hände, Teile und Werkzeuge können den Montageort leicht erreichen	0	1,5	2,5	2,5	3,5	5,5	6,5	6,5	7,5
Hände, Teile und Werkzeuge können den Montageort nicht leicht erreichen — aufgrund eingeschränkter Sicht *oder* behinderter Zugänglichkeit	1	4,0	5,0	5,0	6,0	8,0	9,0	9,0	10,0
Hände, Teile und Werkzeuge können den Montageort nicht leicht erreichen — aufgrund eingeschränkter Sicht *und* behinderter Zugänglichkeit	2	5,5	6,5	6,5	7,5	9,5	10,5	10,5	11,5

*) Quelle für Fügetabellen: VOA Vereinigung für Begriffskunde, Den Haag 1988

19 Methoden- und Tabellenanhang

A7. Fügen von Teilen, wobei das Teil selbst und/oder andere Teile sofort abschließend gesichert sind

Verformungsart beim Fügen →			elastisches Verformen beim/nach dem Fügen (Schnapp-, Passverbindung, Sprengringe)		plastisches Verformen beim/nach dem Fügen						Anziehen von Schrauben sofort nach dem Fügen	
					plastisches Biegeumformen oder Drehverformung				formschlüssige Verbindung (Nieten o. ä.)			
Positionieren und Ausrichten →			leicht auszurichten u. zu positionieren	nicht leicht auszurichten u. zu positionieren	leicht auszurichten u. zu positionieren	leicht auszurichten u. zu positionieren	nicht leicht auszurichten u. zu positionieren während des Fügens	leicht auszurichten u. zu positionieren	nicht leicht auszurichten u. zu positionieren	nicht leicht auszurichten u. zu positionieren während des Fügens	leicht auszurichten u. zu positionieren	nicht leicht auszurichten u. zu positionieren
Fügekraft →			kein Fügekraft erforderlich	mit oder ohne Fügekraft	keine Fügekraft erfordert.	keine Fügekraft erfordert.	Fügekraft erfordert.	keine Fügekraft erfordert.	keine Fügekraft erfordert.	Fügekraft erfordert.	ohne Verdrehkräfte	mit Verdrehkräften
Zugänglichkeit der Montage		Code	0	1	2	3	4	5	6	7	8	9
Hände, Teile u. Werkzeuge können den Montageort leicht erreichen u. das Werkzeug kann problemlos bedient werden		3	2,0	5,0	4,0	5,0	6,0	7,0	8,0	9,0	6,0	8,0
Hände, Teile u. Werkzeuge können den Montageort nicht leicht erreichen oder das Werkzeug kann nicht problemlos bedient werden	aufgrund eingeschränkter Sicht *oder* behinderter Zugänglichkeit	4	4,5	7,5	6,5	7,5	8,5	9,5	10,5	11,5	8,5	10,5
	aufgrund eingeschränkter Sicht *und* behinderter Zugänglichkeit	5	6,0	9,0	8,0	9,0	10,0	11,0	12,0	13,0	10,0	12,0

A8. Fügen von Teilen, bei denen alle festen Teile *positioniert und gesichert* sind sowie allgemeine Vorgänge

	mechanische Befestigungsvorgänge (Teil (e) positioniert und nach Fügen abschließend gesichert)				nicht mechanische Befestigungsvorgänge (Teil(e) position. und nach Fügen abschließend gesichert)				andere Vorgänge, aber keine Befestigungsvorgänge	
	keine oder örtlich begrenzte plastische Verformung			"Druckfügen" während d. Befestig. plast. verformt	metallurgische Prozesse					
	Clipsen, Biegeumformen o. ä. Verfahren	Nieten o. ä. Verfahren	Anziehen von Schrauben/Muttern o. ä. Verfahren		ohne Zusatzmaterial	Löten	Schweißen oder Hartlöten	chemische Verbindungen (Kleben etc.)	Handhaben von Teilen oder Baugruppen (Orientieren, Einpassen, Einstellen etc.)	andere Vorgänge (Einfüllen von Flüssigkeit etc.)
Code	0	1	2	3	4	5	7	7	8	9
6	4,0	7,0	5,7	5,0	7,0	11,0	6,0	6,0	9,0	12,0

A9. Verbindungstechnik

Code	Fügen und anziehen einer Schraube/Mutter mit Hand/Maschine
	2
6	5,7/4,0

Verschraubungszeit beinhaltet 5 Gewindegänge. Die Werkzeugakquisitionszeit (Schraubendreher, Schlüssel, Elektroschrauber/Zange) ist pauschal als *WAZ = 3,0 sec.* anzusetzen. Der Wert kann auch für Zange, Hammer etc. angesetzt werden.

19 Methoden- und Tabellenanhang

Code	Verbindungsverfahren zum Fügen von zwei St-Blechteilen							L = 100 mm		
	Stanznieten	Nieten	Schrauben	Stanznieten/ Clinchen	Löten	Punktschweißen	Schweißmuttern	Laserschweißen	Schweißen	Kleben
6	1	1	2	3	5	6	6	6	6	7
	3,0	7,0	5,7	5,0	12,0	4,0	8,0	6,5	10,0	6,0

Anmerkung: Schutzgasschweißen: 1,0 sec./1 mm   > bei Al = St x 1,5
Elektrodenschweißen: 2,5 sec./1mm

A10. Bauteile[*)] neu orientieren/umdrehen/wenden (NAV-Tätigkeiten)

Code	längste Dimension:		
	klein < 100	100 < mittel < 200	groß ≥ 200
	10		
6	2,5	4,5	6,5

A11. Auftragen von Hilfs- bzw. Schmierstoffen (NAV-Tätigkeiten)

Code	gerade oder gewölbte Fläche
	20
7,0	5,7/4,0

---

*) Quelle: VOA Vereinigung für Begriffskunde, Den Haag 1988

A12. Elektro-/Elektronikkomponenten

Code	Montagezeit für Kabel einführen und befestigen	Stecker ziehen oder einführen
	30	31
6	5,0	4,0

A13. Teileakquisitionszeiten an Montagearbeitsplätzen

<table>
<tr><td rowspan="3"></td><td rowspan="3">durch-
schnittliche
Distanz
zum Ein-
bauort
(mm)</td><td rowspan="3">Größe
des Teils
(mm)</td><td rowspan="3">Code</td><td colspan="4">ein Teil (groß oder klein)
oder mehrere Kleinteile</td><td colspan="2">kleine Teile –
ungeordnet ge-
speichert</td></tr>
<tr><td colspan="2">Gewicht < 8 kg</td><td colspan="2">Gewicht ≥ 8 kg</td><td colspan="2"></td></tr>
<tr><td>leicht
zu
greifen</td><td>schwer
zu
greifen</td><td>zwei
Perso-
nen</td><td>manu-
eller
Kran</td><td>leicht
zu
greifen</td><td>schwer
zu
greifen</td></tr>
<tr><td></td><td></td><td></td><td></td><td>0</td><td>1</td><td>2</td><td>3</td><td>4</td><td>5</td></tr>
<tr><td rowspan="6">Fabrikmontage von Produkten</td><td>≤ 1.200</td><td>≤ 380</td><td>0</td><td>2,5</td><td>4,5</td><td>8,8</td><td>18,4</td><td>0,8</td><td>1,1</td></tr>
<tr><td>> 1.201 bis 2.100</td><td>>380 bis 640</td><td>1</td><td>4,3</td><td>6,3</td><td>14,3</td><td>27,1</td><td>0,8</td><td>1,1</td></tr>
<tr><td>> 2.101 bis 3.050</td><td>> 641 bis 890</td><td>2</td><td>5,5</td><td>7,5</td><td>18,5</td><td>31,2</td><td>0,8</td><td>1,1</td></tr>
<tr><td>> 3.051 bis 4.000</td><td>> 891 bis 1.300</td><td>3</td><td>9,9</td><td>11,9</td><td>32,8</td><td>39,5</td><td>0,8</td><td>1,1</td></tr>
<tr><td>> 4.001 bis 4.900</td><td>> 1.301 bis 1.650</td><td>4</td><td>11,6</td><td>13,6</td><td>36,8</td><td>44,9</td><td>0,8</td><td>1,1</td></tr>
<tr><td>> 4.901</td><td>> 1.650</td><td>5</td><td>12,4</td><td>14,4</td><td>40,8</td><td>50,1</td><td>0,8</td><td>1,1</td></tr>
</table>

Hinweis: Distanz hat höhere Priorität als Teilegröße!

Berücksichtigt ist:
1. Für große Gegenstände sind keine Eigenschaften vorgesehen, die ein leichtes Greifen ermöglichen.
2. Kleine Gegenstände, die schlüpfrig, verschachtelt, verworren oder verklebt sind und eine sorgfältige Behandlung erfordern, sind schwer zu greifen.

19 Methoden- und Tabellenanhang

Zeitkalkulationstabellen für Handdemontage[*]

B. Zu PDS

Servicefunktionalität beinhaltet Ausbau und Wiedereinbau von Teilen.

PDS-Grundbeziehungen:

Demontagezeit	$DZ_i = WAZ_i + N_i \cdot AOZ_i$
Wiedereinbau-Montagezeit	$WMZ_i = WAZ_i + N_i \cdot (TAZ_i + WEZ_i)$

PDS ist „inverse" PDA, daher können die PDA-Tabellen für Teile weiter benutzt werden. Für die Akquisitionszeiten können hingegen die folgenden Tabellen herangezogen werden.

B1. Ausbau

	Werkzeug akquirieren
Hand-Schraubendreher	5,30
Innen-6kt-Schlüssel	5,40
Schraubenschlüssel	5,60

B2. Wiedereinbau

	Werkzeug akquirieren
Hand-Schraubendreher oder Innen-6kt-Schlüssel	5,00

	Teil akquirieren
einfache Teile	2,40
empfindliche Teile	4,30

---

[*] Quelle für Demontagetabelle: VOA Vereinigung für Begriffskunde, Den Haag 1988

MTM-Zeitkalkulationstabellen für Handmontage

C. Zu MTM/ProKon 1

Abschätzung der Montagezeiten in „Aufwandspunkten (PEs)"[*]

C1. Greifen und Vorrichten mit *einer Hand*

Greifen Vorrichten Bringen			einfach greifen		schwierig greifen		
			Abmessung >25x25x25 (mm)	Abmessung ≤25x25x25 (mm)	Abmessung >25x25x25 (mm)	Abmessung ≤25x25x25 (mm)	besondere Schwierigkeit
		Code	1	2	3	4	5
Vorrichten Längsachse		EA	39	44	50	55	95
		EB	42	48	53	59	99
		EC	43	49	55	60	100
Vorrichten Längs- und Querachse		ED	44	50	55	61	101
		EE	48	53	59	64	104
		EF	64	70	75	77	122

C2. Greifen und Vorrichten mit *zwei Händen*

Greifen Vorrichten Bringen		Teilegewicht ≤ 2 daN (2 kg)		Teilegewicht > 2 daN (2 kg)	
		einfach greifen	schwierig greifen	einfach greifen	schwierig greifen
	Code	1	2	3	4
ohne Vorrichten	ZA	44	55	64	76
mit Vorrichten	ZB	62	73	84	95

---

[*] Quelle: Deutsche MTM-Gesellschaft, Stuttgart

C3. Greifen und Vorrichten mit Greifwerkzeug

Greifen Vorrichten Bringen	Code	einfach greifen	schwierig greifen
		1	2
ohne Vorrichten	GA	82	116
mit Vorrichten	GB	96	130

C4. Fügen

Fügen		ohne Behinderung im Raum/Blickfeld				mit Behinderung im Raum/Blickfeld			
		ohne Festhalten		mit Festhalten		ohne Festhalten		mit Festhalten	
	Anzahl-Füge-stell.	eine	zwei	eine	zwei	eine	zwei	eine	zwei
Füge-Toleranz	Code	1	2	3	4	5	6	7	8
lose	FA	6	31	17	42	29	54	40	66
eng	FB	16	42	27	53	40	65	51	76
fest	FC	43	68	54	80	66	92	78	103

C5. Prozesse

Prozess		Code	PE
Clipsen		P1	50
Schraube	mit Hand andrehen	P1	50
	mit Hand festziehen	P2	300
	mit E-Werkzeug festziehen	P3	150
Klappen, Türen, Deckel öffnen und schließen		P4	50
Klemmen bzw. Kanten		P5	150
Biegen		P5	50
Nieten		P6	300
Stift/Bolzen einschlagen		P7	100
Einpressen von Teilen		P8	350
Medium auftragen	≤ 100 cm^2	P9	150
	> 100 cm^2	P9	300
Schweißen von Teilen	Punktschweißen	P10	100
	Nahtschweißen von Hand	P10	300
	Laserschweißen Buckelschweißen	P10	150

Anmerkung: Prozesszuordnung abweichend von MTM. Die Werkzeugakquisition ist zusätzlich mit PE = 40 zu berücksichtigen.

19 Methoden- und Tabellenanhang

D. Zu MTM/ProKon 2

Abschätzung der Montagezeit mittels 13 Montageerschwernisse.

Beispiel: Prof. Dr. B. Klein, Uni. Kassel

Analyseblatt Montage ☐ Ist / ☐ Ideal / ☐ Real

Baugruppe/Modul: _____ **SE-Team:** _____

Montagefolge:	Grundwert	Gewicht + 1. Fügestelle < 8 daN	Gewicht + 1. Fügestelle > 8 daN	Hauptabmessung > 300 x 300 mm	Teildimension > 800 mm	Anzahl der Fügestellen 2 =	Anzahl der Fügestellen 3 =	Anzahl der Fügestellen 3 >	mit Behinderung der Sicht	mit Behinderung im Raum	falsche Einbaulage möglich	mit Festhalten	Nachrichten beim Fügen	ohne Positionierhilfen	Änderung Füge-/Befestigungsrichtung pro Achse (x, y, z)	Justage/Prüfen	P1	P2	P3	Pi	Anzahl der Werkzeuge	min. Teilezahl
Abdeckkappe	1			1		1			1				1				4		4			
Maschinenschrauben	4							4				4		1			4		4			
Schraubenwerkzeug																					1	
Σ Häufigkeit	5			1		1		4	1			4	1	1							1	
Wichtungswert in PE	40	55		10	100	10	15	40	15	35	15	20	10	40	20	100	50	300	150		40	
Σ Gesamt	200			10		10		160	15			80	10	40			200		600		40	

Gesamtwert*) in PE: **1190**

Gesamtwert in Zeit: **57,12 sec.**

*) Umrechnung Gesamtwert: „sitzende Montage": 0,0007 Min. = 0,042 sec., „stehende Montage": 0,0008 Min. = 0,048 sec.

ProKon-Grundregeln

GR 1: Alle Einzelteile und Baugruppen müssen nacheinander bewertet werden.

GR 2: Mögliche arbeitsgestalterische Maßnahmen werden nicht berücksichtigt.

GR 3: Ist für die Montage eines Bauteils mehr als ein Mitarbeiter notwendig, so muss dies als „Häufigkeit" gewichtet werden.

Interpretation der Montageerschwernisse (nach [3])

1. Grundwert: *„Der Grundwert"* wird für jedes Teil vergeben und bewertet konstruktive Merkmale, wie Geometrie, Gewicht und (erste) Fügestelle.
2. Hauptabmessungen: *„Die Werte > 300 x 300 mm"* grenzen die Abmessungen ein, ab denen das Fügen erschwert wird.
3. Teiledimension: *„Die längste Dimension > 800 mm"* berücksichtigt ein besonders aufwändiges Teilehandling.
4. Anzahl der Fügestellen: *„Die Fügestellenanzahl"* beschreibt die vorgegebene Anzahl von Stellen, an die ein Teil an- bzw. eingefügt[*)] werden muss.
   - Eine Fügestelle ist bereits mit dem Grundwert erfasst.
   - Muss ein starres Teil an 2 Fügestellen, deren Abstand ≤ 100 mm ist, (an-/ein-)gefügt werden, so ist zusätzlich zum Grundwert ein Nachrichten zu berücksichtigen. Bei einem flexiblen Teil (Kabel, Dichtung etc.) ist zum Grundwert stets eine 2. Fügestelle zu berücksichtigen.
   - Wenn ein Teil von Hand über eine große Fügetiefe geführt werden muss, so ist ein zusätzlicher Prozess mit 50 PE zu bewerten.
   - Falls ein zu montierendes Teil an mehreren Fügestellen neu aufgenommen und fixiert werden muss, um die anderen Stellen fügen zu können, dann muss je Fixierpunkt ein Grundwert und die anderen Fügestellen mit ihrer Häufigkeit bewertet werden.

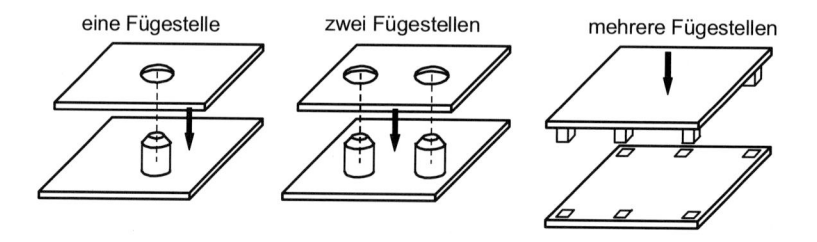

5. Behinderung: *„Mit Behinderung"* ist ein Vorgang einzustufen, bei dem eingeschränkte Sicht oder Raumverhältnisse vorliegen:

[*)] Anmerkung: „An-Fügen" (Fläche auf Fläche), „Ein-Fügen" (Welle in Loch)

19 Methoden- und Tabellenanhang

- Wenn eine Behinderung in Sicht oder Raum gegeben ist, wird dies mit der Häufigkeit 1 bewertet. Ist hingegen eine Behinderung in Sicht und Raum gegeben, müssen beide Arten mit der Häufigkeit 1 bewertet werden.
- Werden alle Fügestellen durch das zu positionierende Teil verdeckt, so ist nur eine Behinderung in der Sicht zu bewerten.

6. Einbaulage: „*Eine falsche Einbaulage*" bezieht sich auf ein Teil, dass in mehr als einer Einbaulage gefügt werden kann, aber nur *eine* Einbaulage *richtig* ist.

7. Festhalten: „*Mit Festhalten*" bewertet man, wenn ein zu fügendes Teil, welches nach dem Fügen noch keine stabile Lage hat. Meist wird die endgültige Lage erst durch eine Schraubverbindung hergestellt, sodass erst danach losgelassen werden kann.

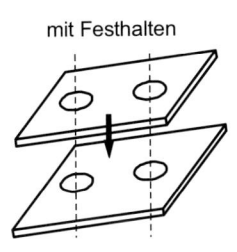

mit Festhalten

8. Nachrichten: „*Nachrichten*" beim Fügen bewertet, wenn die an der Fügestelle vorgesehenen Positionier- und Fügehilfen noch zusätzliche Nachricht- und Korrekturbewegungen notwendig machen. Unter Nachrichten werden Maßnahmen verstanden, die erforderlich sind, um ein Teil in seine endgültigen Position zu bringen. Ursachen sind meist nicht ausreichend konstruktiv gestaltete Positionier- und Fügehilfen.

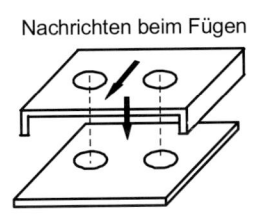

Nachrichten beim Fügen

9. Positionierhilfen: „*Ohne Positionierhilfen*" bewertet man, wenn weder am Teil noch an der Fügestelle Positionierhilfen, z. B. Anschläge oder Führungen, vorhanden sind.

ohne Positionierhilfe mit Positionierhilfe

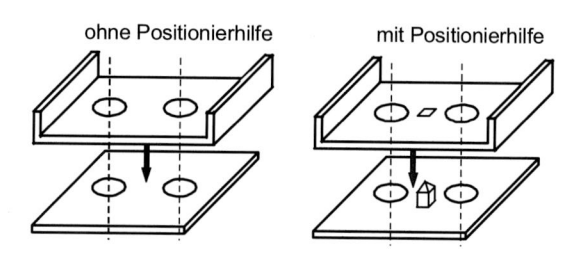

10. Änderung der Füge-/Befestigungsrichtung: *„Änderung der Fügerichtung während eines Fügevorganges"* wird dann erforderlich, wenn ein Teil in mehr als einer Fügerichtung entlang einer definierten Fügeachse gefügt werden muss.

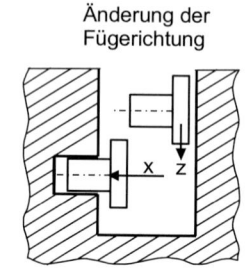

Änderung der Fügerichtung

11. Justagen/Prüfungen: *„Justagen und Prüfungen"* beschreiben Vorgänge, die vor der Ausführung der nachfolgenden Aktivitäten zwingend erforderlich sind:
    - Macht ein abgeschlossener Fügevorgang durch große Toleranzen eine visuelle oder Prüfung von Hand notwendig und ist damit ein zusätzliches Ausrichten verbunden, so muss weiter Justage/Prüfung bewertet werden.
    - In der Bewertung Justage/Prüfung sind auch Einstellarbeiten einzuordnen.

12. Prozesse: *„Prozesse"* sind alle Vorgänge, die eine Befestigung oder Verbindung bewirken sollen.

    Anmerkung: Während dieser Phase entsteht eine Wartezeit, in der keine andere Tätigkeit durchgeführt werden kann. Prozesse werden gemäß ihrer Erschwernisklasse in P1 bis P10 eingeordnet.

13. Anzahl verwendeter Werkzeuge: Wenn für die Montage *„verschiedene Werkzeuge"* zu benutzen sind, so ist deren Anzahl durch eine Häufigkeit zu erfassen. Eingeschlossen in diese Bewertung sind auch Werkzeugwechsel (z. B. Bohrerwechsel, Schraubennuss oder Ähnliches).

14. Minimale Teilezahl: Für die Realisierung einer Funktion sollten so wenig Einzelteile wie möglich herangezogen werden. Die Teilezahlminimierung lässt sich durch konsequente Anwendung der Boothroyd-Fragen [1] erreichen.

19 Methoden- und Tabellenanhang

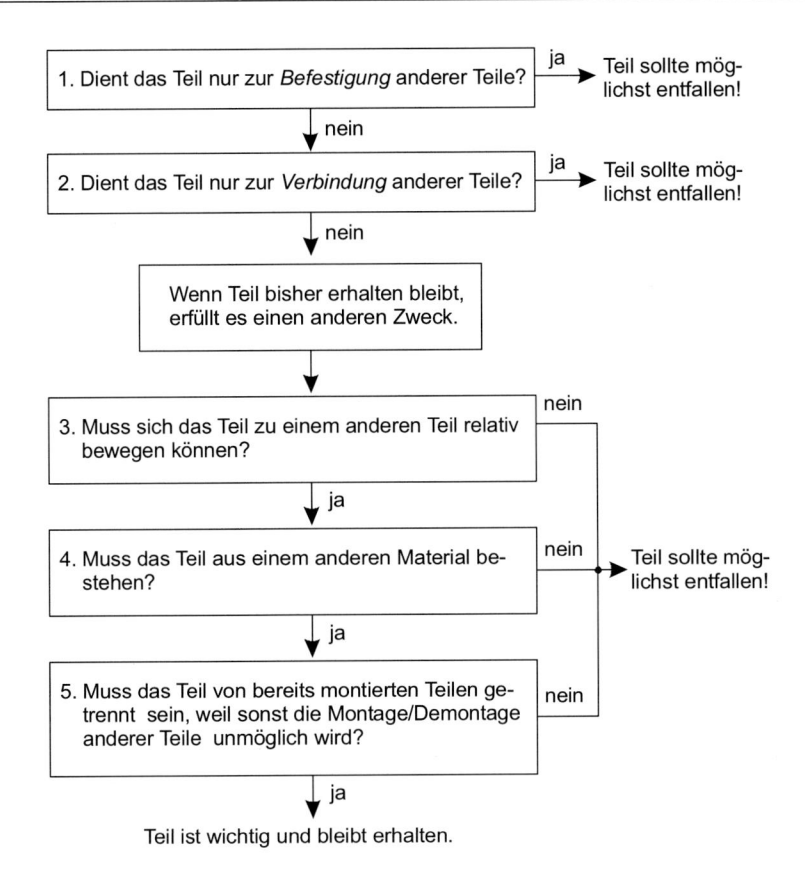

```
┌─────────────────────────────────────────┐  ja    Teil sollte mög-
│ 1. Dient das Teil nur zur Befestigung   │──────▶ lichst entfallen!
│    anderer Teile?                       │
└─────────────────────────────────────────┘
                    │ nein
                    ▼
┌─────────────────────────────────────────┐  ja    Teil sollte mög-
│ 2. Dient das Teil nur zur Verbindung    │──────▶ lichst entfallen!
│    anderer Teile?                       │
└─────────────────────────────────────────┘
                    │ nein
                    ▼
┌─────────────────────────────────────────┐
│ Wenn Teil bisher erhalten bleibt,       │
│ erfüllt es einen anderen Zweck.         │
└─────────────────────────────────────────┘
                    │
                    ▼                        nein
┌─────────────────────────────────────────┐──┐
│ 3. Muss sich das Teil zu einem anderen  │  │
│    Teil relativ bewegen können?         │  │
└─────────────────────────────────────────┘  │
                    │ ja                     │
                    ▼                        │
┌─────────────────────────────────────────┐  │ nein   Teil sollte mög-
│ 4. Muss das Teil aus einem anderen      │──┼──────▶ lichst entfallen!
│    Material bestehen?                   │  │
└─────────────────────────────────────────┘  │
                    │ ja                     │
                    ▼                        │
┌─────────────────────────────────────────┐  │ nein
│ 5. Muss das Teil von bereits montierten │──┘
│    Teilen getrennt sein, weil sonst die │
│    Montage/Demontage anderer Teile      │
│    unmöglich wird?                      │
└─────────────────────────────────────────┘
                    │ ja
                    ▼
        Teil ist wichtig und bleibt erhalten.
```

Literatur

[1] Boothrody, G.; Dewhurst, P.; Knight, W.: Product Design for Manufacture and Assembly, Dekker, New York, 2. Edition, 2002

[2] Boothrody, G.: Assembly Automation and Product Design, Dekker, New York 1992

[3] Britzke, B. et al.: Rationalisierung manueller Arbeitsprozesse, Zentrales Forschungsinstitut für Arbeit, Dresden 1989

Index

DI	PDA-Index (Design-Efficiency)
MT	minimale Teilezahl
BMZ	Basismontagezeit
GZ	geschätzte Montagezeit
HZ, t_H	Handlingzeit
FZ, t_F	Fügezeit
α, β	Winkel der Rotationssymmetrie
G_i	Teilegewicht
MZ, t_M	Montagezeit
WZ	Werkzeugzeit
N	Anzahl der Teile
TAZ	Teileakquisitionszeit
MEK	Materialeinzelkosten
MGK	Materialgemeinkosten
MGKZ	Materialgemeinkosten-Zuschlag
FK	Fertigungskosten
FLK	Fertigungslohnkosten
FGK	Fertigungsgemeinkosten
SEF	Sondereinzelkosten der Fertigung
flk	Lohnkostensatz
t	Zeit
AMK	Kosten der Außenmontage
HK	Herstellkosten
EKK	Entwicklungs- und Konstruktionskosten
EKKGZ	Gemeinkostenzuschlag auf EKK
ZEK	Zuliefereinzelkosten
ZGK	Zuliefergemeinkosten
V_b	Brutto-Werkstoffvolumen
V_n	Netto-Werkstoffvolumen

Index

k_V	volumengezogene Werkstoffkosten
t_g	Grundzeit
t_h	Hauptzeit
t_n	Nebenzeit
t_v	Verteilzeit
t_r	Rüstzeit
t_a	Ausführungszeit
ℓ_{ai}	Lohnansatz für Arbeitsgang
n	Stücke einer Auftragseinheit
T	Auftragszeit
WAZ	Werkzeugakquisitionszeit
DZ	Demontagezeit
AOZ	Ausbau-Operationszeit
WEZ	Wiedereinbauzeit
DIS	PDS-Index (Service-Efficiency)
GSZ	gesamte Servicezeit
SK	Servicekosten
DK	Demontagekosten
ℓ_M	Lohnkostenansatz für Montage
KE_M	Material-Kreislauf-Kenngröße
KE_K	Komponenten-Kreislauf-Kenngröße
t_D	Demontagezeit
P	Einkaufspreis
K	Kosten
φ	Stufensprung
RK	Rüstkosten
GK	Gemeinkosten
T_i	Toleranzfeld
M_i	Maß
C_{pk}	Prozessfähigkeitsindex
G_o	Größtmaß

G_u	Kleinstmaß
μ	Mittelwert
e	Toleranzerweiterungsfaktor
TMU	Zeitmesseinheit (Time Measurement Unit)
T_A	arithmetische Schließmaßtoleranz
T_S	statistische Schließmaßtoleranz

Sachwortverzeichnis

A
Abweichungsfortpflanzungsgesetz 122, 123, 124
Ähnlichkeit 112
Ähnlichkeit, dynamische 114
Ähnlichkeit, geometrische 112
Ähnlichkeiten 112
Akquisition 68, 69
Analyseblatt 137
Anpassbausteine 109
Arbeitsplan 129
Arbeitszeiten 80
ASIT 48, 184, 196
Aufbrechungstechnik 50, 186
Auftragszeit 81, 170
Ausführungsarbeit 81
Auslösefunktion 152

B
Basisteil 40
Baukasten 108
Baukastenkonzept 111
Baureihe 107, 114
Bausteine 112
Baustruktur 46, 109
Behinderung 139
Bereichszahl 107
Beschleunigungsmaßstab 113
Beseitigungskosten 103
Bewegungsfolgen 127
Bewegungsstudien 62
Bewertungsregeln 139, 141
Blickfunktionen 128

C
CoP-Teile 107

D
Dehnungsmaßstab 113
Dekade 114
Demontagezeit 95
Demontierbarkeit 92
Denktechniken 49
Design Index Assembly 51

Design-Effizienz 52, 63
Design-Index-Service 96
Design-Poka-Yoke 151, 156
DFA 130
DFMAS 21
DfMAS 2000 163
DIA 51
Differenzialbauweise 67
Dimension, längste 138
DIR 102, 104
DIS-Index 96
DMU 24
DoE 6, 7

E
Einsparpotenzial 134
Einzeltoleranzen 123, 124
Endfertigungsstand 84
Entwicklungskosten 78
Erwartungswert 122
Erzeugnisstrukturen 22

F
Fabrik 15
Fehleranteil 5
Fehlerarten 154
Fehlerquellen 151
Fehlerquelleninspektion 153
Fehlhandlungen 150
Fertigungshauptgruppen 76
Fertigungskosten 78, 89
Fertigungszeitermittlung 170
Festhalten 140
Festwertprinzip 153
Fliehkraft 114
FMEA 6, 7
Folgeentwurf 112
Fragetechnik 156
Fügecode 62
Fügen 44
Fügerichtung 141
Fügestellenanzahl 138

Fügetechnik 97
Funktionseinheiten 91
Funktionsgliederung 108

G
Gauß-Verteilung 123
Gemeinkosten 111
Geometrieabweichung 119
Gesamtfunktion 108
Gesamtmontagezeit 68
Gliedzahl 107
Grenzmaße 119
Grenzwerte 138
Größtmaß 118
Grundbaustein 109
Grundbewegungen 127
Grundfunktion 110
Grundgrößen 112
Grundregeln 137
Grundschritte 42
Grundtätigkeiten 128
Grundwert 138
Grundzeit 80

H
Handhaben 44
Handhabungscode 62
Handlingszeit 56, 57, 59
Handmontage 25, 34, 46, 62, 69
Herstellkosten 79
Hilfsbausteine 109
Hüllprinzip 120

I
Ideal-Konzept 19
Integration 42

J
Ishikawa-Diagramm 154
Justagen 141

K
KAIZEN 156
Kandidat 45
Kernfact-Dialog 45, 203, 205
Kleinstmaß 118
Komplexitätsreduzierung 18
Komponenten-Kreislauf-Kenngröße 102
Kontaktprinzip 152

Konzept-Controlling 47
Kostenbestandteile 77
Kostentransparenz 90
Kostentreiber 64, 97
Kräftemaßstab 113

L
Längenmaßstab 112
Leitfragendialog 40
Life-cycle-costs 91

M
Machtpromotor 158
Maschinenbaustruktur 22
Maschinenfähigkeit 122
Maßbeziehung 122
Maßkette 119
Maßkettenbeziehung 118
Maßvarianzen 122
Materialkosten 77, 79, 88
Material-Kreislauf-Kenngröße 102
Materialrecycling 100
Messmechanismen 152
Mittenschließmaß 122
Modularisierung 23, 110
Modulsystem 108
Montageablauf 32
Montageablaufdiagramme 31
Montagediagramm 33, 35, 44, 131
Montage-Erschwernisse 130, 135
Montagekosten 82, 89
Montageplan 43
Montagetauglichkeit 135
Montagezeit 58, 60
MTM 12, 33, 126
MTM-Nomenklatur 131

N
Nachrichten 140
NAV-Operationen 37, 39
Neukonzeption 41, 46, 48
Neuorientierung 55
Nichtbausteine 109
Normzahl 115
Normzahlreihen 114
Null-Fehler-Produktion 153
Nutzen-Aufwands-Relation 21

O
Ökobilanz 105
Optimierungsfokus 189
Orientierungsfall 56

P
Passgenauigkeit 117
PDA 13, 40, 41, 67
PDA-Index 45, 54
PDM 13, 14, 48, 73, 88
PDMAS 17, 18, 19, 20
PDM-Software 15
PDR 14, 16
PDS 13, 16
PDX 160
PE 130
PE-Wert 135
Pilotprojekt 159
Plattformstrategie 23
Poka-Yoke 150
Poka-Yoke-Einrichtung 152
Positionierhilfen 140
Produktaufbau 110
Produktdesign 84
Projektmanagement 161
ProKon 129
ProKon1 130, 134
ProKon2 148
Prozesse 142
Prozessfähigkeitsindex 122, 124
Prozessmodell 37

Q
QFD 6, 7

R
Ratio-Maßnahme 190
Recycling 102
REFA 12, 37, 126
REFA-Zeitkalkulation 170
Robotermontage 69
Robustheit 156
Rüstzeit 81

S
Schließmaß 122
Schließmaßtoleranz 124
Schlussmaß 118
Schrittfolgeprinzip 153
Sensoren 152
Serienfertigung 122
Service 91
Servicefreundlichkeit 16
Servicekosten 96
Six-Sigma 5, 8
Softwarelösungen 163
Soll-Zustand 146
Sonderbausteine 109
Spannungs-Ähnlichkeit 112
SPC 122
Spielpassung 120
Stichprobenprüfung 154
Stoffkreislauf 100
Stufensprung 107, 112, 113
Stufung 115
Submodule 111
SvZ 126
Symmetrie-Eigenschaften 55
Systemoptimierung 187

T
Teileakquisition 68
Teileakquisitionszeit 95, 175, 176, 222
Teilefokus 188, 192
Teilegeometrie 56
Teilestammsatz 66
Teilezahl, minimale 40, 41
Teilungstechnik 50, 185
TiCon 163
Toleranzberechnung, arithmetische 117
Toleranzgesetz 123
Toleranzsynthese 125
Tolerierungsgrundsatz 119
TRIZ 6, 7

U
Umhüllungskörper 57
Unabhängigkeitsprinzip 120

V
Variabilität 22
Variationsprinzipien 47
Verbindungskosten 30
Verbindungstechnik 29, 38, 86, 133
Vereinheitlichungstechnik 49, 184, 196

Verkaufspreis 77
Verteilzeit 80
Vervielfältigungstechnik 49, 185, 196
Volumenmaßstab 113
Vorauswahl 20
Vorklärungsdialog 40
Vorzeichenkonvention 119

W
Warneinrichtungen 155
Werkbankprinzip 67
Werkstoffrecycling 99
Werkzeugkosten 84
Wertanalyse 71
Wertschöpfungskette 37
Wiedereinbau-Montagezeit 95
Wiederverwendung 100
Wie-Fragen 19
Worst Case 117

Z
Zeitkorrelationen 56
Zeitpotenziale 148
Zeittreiber 44
Zeitwerte 128
Zulieferkosten 80
Zweipunktmessung 120

5-mal Warum 156